AF234763

Introduzione:

Storia

La guida turistica

Descrizione del percorso

Profilo del percorso

Navette bici oltre i passi e da Italia alla Germania

Più storia/e & più cultura

Pianificazione interattiva del viaggio & app di navigazione

Appendice:

Pernottamento e camping

Impronta:

Informazioni bibliografiche della Biblioteca Nazionale Tedesca: La Biblioteca Nazionale Tedesca elenca questa pubblicazione nella Bibliografia Nazionale Tedesca; dati bibliografici dettagliati sono disponibili su Internet all'indirizzo www.dnb.de.

© Gennaio 2021, Christoph Tschaikner

Produzione e casa editrice: BoD - Books on Demand, Norderstedt

ISBN: 978-3-7534-0654-1

Anche prima dei Romani c'erano vie che valicavano le Alpi. I Reti ed i Celti non avevano però bisogno di strade ampie e confortevoli. Non possedevano uno Stato comune, rigorosamente governato, ma erano organizzati in tribù. Né producevano e trasportavano merci in gran quantità, come facevano i Romani. Nella preistoria e nella protostoria le vie di fondovalle erano per lo più delle carrarecce che univano gli insediamenti e quelle che oltrepassavano i valichi erano dei sentieri su cui gli animali da soma trasportavano le merci.

Così si possono immaginare i sentieri di epoca preromana.

Già gli Etruschi, i Veneti, i Reti e i Celti erano in contatto gli uni con gli altri, utilizzando a questo scopo i passi Fernpass e Resia.

Celtae (Galli)

Raeti

Veneti

Ligures

Etruscis

Storia/e della Via Claudia Augusta: Lo sviluppo dell'autostrada delle Alpi dell'antichità

Già durante la campagna per la conquista delle Alpi i figliastri di Augusto, Druso e Tiberio, cominciarono a trasformare le vie esistenti per il trasporto dei rifornimenti bellici. E fino al 46 d.C. anche la Via Claudia Augusta subì continui miglioramenti. Era la prima strada ad unire l'Europa attraverso le Alpi e alla fine era larga di massima tra i 6 e gli 8 metri, consentendo il traffico nei due sensi, che nei restringimenti era addirittura regolamentato. Era arcuata al centro ed inclinata dalle parti, verso le canalette di scolo poste a destra e sinistra. In tal modo dopo la pioggia o una nevicata ritornava rapidamente asciutta, una caratteristica importante, necessaria per il rapido dislocamento delle truppe. L'autostrada delle Alpi dell'antichità permetteva e promuoveva anche un intenso commercio senza dogane né pedaggi. Volendo, si può dire che l'Imperium Romanum fu il primo mercato interno europeo. La Via Claudia Augusta non fu solamente per lungo tempo la strada più importante delle Alpi. Essa univa l'estremo nord e il sud dell'Europa, perfino con il sud e l'est dell'impero, che arrivava fino al Nord Africa e al Vicino Oriente. Quando Claudio Paterno Clemenziano, impegnato nel Nord Africa prima di divenire governatore del Norico, si dirigeva verso la sua patria, l'attuale Epfach / Denklingen in Baviera, si spostava presumibilmente in nave fino all'allora porto sull'Adriatico di Altino per proseguire quindi sulla Via Claudia Augusta oltrepassando le Alpi. Quando l'imperatore Claudio conquistò la Britannia, ritornò probabilmente a Roma percorrendo la Via Claudia Augusta. Anche per raggiungere i Balcani e proseguire verso il Vicino Oriente si percorreva il primo pezzo sulla Via Claudia Augusta.

Il percorso della Via Claudia Augusta e la sua importanza

Il percorso della Via Claudia Augusta e la sua importanza

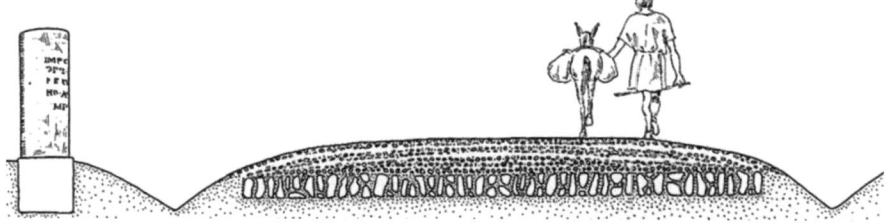

Storia/e della Via Claudia Augusta: La strada viene utilizzata fino a quando non cade in rovina

Dopo la caduta dell'impero romano si continuò ad utilizzarne le strade, che però non vennero più mantenute e riparate regolarmente, come accadeva in epoca romana e sempre più le strade versavano in cattive condizioni. A causa dei carri che scendevano con i freni tirati, le strade romane, arcuate al centro, si trasformarono in percorsi incavati. Tratti stradali dispendiosi, come la "Prügelstraße" che poggia su tronchi di legno tra Lermoos e Biberwier, furono abbandonati. La strada attraverso la stretta valle a nord di Bolzano, che a partire dal 200 d.C. aveva reso la strada del Brennero la più facile e frequentata d'oltralpe, cadde in rovina. I viaggiatori dovettero risalire un terzo passo, il Renon, e la Via Claudia Augusta fu ancora per secoli la strada più importante attraverso le Alpi. Oltre alle cattive condizioni e al pericolo delle strade, c'era anche il rischio di essere derubati. Altrettanto limitato era il commercio, cosa che fece languire l'economia.

I briganti di strada assalgono i viaggiatori

Tipica strada incassata presso il Fernpass

Storia/e della Via Claudia Augusta: Si è ricominciato ad investire sulle strade

Verso la fine del Medioevo ed all'inizio dell'Età moderna, nobili e mercanti ricominciarono ad investire nel miglioramento delle strade, per rilanciare l'economia ed incrementare il gettito delle entrate. Il commerciante bolzanino Kunter si preoccupò di rinnovare la strada attraverso la stretta valle a nord di Bolzano. A differenza dell'epoca romana, era consuetudine riscuotere un pedaggio per l'uso delle strade. Gli Starkenberg, un'importante stirpe tirolese, che aveva investito nel risanamento della Via Claudia Augusta tra il Fernpass e Landeck, erano considerati alla stregua di "cavalieri predoni" perché recuperavano i loro investimenti attraverso i pedaggi. In aggiunta anche i principi incassavano dei pedaggi. Determinate merci, come il sale, soggiacevano alle regole del cosiddetto "Rodfuhrwesen". Potevano essere trasportate solamente da imprese di trasporto locali e dovevano essere caricate e scaricate in località con i relativi diritti. Un sistema completamente diverso rispetto al primo mercato interno europeo dei Romani, senza pedaggi e dazi. In entrambi i sistemi tuttavia, molte persone lungo il percorso vivevano della strada e con la strada. La Via Claudia Augusta ormai non era più la strada più importante e più trafficata, ma continuava ad essere un importante attraversamento alpino. Venne definitivamente superata dal percorso del Brennero solamente con la costruzione della ferrovia del Brennero e poi con l'autostrada A22.

Presso la chiusa nel sud della Valle del Piave.

La Via del sale presso castel Fernstein.

Carri lungo la Via del sale

La guida turistica per un magnifico tour ciclistico lungo la Via Claudia Augusta è strutturata nel modo più semplice e chiaro possibile.

Il Percorso

Il percorso viene visualizzato con
- pagine della mappa
- pagine di testo
- pagine di immagini.

PAGINE DELLA MAPPA

Le pagine della mappa in scala 1:50.000 sono utilizzate per l'orientamento e per trovare il percorso. 2 centimetri sulla mappa corrispondono a 1 chilometro nella realtà. Le intersezioni non sono descritte con "sinistra e destra", ma sono visibili sulla mappa e anche evidenziate. Oltre al percorso ciclabile, le mappe mostrano anche il tracciato originale della strada romana, in modo da sapere quando ci si trova direttamente su di essa o nelle sue vicinanze. Anche i luoghi di interesse e i ristoranti si trovano direttamente sulla mappa e sono spiegati in una legenda. Così durante il giorno si può facilmente orientare con le sole mappe, che si possono anche scaricare dalla piattaforma Internet della Via Claudia Augusta e stampare in formato A4. Questo aumenta la scala a circa 1:35.000 e il contenuto della mappa è ancora più facile da riconoscere e da leggere. A proposito, scaricare le pagine delle mappe, guidare con le mappe stampate per l'occasione e lasciare la guida in tasca è anche un buon consiglio per i giorni di pioggia o quando la guida dovrebbe avere il minor numero possibile di tracce di utilizzo.

PAGINE DI TESTO

Le mappe sono sufficienti per l'orientamento. Le pagine di testo per ogni sezione sono da leggere e rivedere. Descrivono la zona e il percorso ciclabile del tratto. Le pagine di testo contengono anche informazioni aggiuntive su alcune attrazioni per le quali non c'è abbastanza spazio nella legenda delle mappe.

PAGINE DI IMMAGINI

Le pagine di immagini integrano il testo con scorci delle località e sono quindi ideali per entrare in sintonia con il viaggio in bicicletta o le singole tappe.

ALLOGGI

La sezione dedicata all'accoglienza in appendice suggerisce anche le possibilità di pernottamento su misura per i ciclisti che percorrono la Via Claudia Augusta nella millenaria tradizione dell'ospitalità.

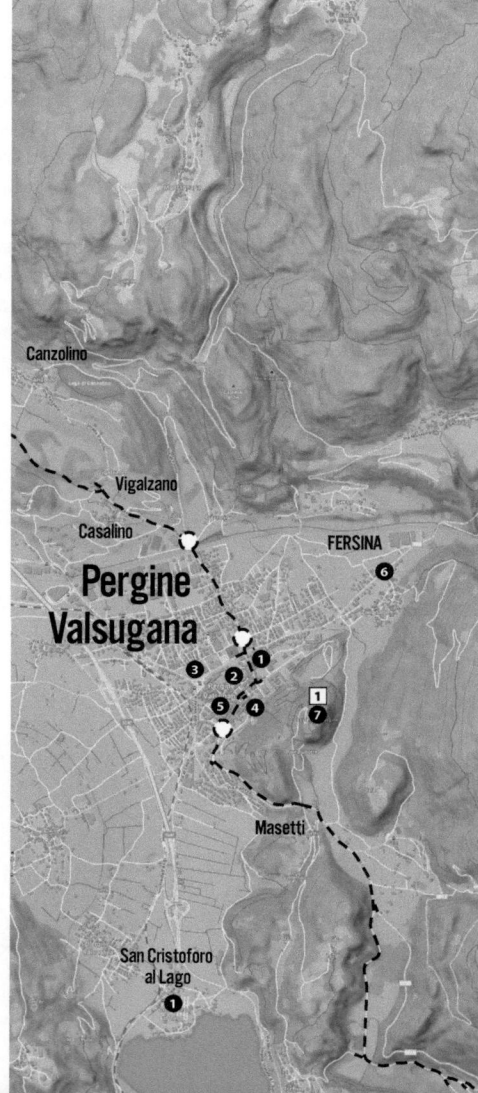

Descrizione del percorso Via Claudia Augusta "Altinate"

❶ La Baviera romantica

Da Donauwörth il percorso conduce attraverso il Lechauen all'ex capoluogo di provincia romano Augusta. Via Lechfeld il percorso continua fino a Landsberg am Lech e poi attraverso la base militare romana Epfach fino a Schongau e alla Villa Rustica di Peiting. Infine attraversa l'Auerbergland fino a Füssen e ai castelli reali.

❷ Le pittoresche valli montane tirolesi

Come attraverso un cancello, il percorso conduce attraverso le montagne alla regione del parco naturale di Reutte in Tirolo. Il percorso prosegue attraverso il mondo del castello di Ehrenberg, ai piedi della montagna più alta della Germania, la Zugspitze, e la frana Fernpass fino a Imst. Attraverso la valle dell'Inn si pedala infine verso Landeck e attraverso i paesi dell'Oberland tirolese fino a Nauders e sul tetto del tour, il passo Resia.

❸ Dal passo Resia lungo l'Adige fino a Trento

Dal campanile nel lago di Resia, il sentiero è in costante discesa. La Val d'Adige, caratterizzata dalla mela e dalla viticoltura, vanta anche luoghi come Lasa e Silandro in Val Venosta o Lagundo e Marlengo, per finire con le Terme di Merano. A Bolzano c'è la possibilità di seguire l'Adige o la Strada del vino fino a Caldaro. Attraverso i vigneti della Piana Rotaliana si arriva finalmente a Trento.

❹ₐ La Via Claudia Augusta "Altinate"

Attraverso la Valsugana e l'altopiano del Tesino si raggiunge il centro storico di Feltre. Attraverso il Passo Praderadego si raggiunge infine la vasta pianura veneta, che inizia dalle colline vinicole dell'Altamarca. La meta del tour è il Museo Archeologico nella zona del porto romano di Altino.

❹ₚ Alternativa "Padana" via Verona fino a Ostiglia sul Po (guida specifica dal Danubio al Po)

In alternativa si può seguire il fiume Adige a Trento. All'inizio si passa per i vigneti della Vallagarina con il suo centro, l'antica città della seta, Rovereto. Alla fine della Valle dell'Adige si trova l'eremo di Ceraino, dove è d'obbligo una deviazione al Lago di Garda. Dopo Verona con la sua Arena, il percorso prosegue attraverso la più grande area risicola d'Europa fino a Ostiglia sul Po, l'ex porto fluviale romano.

Profilo del percorso della ciclovia "Via Claudia Augusta"

L'imperatore Claudio fece estendere la Via Claudia Augusta fino a farla diventare la prima strada attraverso le Alpi per collegare il porto adriatico di Altinum e il porto fluviale di Hostilia sul Po con il Danubio. Lungo il percorso ciclabile della Via Claudia Augusta rivive l'antico percorso culturale e commerciale dell'Impero Romano. La varietà è il suo asso nella manica. 3 stati, le Alpi, 10 regioni, 3 zone climatiche dal nord al sud dell'Europa comportano una moltitudine di paesaggi unica. Ogni venti o trenta chilometri un nuovo paesaggio attende il ciclista. A fine aprile/inizio maggio può anche capitare di vivere 3 stagioni durante un unico tour ciclistico: un ultimo campo di neve in zone ombreggiate del Fernpass, un bagno di sole sull'Adriatico e in mezzo tutte le sfaccettature della primavera. Oltre alla variopinta varietà di paesaggi, città vivaci, villaggi tranquilli, centinaia di testimonianze di una storia movimentata, la gente e i loro culture aspettano di essere scoperte. Saranno poi le prelibatezze della cucina e della cantina a tentarvi. Come esperienza speciale, alcuni locali offrono anche piatti come si facevano ai tempi dei Romani. L'autunno è particolarmente attraente dal punto di vista culinario. Questo ci riporta alla diversità, ovvero alla varietà di cibi tipici che le regioni hanno da offrire. Godetevi la traversata alpina più facile per i cicloturisti.

2 VARIANTI
Da Trento il percorso si divide nella Via Claudia Augusta "Altinate" via Feltre fino ad Altino presso Venezia, a cui è dedicata questa guida turistica, e nella Via Claudia Augusta "Padana" per Verona e Ostiglia sul Po.

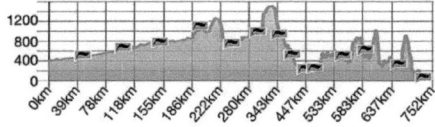

Profilo altimetrico Via Claudia Augusta „Altinate"

IL PERCORSO
752 km da Donauwörth sul Danubio bavarese attraverso le Alpi fino ad Altino presso Venezia.

COLLEGAMENTI
Le stazioni ferroviarie di Donauwörth, Augsburg, Landeck, Bolzano, Trento e Venezia-Mestre sono collegate in modo ottimale alla rete ferroviaria internazionale; quasi tutte dispongono di mezzi pubblici paralleli al percorso; collegamento ottimale alla rete europea di piste ciclabili a lunga percorrenza.

PARCHEGGIO GRATUITO ...
a Donauwörth durante il viaggio in bicicletta.

NAVETTA
Navetta bici su tutti i passi; navetta di ritorno dall'Italia alla Germania 6 giorni alla settimana (eccetto il sabato perchè giorno "da bollino nero")

PROFILO DEL PERCORSO
Su piste ciclabili quasi completamente asfaltate e strade secondarie tranquille. Punti più elevati: Fernpass (ca. 250 metri più alto di Biberwier), Passo Resia (ca. 500 metri più alto di Pfunds); se si prende la navetta bici per superare i passi, ci sono solo poche pendenze.

SEGNALETICA
Per lo più ben segnalato; tuttavia è consigliabile avere con sé un guida di viaggio o un dispositivo GPS, preferibilmente entrambi.

DOCUMENTI DI VIAGGIO
Oltre ai libri di viaggio, sul sito www.viaclaudia.org sono disponibili una mappa interattiva per la pianificazione individuale del viaggio e applicazioni con le quali è possibile navigare lungo il percorso in base all'itinerario pianificato individualmente, oltre a tutte le informazioni sui luoghi da visitare.

PREMI
Secondo un sondaggio rappresentativo, la Via Claudia Augusta è il più popolare percorso ciclistico transfrontaliero in Germania, premiato con 4 stelle dal club ciclistico generale tedesco (ADFC); circa 40.000 cicloturisti all'anno provenienti da tutti i continenti e dai 5 ai 93 anni di età.

Navetta bici per varcare i passi

Le navette che trasportano i ciclisti e le bici oltre i passi rendono la Via Claudia Augusta la traversata alpina più facile per i cicloturisti. Trasportano ciclisti e motociclisti. Grazie a questo servizio, il percorso ciclistico sulle orme dei Romani è adatto anche alle famiglie e ai pensionati in forma.

La navetta bici sul Fernpass funziona più volte al giorno, ma solo se almeno una persona prenota con 24 ore di anticipo. Il paesaggio franoso del Fernpass è particolarmente attraente. Per far sì che tutti lo possano ammirare, c'è anche la possibilità di far trasportare alla navetta solo i bagagli.

La navetta bici attraverso il passo Resia è fornita dai pullman del servizio pubblico. Il tratto tra il centro del paese di Pfunds-Stuben e Nauders funziona in un solo senso.

Sono disponibili navette bici anche sui restanti 4 passi tra Trento e Altino presso Venezia - tra Trento e la Valsugana, dalla Valsugana all'alta valle del Tesino, da Ponte Oltra (tra Lamon e Sovramonte) al passo della Croce D'Aune e al passo di Praderadego. Funzionano due volte al giorno se c'è almeno una prenotazione.

Tutte le navette bici, che funzionano solo su richiesta, vengono prenotate via SMS. Sul passo Resia, quando il servizio è a pagamento, si applica il principio del primo arrivato, primo servito... Le informazioni più aggiornate sulle navette bici oltre i passi sono disponibili sul sito www.viaclaudia.org. La mappa interattiva mostra anche i punti di accesso in modo più preciso rispetto alle mappe di questa guida.

Bike Shuttle Italia > Germania

Il bike shuttle Italia > Germania è il modo più semplice e comodo per tornare da sud a nord dopo il viaggio in bicicletta. Parte più volte alla settimana da Altino presso Venezia e viaggia verso nord via Mestre, Verona, con fermate a Innsbruck, Monaco e lungo la ciclabile Via Claudia Augusta fino a Donauwörth, dove c'è un parcheggio dove è possibile parcheggiare l'auto durante il viaggio, e anche un buon collegamento ferroviario ICE. A seconda delle vostre esigenze, verrà utilizzato un grande autobus o minibus con servizio di trasporto biciclette. Il bike shuttle Italia > Germania di solito è attivo dalla primavera fino all'inizio dell'autunno, se viene fatta almeno una prenotazione. Per essere certi che il viaggio si svolga e che si abbia un posto sicuro, è consigliabile prenotare per tempo.

Potete prenotare il bike shuttle Italia > Germania online su www.viaclaudia.org, dove troverete anche tutte le informazioni più aggiornate.

È possibile cambiare la prenotazione, Se il viaggio in bicicletta è in ritardo sulla tabella di marcia o se si deve procedere più velocemente, è comunque possibile salire a bordo della navetta in un punto d'accesso più a nord, su richiesta anche più a sud. E' possibile cambiare la data anche a breve termine qualora quel giorno ci siano ancora posti disponibili.

Storia/e & cultura

Questo libro comincia con una breve introduzione alla storia della Via Claudia Augusta, che abbraccia diverse migliaia di anni. Se siete interessati alla storia della Via Claudia Augusta, alle regioni e ai luoghi lungo la prima strada transeuropea attraverso le Alpi, nonché alla diversità culturale che ha contribuito a plasmare la Via Claudia Augusta, vi consigliamo di consultare le relative pagine su www.viaclaudia.org. Qui troverete caratteristiche storiche e culturali per ogni sezione, come informazioni di base, ma anche come invito a dare un'occhiata più da vicino all'una o all'altra. Ad alcuni piace en-

29 numeri di "4 cartine attraverso i millenni"

Le 4 cartine attraverso i millenni rappresentano ogni regione lungo la prima strada che collega l'Europa attraverso le Alpi, in quattro epoche diverse. Tre delle 4 cartine sono dedicate alla storia delle regioni. Per ognuna, sono stati selezionati momenti storici particolarmente interessanti per la rispettiva regione. In questo modo è possibile ottenere rapidamente una panoramica di come la regione si è sviluppata nel corso dei millenni. La quarta cartina mostra la regione nel tempo presente. Le 4 cartine non sono entusiasmanti solo per chi è più interessato alla storia di quanto possa essere presentato

1 mappa per ognuno dei 30 territori

trare nell'atmosfera di ciò che li aspetta prima del viaggio o di una tappa. Ad alcuni piace approfondire dopo il viaggio o una tappa per capire meglio l'una o l'altra. Nella pagina sulla storia è presente anche una specifica banca dati, che fornisce le conoscenze storiche sulla Via Claudia Augusta. Infine, sono in preparazione "4 mappe attraverso i millenni" per ogni regione lungo la Via Claudia Augusta.

in una guida ciclistica, ma è anche emozionante scoprire le differenze delle cartine insieme ai bambini. Le "4 cartine attraverso i millenni" sono disponibili in formato digitale sul sito www.viaclaudia.org. In formato cartaceo le trovate negli uffici turistici delle rispettive regioni. Le mappe saranno disponibili successivamente anche come set ad un prezzo speciale attraverso le librerie online.

Pianicazione interattiva del viaggio & app di navigazione

I Romani e la tecnologia moderna non sono in contraddizione. Anche nell'antichità si usavano tutti gli strumenti che rendevano la vita più facile, più confortevole, più sicura e più razionale. Per tutti coloro che desiderano utilizzare i moderni media per farsi un'idea del viaggio da casa o per pianificare il viaggio, è disponibile una mappa interattiva su www.viaclaudia.org, con la quale è possibile programmare un percorso personalizzato. Il piano di viaggio può essere scaricato in formato PDF o trasferito nell'app di navigazione su iPhone o sul cellulare Android.

Come pianificare il vostro viaggio personalizzato

Aprite lo strumento interattivo di pianificazione del viaggio, che si trova su diverse pagine della homepage www.viaclaudia.org. Selezionate il vostro tipo di viaggio in modo da avere a disposizione sul vostro schermo uno dei diversi itinerari. Poi scegliete quanti chilometri al giorno volete percorrere all'incirca e stabilite un punto di partenza e un punto di arrivo cliccando con il tasto destro del mouse. Lo strumento di pianificazione del viaggio calcolerà quindi un suggerimento di tappa corrispondente su questa base. I luoghi scelti per il pernottamento sono quelli in cui troverete strutture ricettive adatte ai viaggiatori lungo la Via Claudia Augusta. È anche possibile variare i luoghi di pernottamento scelti dal sistema. Un profilo altimetrico informa sulla topografia. Ora è possibile ingrandire la mappa per avere un'idea più precisa delle zone e dei luoghi attraversati. A partire da un certo livello di zoom, i ristoranti, le attrazioni e le altre particolarità appaiono sulla mappa che avete selezionato spuntandole nel menu. Se desiderate informazioni più dettagliate su una struttura di accoglienza, una veduta o una particolarità, cliccate semplicemente sul simbolo sulla mappa. L'informazione appare a destra nella colonna laterale. Se volete prendere nota di qualcosa per il vostro viaggio, aggiungete semplicemente il rispettivo punto alla lista delle preferenze. Una volta terminata la pianificazione del viaggio individuale, è possibile scaricare e stampare l'itinerario in formato PDF, scaricare il percorso come file GPX o trasferire il piano sul proprio smartphone inserendo una sigla o un codice QR.

In viaggio con le applicazioni di navigazione

Le app di navigazione della Via Claudia Augusta per iPhone e cellulari Android funzionano anche offline. In questo caso la risoluzione della cartina è limitata e una parte delle immagini non verrà visualizzata, per motivi di capacità di memoria, a meno che non siano state precedentemente scaricate, in modalità online. Non appena si dispone di una connessione a Internet, tutti i livelli di zoom e le immagini sono a vostra disposizione e rimangono parzialmente disponibili per l'utilizzo successivo memorizzati nella cache.

Mappe guida per il download

Le mappe di questa guida possono essere scaricate anche su www.viaclaudia.org. In questo modo è possibile stampare le cartine in formato più grande. Se si utilizzano le stampe durante il viaggio, si conserverà la guida in migliori condizioni e non ci sarà il rischio di danneggiarla, per esempio in caso di pioggia. Ad alcuni piace prendere appunti, ma non vogliono farlo sulla guida.

Altre guide cartacee

Guida cicloturistica 2/2 „Padana"

Guida per auto, camper, bus, ...

Una guida escursionistica per ognuna delle sezioni del percorso (1) Baviera, (2) Tirolo, (3) Passo Resia fino a Trento, (4) Trento—Altino e (5) Trento—Ostiglia

Il punto di partenza della Via Claudia Augusta si trova nella città di Donauwörth. Il motivo è legato alla presenza del Danubio, che rendeva possibile trasportare le merci pesanti, e del confine settentrionale dell'impero romano, che qui correva all'inizio e dopo il primo ripiegamento dei Germani. La parte più settentrionale della strada romana si trova oggi nel distretto di Donau-Ries, che a nord raggiunge quasi il limes. Oltre al Danubio il territorio è caratterizzato dal cratere di Ries, con un diametro di 25 km, formato dalla caduta di un meteorite 14,5 milioni di anni fa. Il nome "Ries" dovrebbe derivare dalla provincia romana della Rezia. La città di Donauwörth, dove si trova la fine della strada romana, in epoca romana non esisteva ancora. Al suo posto si estendevano le acque del Danubio, del Wörnitz, del Zusam, dello Schmutter e del Lech, che qui confluiscono. Lo sviluppo di Donauwörth cominciò da un insediamento di pescatori sull'isola di Ried nel Wörnitz. Oggi la maggior parte del centro storico si trova a nord del fiume. Questa parte si immette, con uno dei più bei tratti stradali della Germania meridionale, nella via imperiale.

Come arrivare

La cosa migliore è di raggiungere Donauwörth utilizzando la bicicletta, visto che la città è ben collegata con la rete internazionale delle piste ciclabili, oppure si può viaggiare in treno fino alla stazione InterCity di Donauwörth. È possibile lasciare la propria auto durante il viaggio in bicicletta in un parcheggio nella Neue Obermayerstrasse. Per iniziare comodamente e ben riposati il viaggio in bicicletta e godersi un po' questa bella città, si consiglia di arrivare già il giorno precedente. Ci sono tra l'altro anche due buoni negozi di biciclette, Uhl e Brachem, nel caso servisse qualcosa.

Pista ciclabile a Donauwörth

Partendo dalla stazione, il percorso si snoda attraverso l'isola di Ried, da dove ebbe inizio il popolamento di Donauwörth, verso l'attuale centro cittadino con la splendida Reichsstraße. Qui, presso l'ufficio turismo, si può ancora prendere l'ultima documentazione mancante, prima di attraversare il Danubio, puntando poi costantemente verso sud.

Ritorno a Donauwörth al termine del tour

Terminato il tour ciclistico, il modo più comodo per ritornare a Donauwörth è di utilizzare lo shuttle per le biciclette, che si può prenotare online su www.viaclaudia.org.

Info aggiuntive su alcune attrazioni nelle cartine

- L'ufficio turistico offre tante visite guidate.
- Attraversando la porta Riedner Tor, che ospita la Casa della storia cittadina, si arriva all'isola di Ried, l'antico insediamento da dove ebbe inizio lo sviluppo della città. ■ Spitalstraße 11, 0049(0)(00)906 789–170 oppure –151, apre su richiesta.
- Heimatmuseum (Museo di storia locale) sull'isola Ried ■ Museumsplatz 2, 0043(0)906 789–170 oppure –151, aperto mag. – ott. mar – dom dalle 14 alle 17, nov. – apr. mer, sab, dom e festivi dalle 14 alle 17.
- Il Museo delle bambole (Puppenmuseum) di Käthe Kruse racconta la storia di questi famosi giocattoli di Donauwörth. ■ Pegstr. 21a, +43(0)906 789-170 oppure – 151. aperto mag.– set. mar–dom dalle 11 alle 18, ott. – apr., gio – dom dalle 14 alle 17, 25.12 – 6.1 tutti i giorni dalle 14 alle 17, chiuso 24.12 e Venerdì santo.

Suggerimenti per uscire dalla città

Alla periferia di Nordheim una pedonabile, subito dopo il ponte a sinistra, conduce ad un miliario romano della Via Claudia Augusta (riproduzione), che segna il punto di partenza della strada romana.

Alloggi e strutture per il campeggio nelle cartine e nell'appendice

Domande ed informazioni sulla sezione

■ Städtische Tourist-Information Donauwörth, Rathausgasse 1, 0049(0)906 789 151
■ Hotline Ferienland Donau-Ries, 0049(0)906 74 211
■ Hotline Via Claudia Augusta, 0043(0)664 27 63 555

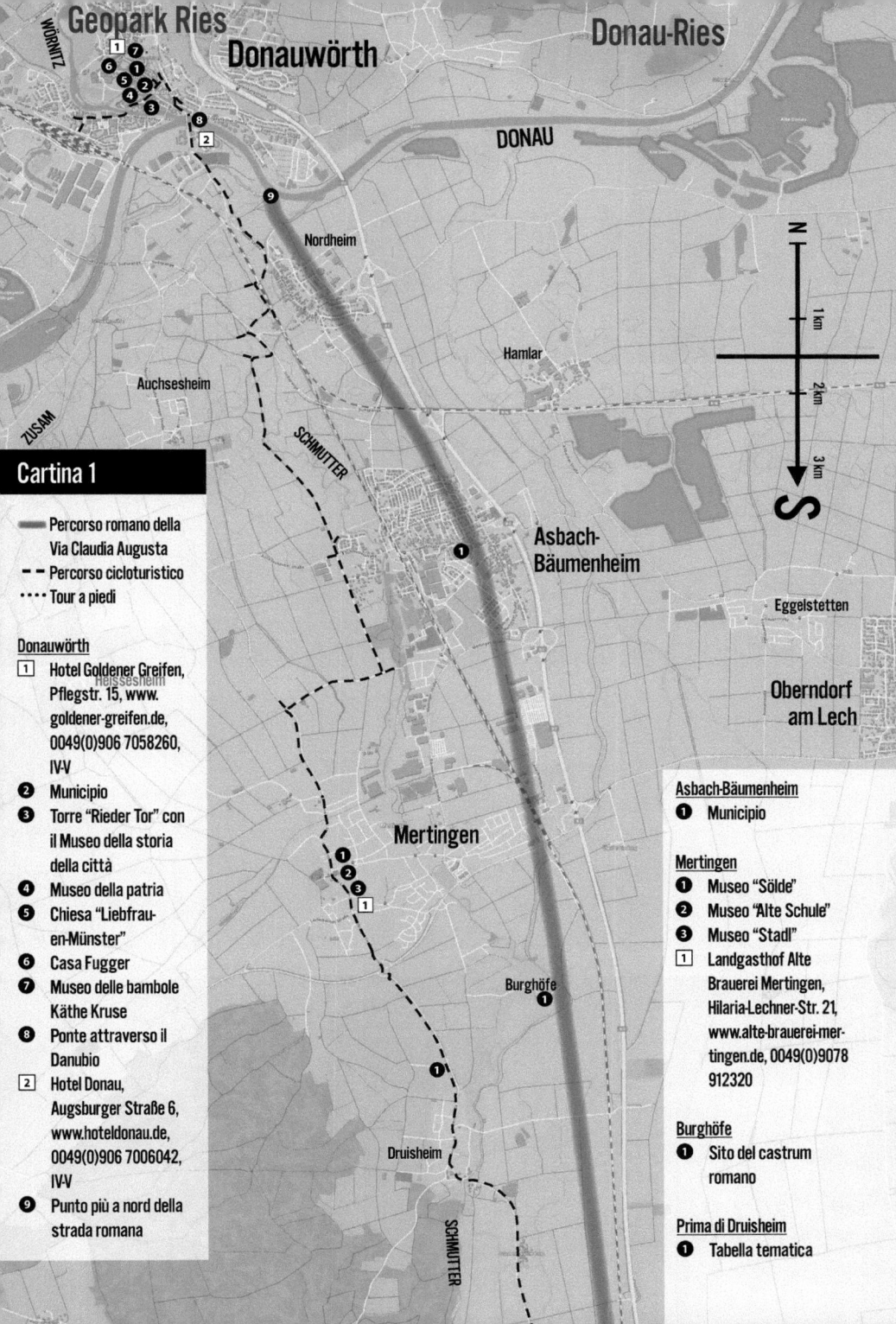

Geopark Ries

Donau-Ries

Donauwörth

WÖRNITZ

DONAU

Nordheim

Hamlar

ZUSAM

Auchsesheim

SCHMUTTER

Heißesheim

Asbach-
Bäumenheim

Eggelstetten

Oberndorf
am Lech

N

1 km

2 km

3 km

S

Cartina 1

▬▬ Percorso romano della
Via Claudia Augusta

– – Percorso cicloturistico

•••• Tour a piedi

Donauwörth

1 Hotel Goldener Greifen,
Pflegstr. 15, www.
goldener-greifen.de,
0049(0)906 7058260,
IV-V

2 Municipio

3 Torre "Rieder Tor" con
il Museo della storia
della città

4 Museo della patria

5 Chiesa "Liebfrau-
en-Münster"

6 Casa Fugger

7 Museo delle bambole
Käthe Kruse

8 Ponte attraverso il
Danubio

2 Hotel Donau,
Augsburger Straße 6,
www.hoteldonau.de,
0049(0)906 7006042,
IV-V

9 Punto più a nord della
strada romana

Mertingen

Burghöfe

Druisheim

SCHMUTTER

Asbach-Bäumenheim
1 Municipio

Mertingen
1 Museo "Sölde"

2 Museo "Alte Schule"

3 Museo "Stadl"

1 Landgasthof Alte
Brauerei Mertingen,
Hilaria-Lechner-Str. 21,
www.alte-brauerei-mer-
tingen.de, 0049(0)9078
912320

Burghöfe
1 Sito del castrum
romano

Prima di Druisheim
1 Tabella tematica

Confluenza del Wörnitz nel Danubio

Vista attraverso la torre "Rieder Tor" verso l'isola di Ried.. Foto (3): Lammerhuber

La via Reichsstraße

Balloon Museum Gersthofen

Il Monastero Holzen a Allmannshofen

Il sito del castrum romano Submuntorium. Foto: Deininger

La zona di confluenza di Wörnitz, Schmutter e Lech e la valle del Lech fino ad Augusta/Augsburg erano già abitati in epoca romana. Sulla prima piccola altura poco appariscente tra Mertingen e Druisheim si trovavano gli impianti difensivi romani di Submuntorium-Burghöfe. Un accampamento militare doveva esserci anche a Langweid am Lech. Le località fino a Druisheim fanno ancor parte del distretto di Donau-Riess, quindi inizia il territorio di Augusta. Le località più grandi sono Meitingen, elevata al rango di mercato nel 1989 e Gersthofen, che dal 1969 è una città. La strada romana conduce in maniera diretta al Lech in direzione di Augusta e in alcune parti è ancor oggi una via. In altri posti si delinea come una diga. Per una gran parte è oggi il tracciato della strada statale 2. La pianura alluvionale del Lech, che attraversa la strada romana, divide la regione di Augusta da quella di Wittelbach.

Percorso cicloturistico dal Danubio a Augsburg

A Nordheim, prima della partenza vera e propria, vale la pena di lasciarsi tentare da una deviazione verso la confluenza del Zusam nel Danubio, dove un tempo terminava la via romana, come ricorda oggi la riproduzione di un miliario. Attraverso prati, campi e paesi suggestivi il Percorso cicloturistico si dirige quindi verso sud. Tra Mertingen e Druisheim si trova il sito del castrum romano di Submuntorium, come indica una tabella tematica. A Ostendorf la ciclabile si sposta sull'altro lato del Lech passando qui attraverso la piana alluvionale del fiume. Tra Stettenhofen e la città di Gersthofen vi aspetta un tratto del percorso che si snoda in buona parte sul tracciato originale della strada romana. Ci si dirige quindi verso Augsburg/Augusta sul lato destro del Lech.

Info aggiuntive su alcune attrazioni nelle cartine

- Nel municipio di Asbach-Bäumenheim diverse vetrine documentano il periodo romano nella zona.
- Mertingen ha un' attiva associazione museale. Nella "Sölde" al numero 10 della Mardostraße si possono ricevere informazioni sulla cultura abitativa in una tenuta rurale del XVIII e XIX secolo. La "Alte Schule" (vecchia scuola) dietro il municipio, Fuggerstraße 3, espone reperti di epoca romana e preromana, nonché reperti della fondazione della località da parte degli Alamanni e sul suo popolamento. Nella "Stadl" in Hilaria-Lechner-Straße 13 si trova una vasta collezione di attrezzi agricoli, carrozze, ruote e slitte. 0049(0)9078 9600 18, aper-

tura su appuntamento, www.museumsfreunde.mertingen.de.
- Su di una altura tra Mertingen e Druisheim un pannello tematico fornisce informazioni sulla localizzazione di Submuntorium-Burghöfe e ne spiega la funzione come parte di una serie di fuochi di segnalazione.
- L'antico monastero benedettino di Holzen è stato fondato nel XIII secolo e ricostruito alla fine del XVII secolo.
- Nel muro esterno della chiesa di San Michele a Ostendorf è stata murata una pietra di epoca protocristiana.
- Sulla strada prima di arrivare a Herbertshofen ci sono una tabella tematica sul sistema di misurazione romano, altamente evoluto, e la riproduzione di una groma, con cui gli interessati possono cimentarsi personalmente con l'agrimensura.
- Sul Lech prima di Langweid c'è una centrale elettrica del 1907 con il Museo bavarese del Lech, ■ Lechwerkstraße 19, 86462 Langweid am Lech, 0049(0)821 328-1658, aperto la prima domenica del mese, dalle 10 alle 18 o su prenotazione.
- In un piccolo parco sorge un santuario con una statua del dio Mercurio. Mercanti e viaggiatori lo pregavano perché il loro viaggio fosse buono.
- A Gersthofen, il viaggiatore è atteso dal Balloon Museum Gersthofen, che racconta l'evoluzione dei viaggi in mongolfiera. ■ Bahnhofstraße 12, 86368 Gersthofen, 0049(0)821 2491 ext. 506, aperto mer e ven dalle 13 alle 17, gio dalle 10 alle 19, sab, dom e festivi dalle 10 alle 17, www.ballonmuseum-gersthofen.de. Uhr, Sa, So, Feiertag 10 – 17 Uhr, www.ballonmuseum-gersthofen.de

Cucina regionale come 2000 anni fa
■ Gasthaus Alte Brauerei Mertingen, Hilaria-Lechner-Straße 21, 0049(0)9078 912 320 ■ Restaurant Guava, Mertingen, Gewerbepark Ost 15 0049(0)163 791 82 43

Alloggi e strutture per il campeggio nelle cartine e nell'appendice

Domande ed informazioni sulla sezione
■ Fino a Mertingen: Hotline Ferienland Donau-Ries, 0049(0)906 74 211 ■ Da Allmannshofen: Hotline Regio Augsburg Tourismus GmbH, 0049(0)821 50 20 70 ■ Hotline Via Claudia Augusta, 0043(0)664 27 63 555

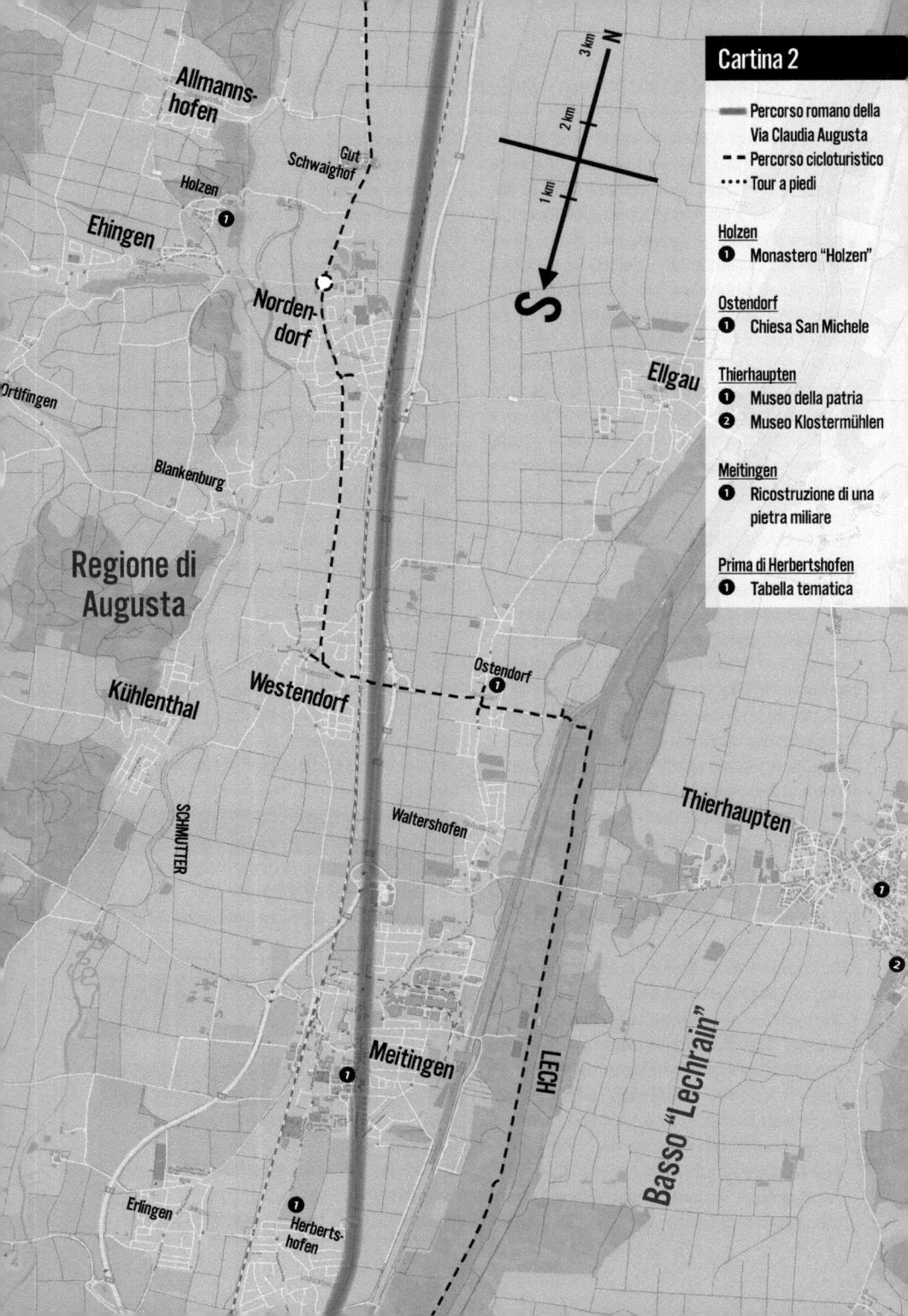

Cartina 2

— Percorso romano della Via Claudia Augusta
- - Percorso cicloturistico
··· Tour a piedi

Holzen
❶ Monastero "Holzen"

Ostendorf
❶ Chiesa San Michele

Thierhaupten
❶ Museo della patria
❷ Museo Klostermühlen

Meitingen
❶ Ricostruzione di una pietra miliare

Prima di Herbertshofen
❶ Tabella tematica

Allmanns-hofen

Gut Schwaighof

Holzen
❶

Ehingen

Norden-dorf

Ortlfingen

Ellgau

Blankenburg

Regione di Augusta

Westendorf

Ostendorf
❶

Kühlenthal

SCHMUTTER

Waltershofen

Thierhaupten

❶

❷

Meitingen
❶

Basso "Lechrain"

LECH

Erlingen

Herberts-hofen
❶

Biberbach

Eisenbrechtshofen

Langweid
am Lech

Achsheim

Regione di
Augusta

urg

Gablingen

Molzhausen

Batzenhofen

Foret

Stettenhofen

LECH

La terra dei
Wittelsbach

Basso "Lechrain"

N

1 km

2 km

3 km

S

Cartina 3

━━━ Percorso romano della
Via Claudia Augusta
╍╍╍ Percorso cicloturistico
•••• Tour a piedi

Langweid am Lech
❶ Museo di Lech
Bavarese
❷ Sito archeologico
Romano

Gablingen
❶ Museo archeologico
della patria

Dopo la campagna militare delle Alpi nel 15 a.C., i figli adottivi dell'imperatore Augusto, Druso e Tiberio, allestirono un accampamento militare nella zona a nord della città di Oberhausen, che diventò il nucleo iniziale di Augusta Vindelicum, il futuro capoluogo della provincia della Rezia. Augusta/Augsburg è così probabilmente la seconda città più antica della Germania e comunque una delle più grandi città romane a nord delle Alpi. L'insediamento abbracciava circa 25 ettari, nel suo periodo di fioritura contava tra i 10.000 e i 15.000 abitanti ed aveva tutto quello che una città romana di provincia poteva offrire: tempio, mercato, palazzo del governatore, teatro, terme... Ogni casa era provvista di acqua corrente. La Via Claudia Augusta attraversava la città ad ovest e nella parte centrale, dal municipio alla fontana di Mercurio, coincide con la strada storica principale del centro storico. Augusta/Augsburg divenne ancora più importante quando i ricchi imprenditori Fugger, alla fine del Medioevo-inizio dell'Età moderna, dalla loro città natale dominarono economicamente il mondo. Più tardi i principi vescovi di Augusta/Augsburg governarono un vasto territorio che arrivava fino al Tirolo.

Percorso cicloturistico dal Danubio a Augsburg

Ad Augsburg/Augusta il ciclista può seguire il Lech oppure superare il fiume utilizzando il ponte MAN a nord e attraversare la città pedalando, per apprezzare alcuni luoghi della capitale romana di provincia di un tempo e della città dei ricchi Fugger. Il percorso attraverso la città ripercorre in gran parte il tracciato originale della strada romana, passando accanto al duomo, dove è stata creata una nicchia archeologica, attraversando la piazza del Municipio, con la fontana di Augusto, e lo splendido viale Max-Straße con le fontane di Mercurio e di Ercole. Sulla Max-Straße si affacciano anche la basilica di Sant'Ulrico e Santa Afra ed il palazzo di città dei Fugger. Un poco più ad est si trova il primo quartiere popolare al mondo, la "Fuggerei", da loro creata. Passato il Giardino botanico il Percorso cicloturistico ritorna sul Lech, dove si riuniscono le 2 varianti. Da là si prosegue verso sud nel bosco Siebentischwald.

Info aggiuntive su alcune attrazioni nelle cartine

- Il Regio Augsburg offre alcune visite guidate. Ci sono anche visite guidate in taxi al costo di 29 Euro all'ora.
- C'è un parcheggio per biciclette vicino alla stazione

- Nel giardino archeologico vi aspettano vedute della Augsburg romana.
- Il Museo esperienziale dei Fugger e dei Welser illustra con le sue installazioni multimediali e interattive l'importanza di Augsburg e dell'influsso economico delle sue famiglie mercantili nell'Europa e nel mondo del XVI secolo. ■ Äußeres Pfaffengässchen 23, 0049(0)821 450 97 821, www.fugger-und-welser-museum.de.
- Nella piazza meridionale del Duomo antistante il muro romano si possono vedere delle sculture in pietra. Di fronte, nella Peutingerstraße 11, sorge la casa dell'umanista Peutinger.
- Dalla residenza del principe-vescovo vennero retti per lungo tempo i destini del territorio circostante, fino al Tirolo. Oggi ha qui sede l'amministrazione distrettuale della Svevia.
- Dalla torre Perlach, si ha una meravigliosa vista sulla città ■ Rathausplatz, aperto da Venerdì Santo fino a novembre ogni giorno. 10:00 – 18:00. Durante l'Avvento ven, sab, dom 13:00 – 19:00.
- Il municipio rappresenta uno dei più significativi edifici profani rinascimentali a nord delle Alpi. Con la sua torre Perlach costituisce il simbolo di Augsburg/Augusta. All'interno del Municipio si trova la Sala d'Oro, che costituisce uno dei più importanti monumenti culturali-artistici del tardo Rinascimento in Germania. ■ Rathausplatz, aperto lun–dom 10:00 - 18:00.
- Il Museo di Massimiliano comprende tre sezioni: sculture, arti e mestieri e storia della città. ■ Fuggerpl. 1, 0049(0)821 324–4102, aperto lun–mer 7:30 – 16:30, gio 7:30 – 17:30, ven 7:30 – 12:00.
- L'armeria barocca ospita una parte della collezione del Museo romano di Augusta fino alla riapertura della sede attuale. ■ Zeugplatz 4, 0049(0)821 324 41 31, aperto mar–dom 10:00 – 17:00.

Alloggi e strutture per il campeggio nelle cartine e nell'appendice

Domande ed informazioni sulla sezione

■ Touristinfo Regio Augsburg Tourismus GmbH, Rathausplatz 1, 0049(0)821 502070

■ Via Claudia Augusta Hotline, 0043(0)664 27 63 555

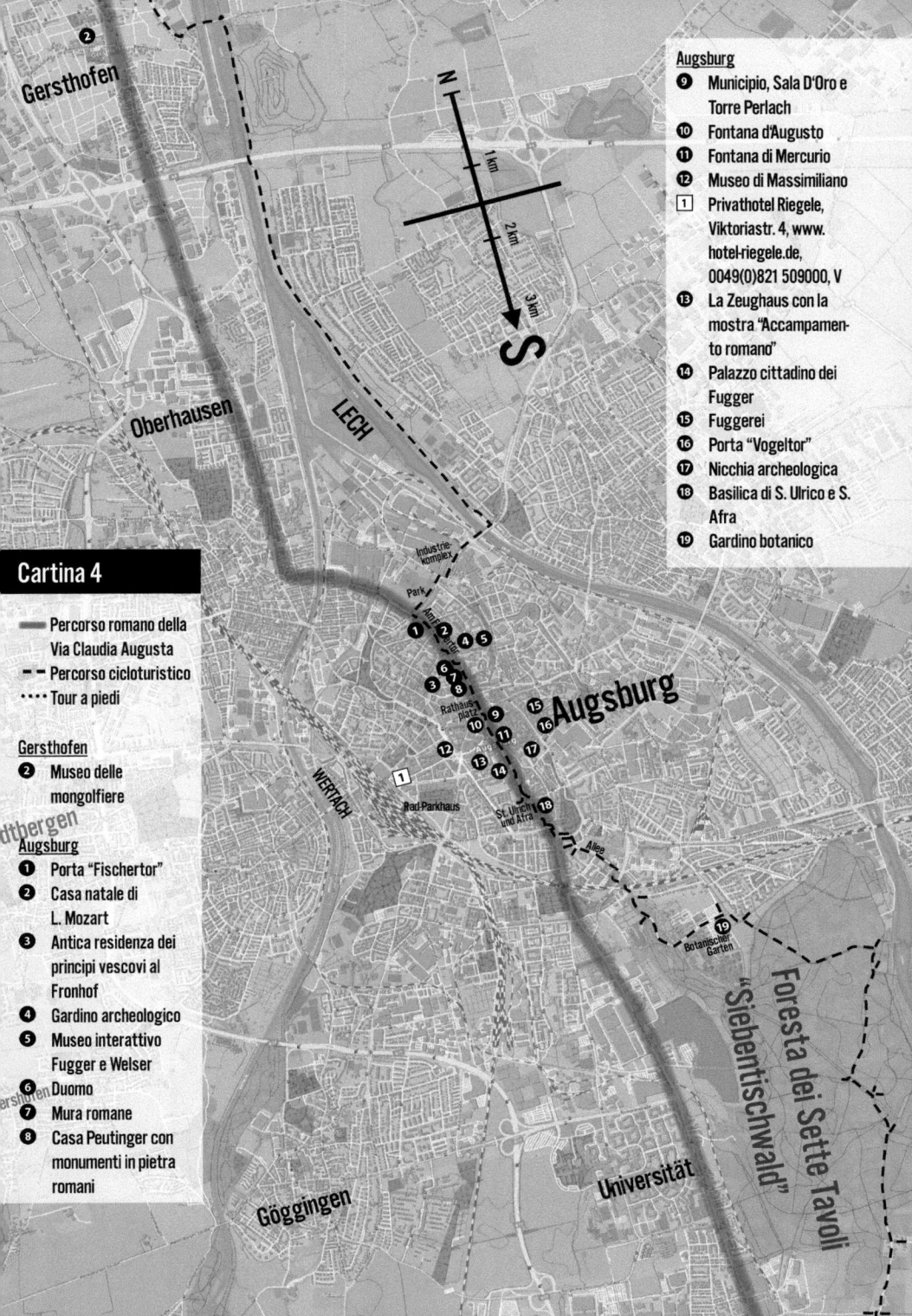

Gersthofen

②

N

1 km

2 km

3 km

S

Oberhausen

LECH

Industrie-
komplex

Park

Augsburg

Rathaus-
platz

St. Ulrich
und Afra

Allee

Botanischer
Garten

Foresta dei Sette Tavoli
"Siebentischwald"

WERTACH

Rad-Parkhaus

dtbergen

Göggingen

Universität

Cartina 4

— Percorso romano della
  Via Claudia Augusta
-- Percorso cicloturistico
··· Tour a piedi

Ciclisti nella "Fuggerei"

Sala D'Oro

Muro romano a sud della cattedrale

Boulevard sulle orme dei romani. Foto (4): Regio Augsburg Tourismus GmbH

Sulla Piazza del Municipio. Foto: Christine Pemsl

Il Lechfeld è una pianura alluvionale marcatamente piatta, che divenne tristemente nota a causa dell'omonima battaglia del 955. Già in epoca romana la pianura era abitata. Si suppone che la stazione di sosta romana ad novas, annotata nell'antica mappa stradale Tabula Peutingeriana, si trovasse ad Igling. Anche a Untermeitigen doveva esserci un impianto difensivo tardoromano. A sud di Augusta/Augsburg si trova la moderna città di Königsbrunn, in cui si può ammirare un santuario di Mitra. Il luogo venne nuovamente abitato solamente all'inizio del XIX secolo. Come la località di Obermeitingen, anche Königsbrunn appartiene al distretto di Augusta/Augsburg e a sud confina con il distretto di Landsberg am Lech. La strada romana che proseguiva in direzione delle Alpi puntando alla propria meta, si può vedere particolarmente bene per lunghi tratti a Lechfeld. Il percorso di viaggio si snoda lungo l'antica strada provinciale attraverso località pittoresche. Graben è tra l'altro la città natale di Hans Fugger.

Percorso da Augsburg a Landsberg am Lech

Da Augsburg/Augusta il Percorso cicloturistico si snoda attraverso il bosco di Siebentisch verso Königsbrunn, teatro della famosa battaglia del Lechfeld. Là nel Mercateum si può vedere la celebre Tabula Peutingeriana, una carta stradale romana, e nell'area del cimitero un santuario di Mitra. Passata la città il percorso incrocia l'autostrada, e di qui segue una delle più lunghe tratte sul tracciato originale, perfettamente diritto, della strada romana. Attraversando prati, campi e graziosi paesini prosegue in direzione di Landsberg am Lech.

Info aggiuntive su alcune attrazioni nelle cartine

- Per ordine dell'amministrazione regale di Svevia e Neuburg nel 1833 sulla lunga e diritta via che attraversa Königsbrunn e che segue in buona parte il tracciato romano, vennero scavati due pozzi per ristorare persone ed animali. Tre anni più tardi i primi coloni costruirono le loro case presso i pozzi regali. Nel 1967 Königsbrunn venne elevata al rango di città.
- Il Mercateum all'aperto, che è il più grande globo al mondo, basato sulla cartografia storica, dove si può anche entrare. Mostra tra le altre cose una copia della Tabula Peutingeriana, che si basa sulla prima carta stradale d'Europa disegnata dai Romani. ■ Mercateum, Königsallee

1, 0049(0)8231 919 573, aperto 1° mag.-31 ott. dom e festivi dalle 14 alle 19, visita guidata 14.30. Visite speciali su prenotazione, www.mercateum.de
- Presso il municipio vi aspetta un museo archeologico. ■ Markpl. 7, 86343 Königsbrunn, 0049(0)8231 606 260, aperto 1° mag.-31 ott. dom e festivi dalle 14 alle 19, visita guidata 14.30. Visite speciali su prenotazione,
- Un santuario di Mitra nel cimitero cittadino nella Wertachstraße è sempre accessibile. Il culto di Mitra è originario dell'Asia minore e fu un precursore del cristianesimo. Quando quest'ultimo divenne religione di Stato nel IV secolo, il culto di Mitra venne visto come una concorrenza.
- Subito dopo l'attraversamento della superstrada si vede a destra e sinistra un sentiero di acciottolato, che si chiama Via Claudia Augusta ed è anche effettivamente il tracciato romano. Tra Königsbrunn e Untermeitingen si trova il più lungo tratto continuo e visibile di una strada romana in Germania (11 km). La Via Claudia Augusta si riconosce particolarmente bene su questa tratta come "Wiesendamm" nel nuovo insediamento settentrionale a Kleinaitingen e nel "Grünanger" a nord della riproduzione di un miliario a Untermeitingen.
- All'altezza di Untermeitingen c'era fino al XIX secolo un guado, che rappresentava l'unico passaggio del Lech in tutto il Lechfeld. Il comune è stato segnato anche dall'impronta dei nobili di Imenhof e nel loro castelletto è situata oggi la biblioteca comunale.
- Sia castel Hurlach che castel Igling sono proprietà privata.
- Il Comune di Igling è situato in un antico edificio particolarmente bello.

Alloggi e strutture per il campeggio nelle cartine e nell'appendice

Domande ed informazioni sulla sezione

■ Fino a Untermeitingen: Hotline Regio Augsburg, 0049(0)821 50 20 70
■ Da Obermeitingen: Hotline Tourismusverband Ammersee-Lech, 0049(0)8191 128 247
■ Hotline Via Claudia Augusta, 0043(0)664 27 63 555

Il Mithraeum al cimitero di Königsbrunn. 2 Foto: Tschaikner

Un mappamondo accessibile con mappe storiche.

La piazza principale con la Schmalzturm, dove sfociava la Via del sale

Il centro storico di Landsberg dietro il suggestivo Lechwehr.

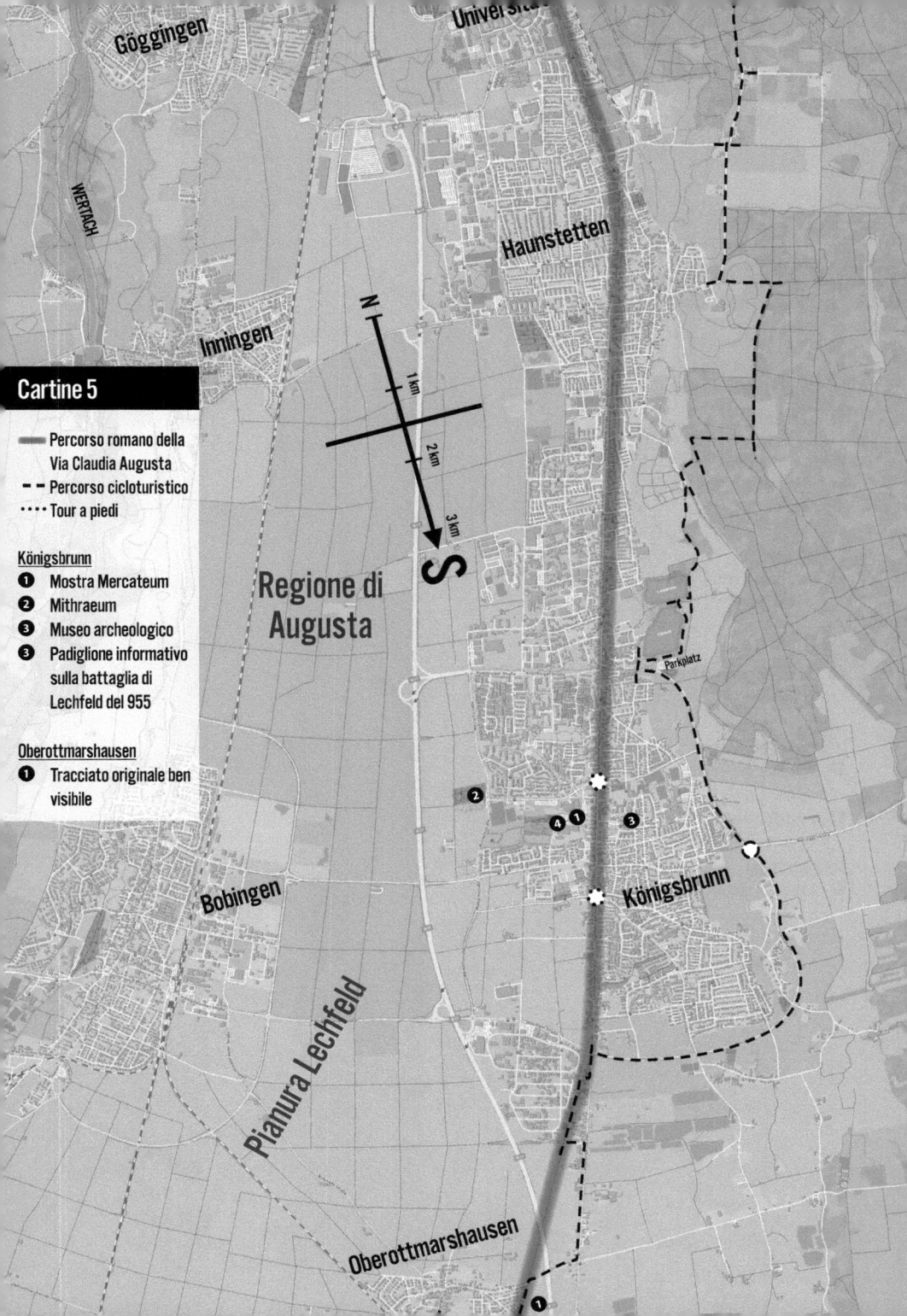

Cartine 5

▬▬ Percorso romano della
Via Claudia Augusta
- - Percorso cicloturistico
···· Tour a piedi

Königsbrunn
❶ Mostra Mercateum
❷ Mithraeum
❸ Museo archeologico
❸ Padiglione informativo
sulla battaglia di
Lechfeld del 955

Oberottmarshausen
❶ Tracciato originale ben
visibile

Göggingen

Universi...

WERTACH

Haunstetten

Inningen

N

1 km

2 km

3 km

S

Regione di
Augusta

Parkplatz

Königsbrunn

Bobingen

Pianura Lechfeld

Oberottmarshausen

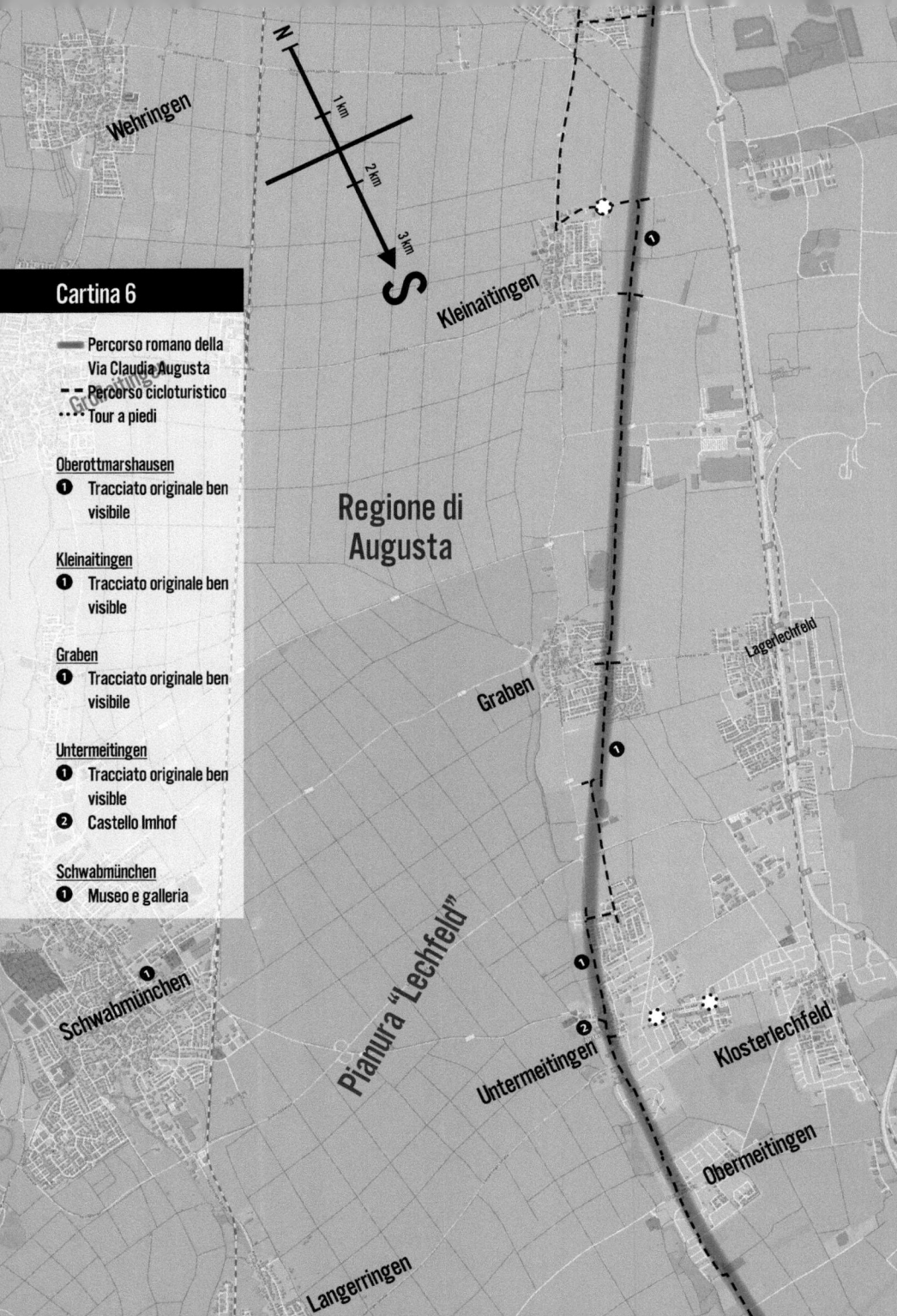

N

1 km

2 km

3 km

S

Wehringen

Kleinaitingen

Cartina 6

Percorso romano della
Via Claudia Augusta
Percorso cicloturistico
Tour a piedi

Oberottmarshausen
❶ Tracciato originale ben
visibile

Kleinaitingen
❶ Tracciato originale ben
visibile

Graben
❶ Tracciato originale ben
visibile

Untermeitingen
❶ Tracciato originale ben
visibile
❷ Castello Imhof

Schwabmünchen
❶ Museo e galleria

Großaitingen

Regione di
Augusta

❶

Graben

Lagerlechfeld

❶

❶

Schwabmünchen

Pianura "Lechfeld"

❶

❷

Untermeitingen

Klosterlechfeld

Obermeitingen

Langerringen

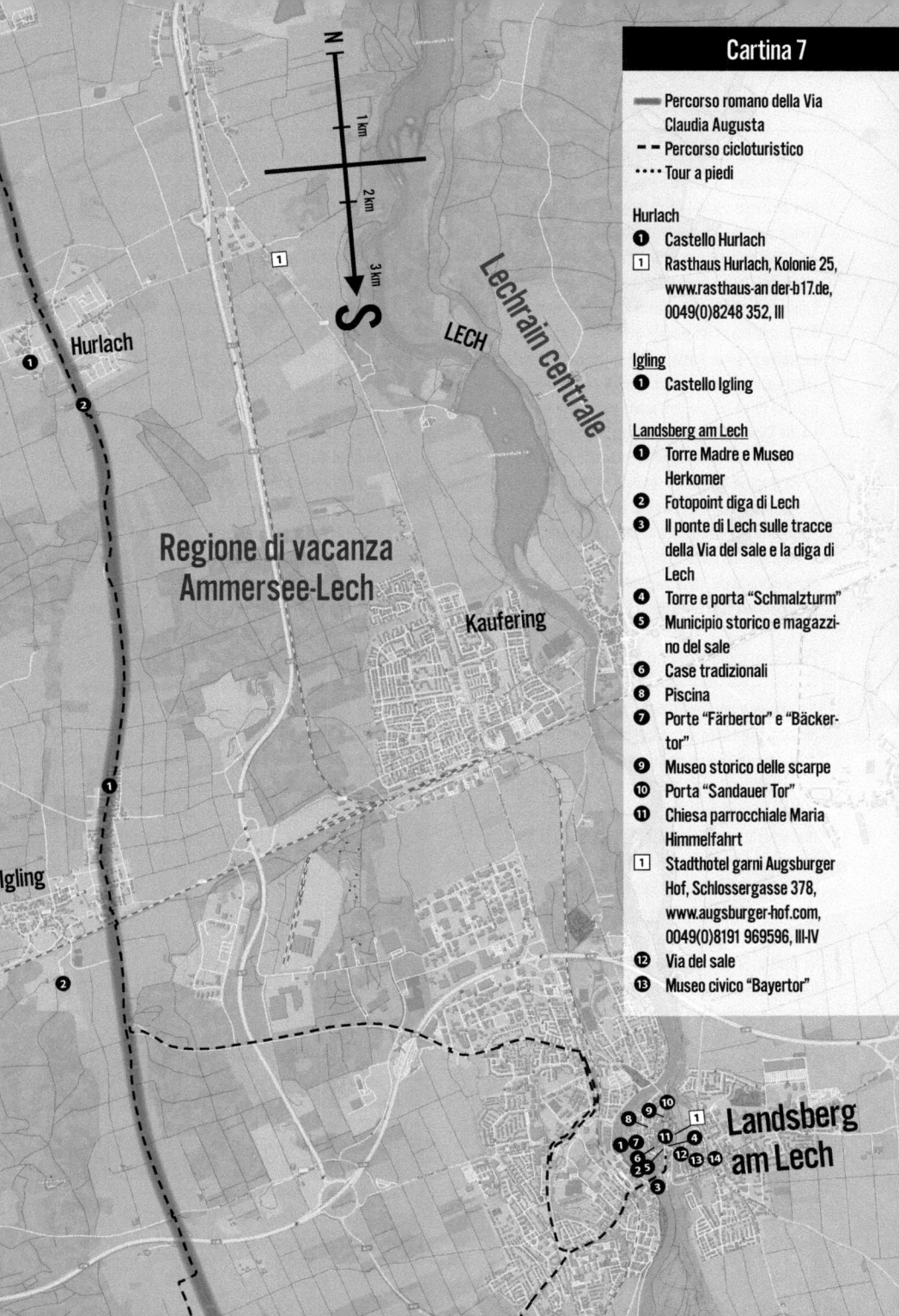

Percorso romano della Via Claudia Augusta

- - Percorso cicloturistico

.... Tour a piedi

Hurlach
- ❶ Castello Hurlach
- 1️⃣ Rasthaus Hurlach, Kolonie 25, www.rasthaus-an der-b17.de, 0049(0)8248 352, III

Igling
- ❶ Castello Igling

Landsberg am Lech
- ❶ Torre Madre e Museo Herkomer
- ❷ Fotopoint diga di Lech
- ❸ Il ponte di Lech sulle tracce della Via del sale e la diga di Lech
- ❹ Torre e porta "Schmalzturm"
- ❺ Municipio storico e magazzino del sale
- ❻ Case tradizionali
- ❽ Piscina
- ❼ Porte "Färbertor" e "Bäckertor"
- ❾ Museo storico delle scarpe
- ❿ Porta "Sandauer Tor"
- ⓫ Chiesa parrocchiale Maria Himmelfahrt
- 1️⃣ Stadthotel garni Augsburger Hof, Schlossergasse 378, www.augsburger-hof.com, 0049(0)8191 969596, III-IV
- ⓬ Via del sale
- ⓭ Museo civico "Bayertor"

Hurlach

LECH

Lechrain centrale

Regione di vacanza
Ammersee-Lech

Kaufering

Igling

Landsberg
am Lech

L'importante Via del sale, da Reichenhall attraverso Monaco, incrociava in questi paraggi la Via Claudia Augusta nel suo percorso verso la Svizzera. Nel 1158 il duca di Baviera Enrico il Leone da Kaufering la spostò leggermente più a sud. Contemporaneamente fece costruire un ponte e a sua difesa trasformò l'impianto difensivo esistente nel "Castrum Landespurch". L'insediamento in rapida crescita, che già nel XIII secolo era stato elevato al rango di città di Lebensberg/ Landsberg, sorse sotto la sua protezione, incastonato tra i fiumi Lech e Lechhochufer. A partire dal XIX secolo si è sviluppata l'area urbana, ora molto più ampia a ovest del Lech. La Via Claudia Augusta prosegue ancora per una tratta ad ovest, attraversando la zona comunale ed ebbe però - come la via d'acqua del Lech – grande importanza per lo sviluppo economico della città. La città vecchia, su cui il Medioevo ha lasciato la sua impronta, è accessibile solamente attraverso il ponte o le sue porte e dispone ancora di una parte della sua cinta muraria più volte ampliata. Il pezzo forte è la piazza principale nel suo nuovo allestimento.

Percorso cicloturistico Landsberg am Lech

A Landsberg am Lech il ciclista può scegliere se seguire la ciclabile che passa per i paesi situati nel territorio ad ovest della città, che corrisponde in gran parte alla strada romana, oppure dirigersi verso il centro storico. Questo percorso attraversa dapprima la parte occidentale della città, sviluppatasi a partire dall'Ottocento. Il ponte che il ciclista percorre per raggiungere la parte medievale della città è lo stesso ponte della Via del sale. Sulla riva opposta del Lech si trova la pittoresca piazza principale cittadina con l'antico municipio e la Schmalzturm, la torre attraverso cui la Via del sale entrava in città. Si riprende il Percorso cicloturistico attraverso la Via del sale, che già nel Medioevo univa la città con la strada medievale erede della Via Claudia Augusta.

Info aggiuntive su alcune attrazioni nelle cartine

- Il Touristinfo Landsberg offre visite guidate.
- Hubert von Herkomer la fece erigere il "Mutterturm" (= torre madre" a ricordo di sua madre nello stile di un mastio normanno. Il rinomato artista visse e lavorò in Inghilterra, ma lasciò i suoi dipinti e le sue grafiche alla sua antica città natale. Si possono vedere nella torre dell'Herkomer-

museum, che è anche un insolito esempio di spazio abitativo e di lavoro di un artista del XIX secolo. ■ Vorderer Anger 274, Tel. 0049(0)8191 42 296, orario d'apertura: su accordo telefonico (tranne domenica).

- Gran parte della piazza principale della città, di impronta medievale, è riservata ai pedoni, come la maggior parte dei graziosi vicoli del centro storico, dove campeggia l'imponente torre Schöne Turm (torre bella), detta anche Schmalzturm (torre dello strutto). Di fronte si trova l'ufficio del turismo, ospitato nella casa sfarzosamente decorata del municipio storico. La facciata porta la firma di Dominikus Zimmermann, il costruttore della Wieskirche, già sindaco di Landsberg.
- L'Historisches Schuhmuseum (museo storico della scarpa) con scarpe di otto secoli e di molti personaggi illustri. ■ Vorderer Anger 274, 0049(0)(00)8191 42 296, apre su richiesta telefonica (eccetto la domenica)
- La chiesa parrocchiale barocchizzata a tre navate dell'Ascensione con un notevole sagrato allude all'importanza rivestita dalla città nel passato, di gran lunga più significativa rispetto ad oggi.
- Dalla Hauptplatz si sale infine sul Lechberg passando per la torre Schmalzturm e percorrendo la "Alte Bergstraße" lastricata, che era un tempo la Via del sale.
- Sul Lechberg si trovano lo Stadtmuseum (Museo civico) e la Bayertor tardogotica. ■ Von-Helfenstein-Gasse 426, Tel. 0049(0)(00)8191 128 360, aperto aprile–gennaio, mar – ven 14:00 – 17:00 e sab, dom, giorni festivi 11:00 – 17:00.

Alloggi e strutture per il campeggio nelle cartine e nell'appendice

Domande ed informazioni sulla sezione

■ Touristinfo Tourismusverband Ammersee-Lech, Hauptplatz 152, 0049(0)8191 128 247
■ Via Claudia Augusta Hotline, 0043(0)664 27 63 555

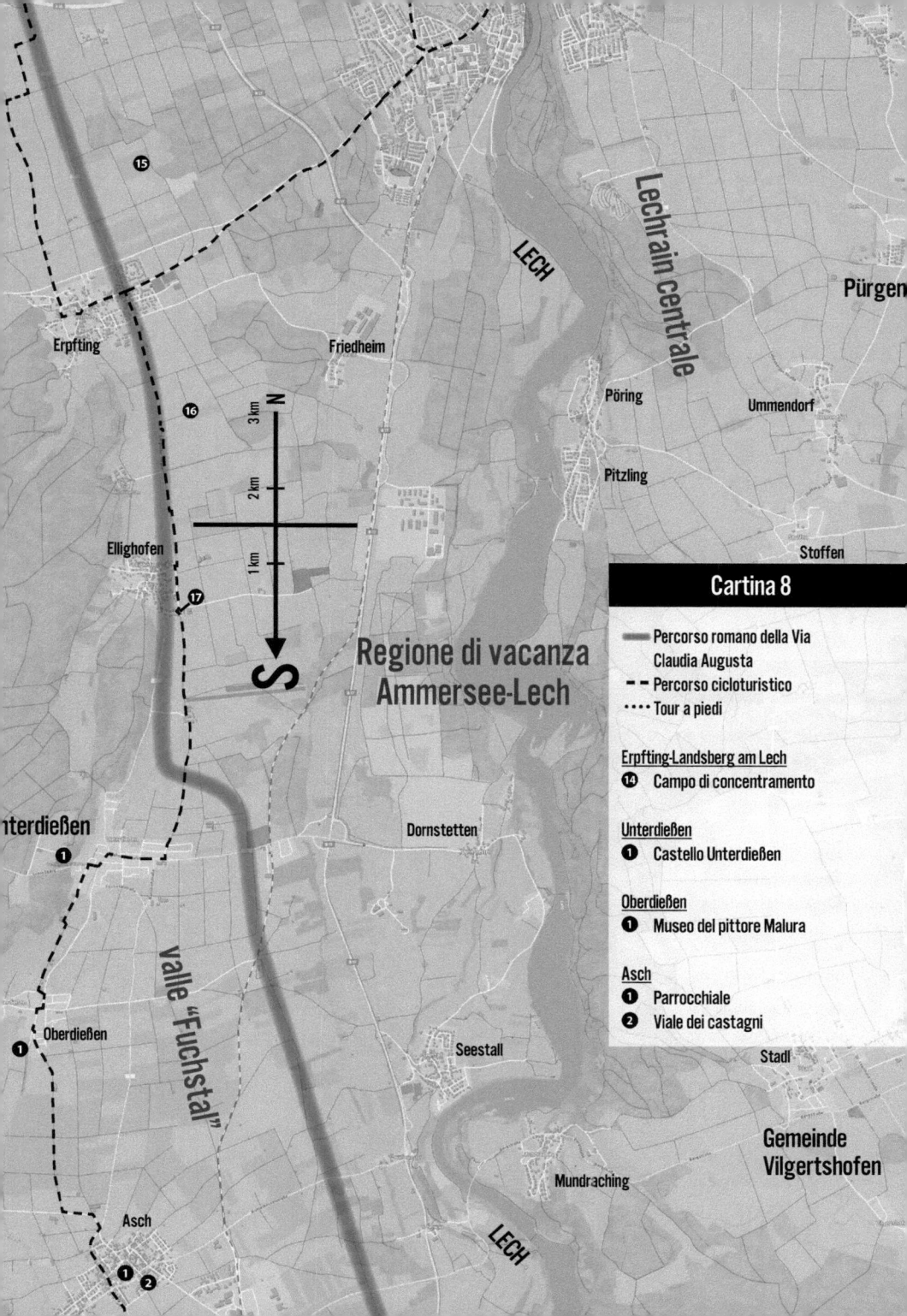

Pürgen

Lech

Lechrain centrale

LECH

Friedheim

Pöring

Ummendorf

Erpfting

Pitzling

Stoffen

N

3 km

2 km

Ellighofen

1 km

S

Regione di vacanza
Ammersee-Lech

Dornstetten

Stadl

terdießen

valle "Fuchstal"

Oberdießen

Seestall

Gemeinde
Vilgertshofen

Mundraching

LECH

Asch

Cartina 8

▬▬ Percorso romano della Via
     Claudia Augusta

- - - Percorso cicloturistico

···· Tour a piedi

Erpfting-Landsberg am Lech
⑭ Campo di concentramento

Unterdießen
❶ Castello Unterdießen

Oberdießen
❶ Museo del pittore Malura

Asch
❶ Parrocchiale
❷ Viale dei castagni

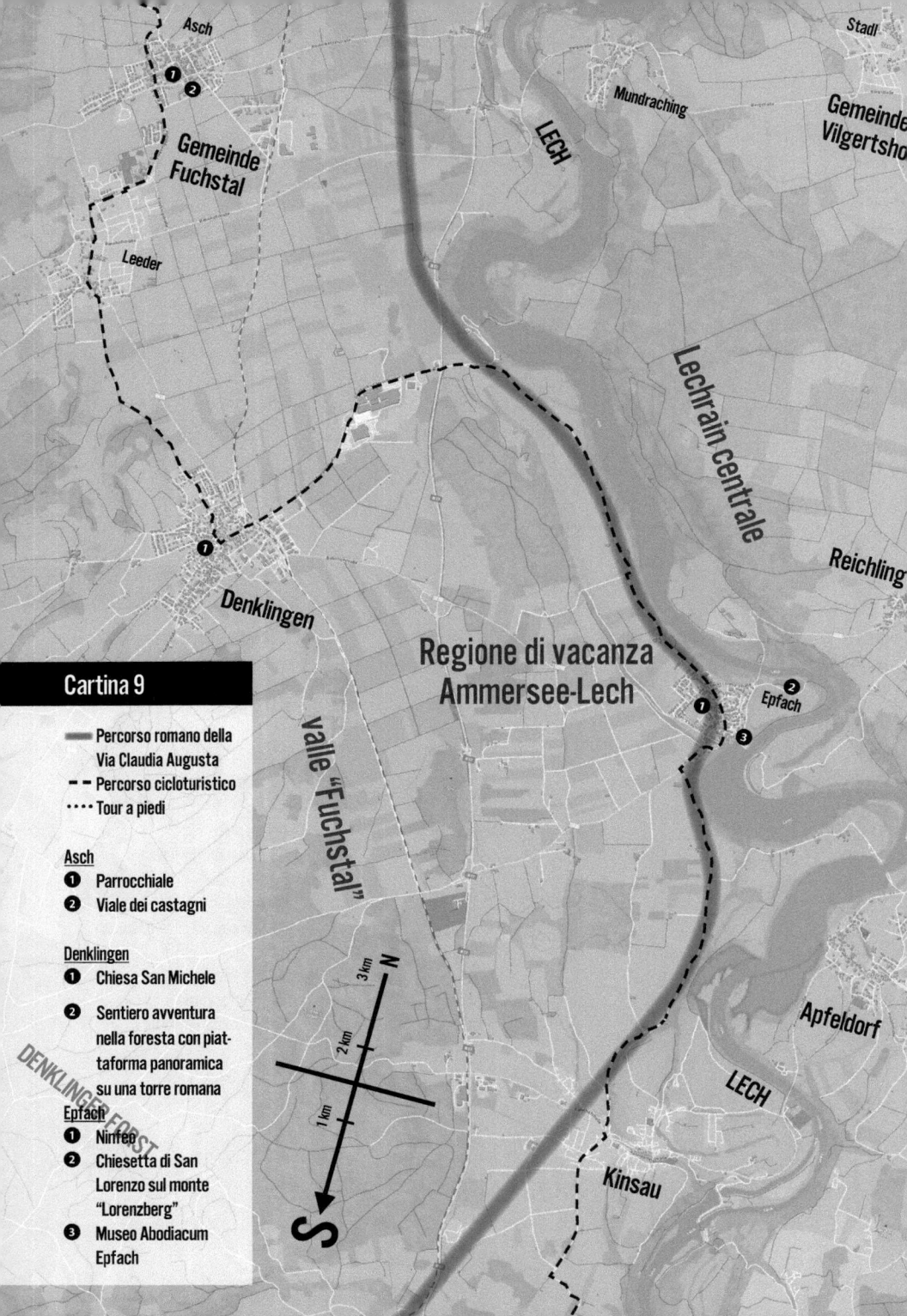

Asch

Stadl

Mundraching

Gemeinde
Vilgertsho

LECH

Gemeinde
Fuchstal

Leeder

Lechrain centrale

Reichling

Denklingen

Regione di vacanza
Ammersee-Lech

Epfach

valle "Fuchstal"

DENKLINGER FORST

Apfeldorf

LECH

Kinsau

N
3 km
2 km
1 km
S

Cartina 9

— Percorso romano della
   Via Claudia Augusta
- - Percorso cicloturistico
⋯ Tour a piedi

Asch
❶ Parrocchiale
❷ Viale dei castagni

Denklingen
❶ Chiesa San Michele
❷ Sentiero avventura
   nella foresta con piattaforma panoramica
   su una torre romana

Epfach
❶ Ninfeo
❷ Chiesetta di San
   Lorenzo sul monte
   "Lorenzberg"
❸ Museo Abodiacum
   Epfach

Tra Landsberg e Schongau il percorso di viaggio conduce, attraverso la Fuchstal, a Epfach, la romana Abodiacum e quindi lungo la riva alta del Lech verso Kinsau, Hohenfurch e nell'originaria parrocchia di Altenstadt di Schongau. Fuchstal, la valle della volpe, è il nome dato alla valle del ruscello Wiesbach tra la riva alta del Lech ed una dorsale boschiva ad ovest, con le località di Unterdießen, Asch, Leeder e Denklingen. La parola "Volpe" è attribuita alla forma della valle e alla colorazione brunastra dei campi in autunno. Prima di Hohenfurch, che appartiene già al distretto di Weilheim-Schongau, per la prima volta dopo Donau-Ries il territorio si fa dolcemente collinare. Le località in questo tratto sono particolarmente originali e tranquille. Highlight storici sono sicuramente il sito dell'antico castrum romano di Abodiacum sul Lorenzberg, su di una penisola nell'ansa del Lech presso Epfach.

Il percorso da Landsberg a Schongau

Dopo Landsberg la ciclabile abbandona il tracciato della strada romana per passare tra i pittoreschi villaggi della Fuchstal: Oberdießen e Unterdießen, Asch e Leder nonché Denklingen. Si torna poi alla strada romana, che fino a Kinsau corre lungo la pittoresca alta riva del Lech. Sul Lorenzberg, con la chiesa di San Lorenzo a Epfach, si trovava un tempo un castrum romano, di cui ci si può fare un'idea nel piccolo Museo romano. Dopo Kinsau il percorso passa per Hohenfurch e Schwabniederhofen andando verso Altenstadt, la parrocchia originaria Schongau, sulle tracce della strada romana.

Info aggiuntive su alcune attrazioni nelle cartine

- Al di sopra di Unterdießen troneggia il castello edificato nel 1589.
- Il Malura-Museum con dipinti, disegni, acquarelli e collage dell'artista monacense. ■ 86944 Oberdießen, am Mühlweg 2, Tel. 0049(0)8243 3638.
- Asch dispone di un'infinità di vecchie case e di un viale dei castagni. Gli scavi indicano che la parrocchiale ha avuto origine da una chiesa in legno del IX secolo.
- Michaelskirche (chiesa di San Michele), su di una altura sopra Denklingen, mostra al suo interno numerosi paralleli con la famosa Wieskirche (chiesa di Wies).
- Epfach è situato su di una penisola nell'ansa del Lech. Sul monte Lorenzberg, dove oggi troneggia la Lorenzkapelle

(cappella di San Lorenzo), si trovava un tempo il castrum romano di Abodiacum. Il piccolo museo romano di Epfach permette di farsene un'idea. La località si onora di avere come suo cittadino Claudio Paterno Clemenziano che fu governatore del Nordafrica. ■ Museo, Via Claudia 16, 86920 Epfach, 0049(0)8243 9601–0, liberamente accessibile dalle 9 alle 17 sia nella stagione estiva che in inverno.

- Kinsau scende con numerosi terrazzamenti verso il Lech.
- Hohenfurch si trova direttamente sulla B17, la strada che ha preso oggi il posto della Via Claudia Augusta. Il luogo è contrassegnato dallo Schönach.

Cucina regionale come 2000 anni fa
■ Gasthof Janser, Altenstadt, Burgstraße 2 , 0049(0)(00)8861 22 17 26

Alloggi e strutture per il campeggio nelle cartine e nell'appendice

Domande ed informazioni sulla sezione
■ Fino a Kinsau: Hotline Ammersee-Lech, 0049(0)8191 128 246 ■ Da Hohenfurch: Hotline Pfaffenwinkel, 0049(0)8861 211 3200 ■ Hotline Via Claudia Augusta, 0043(00)664 27 63 55

La basilica voltata romanica di Altenstadt. Foto (2): Tschaikner

La chiesetta San Lorenzo sul monte "Lorenzberg" sulla ripida riva del Lech

Il centro storico di Schongau, sul monte circondato un tempo dalle acque del Lech

Giocolieri

La villa rustica di Peitin

Nella tarda età romana un'ulteriore strada romana attraversava le Alpi passando per Garmisch e il passo del Brennero. Anch'essa era chiamata Via Claudia, ma senza "Augusta" (=imperiale). Nel Medioevo le due strade, che continuavano ad essere utilizzate, si chiamavano Via superiore e Via inferiore e là dove si incrociavano era possibile fare dei buoni affari, sia in epoca romana che in seguito. A est del Lech, a Peiting, una villa rustica documenta l'elevata cultura abitativa dei Romani. Anche Schongau, trasposta nel XIII dall'originale parrocchia di Altenstadt sulla più sicura altura, poté svilupparsi presso il nodo stradale raggiungendo una notevole fioritura. Nel 1331 la città ottenne persino il diritto di battere moneta. Il centro storico possiede ancor oggi la propria cinta muraria completa e la si può raggiungere solo attraverso una delle porte. Anche i numerosi resti di edifici sacri nel territorio circostante raccontano di uno stato di prosperità. La regione si chiama Pfaffenwinkel e Schongau e Peiting ne sono le porte di accesso. L'edificio sacro più conosciuto è la chiesa di Wies, patrimonio dell'umanità.

Il percorso Altenstadt, Schongau, Peiting

Poco prima di Altenstadt il ciclista deve decidersi se effettuare una deviazione nel centro storico medievale di Schongau e alla villa rustica di Peiting oppure attraversare Altenstadt pedalando nella zona del tracciato della strada romana. Qui si può ammirare la ricostruzione di un tratto di strada romana e la basilica romanica a volta. Si passa quindi ai margini della città di Schongau in direzione di Burggen.

Info aggiuntive su alcune attrazioni nelle cartine

- Nella parrocchia originaria di Schongau, Altenstadt, con la basilica voltata romanica c'è un'area dove si può scoprire una parte della strada romana ricostruita.
- Migliaia di anni fa l'altura su cui sorge la città era un "Lechumlaufberg", un monte circondato dall'acqua del fiume Lech.
- Un modo particolarmente suggestivo per conoscere la città è partecipare a una delle visite guidate che vengono proposte, tra cui una notturna e una per i bambini.
- Una delle porte più belle è la Maxtor, che venne utilizzata anche come porta di accesso al piccolo castel Schongau dei Wittelsbach. Oggi ospita l'ufficio distrettuale.
- Nel museo civico (Stadtmuseum), accessibile ai disabili (ex chiesa dell'ospedale di Sant'Erasmo), il visitatore può immergersi nella storia della città. Un'attenzione particolare è rivol-

ta alle monete. Oltre a quelle coniate a Schongau, il museo espone anche monete romane. ■ Christophstr. 55-57, 0049(0)(00)8861 254–605. gaperto mer, sab, dom e festivi dalle 14 alle 17.

- La Ballenhaus gotica era utilizzata un tempo per la movimentazione delle merci sulla Via del sale. La sua posizione al centro della piazza testimonia l'importanza delle vie commerciali per Schongau.
- La chiesa parrocchiale dell'Assunzione (Maria Himmelfahrt) è l'erede di un precedente edificio romanico e gotico.
- Originariamente, la strada passava attraverso la montagna tra Schongau e Peiting, mentre oggi invece vi passa attorno. Il nome Peiting deriva presumibilmente dalla famiglia Peutinger, che vi si stabilì probabilmente già nel VI secolo. La località, sede di mercato, offre negozi e possibilità di ristoro. Il Museum im Klösterle (museo nel conventino) racconta la storia e la vita nella zona. ■ Kapellenstraße 1, 0049(0)8861 6535, aperto ogni mer dalle 14 alle 17, gruppi su prenotazione.
- Le prime tracce di insediamento ad est del Lech risalgono addirittura al III secolo. Su di un appezzamento romano, che comprendeva un tempo svariati ettari di terreno, si possono visitare, all'interno di una struttura di protezione, le terme. Per quanto riguarda la villa si trattava di una casa con atrio con un elevato standard abitativo, una rarità in Germania, abitata dalla metà del II fino al IV secolo. Inoltre è stata trovata una targhetta di piombo inscritta, interpretata come un incantesimo d'amore che mette le ali alla fantasia del visitatore. Attorno alla struttura è stato impiantato un orto romano con erbe per la cucina e per le cure. ■ 0049(0)8861 6535, visita con l'ausilio di tabelle esplicative sempre possibile, visite guidate da concordare.

Cucina regionale come 2000 anni fa

■ Gasthof Zechenschenke, Peiting, Zechenstraße 2, 0049(0)8861 22 17 26

Domande ed informazioni sulla sezione nell'appendice

■ Hotline Pfaffenwinkel, Tel. 0049(0)8861 211 3200
■ Touristinfo Schongau, Münzstraße 1, 0049(0)8861 214 181
■ Touristinfo Peiting, Ammergauer Straße 2, 0049(0)8861 6535
■ Hotline Via Claudia Augusta, 0043(0)664 27 63 555

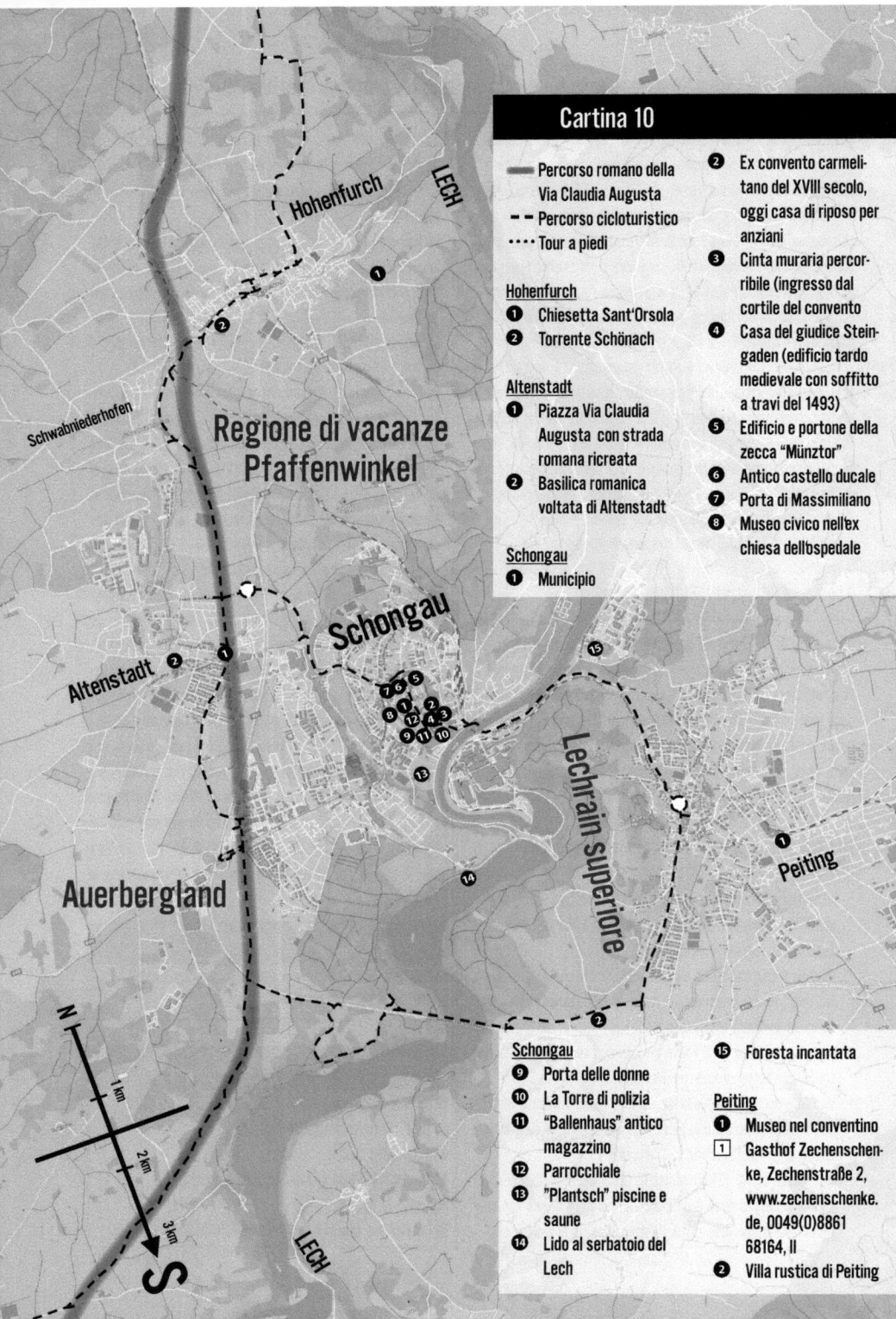

Cartina 10

━━━ Percorso romano della Via Claudia Augusta
--- Percorso cicloturistico
···· Tour a piedi

Hohenfurch
1 Chiesetta Sant'Orsola
2 Torrente Schönach

Altenstadt
1 Piazza Via Claudia Augusta con strada romana ricreata
2 Basilica romanica voltata di Altenstadt

Schongau
1 Municipio

2 Ex convento carmelitano del XVIII secolo, oggi casa di riposo per anziani
3 Cinta muraria percorribile (ingresso dal cortile del convento
4 Casa del giudice Steingaden (edificio tardo medievale con soffitto a travi del 1493)
5 Edificio e portone della zecca "Münztor"
6 Antico castello ducale
7 Porta di Massimiliano
8 Museo civico nell'ex chiesa dell'ospedale

Schongau
9 Porta delle donne
10 La Torre di polizia
11 "Ballenhaus" antico magazzino
12 Parrocchiale
13 "Plantsch" piscine e saune
14 Lido al serbatoio del Lech

15 Foresta incantata

Peiting
1 Museo nel conventino
1 Gasthof Zechenschenke, Zechenstraße 2, www.zechenschenke.de, 0049(0)8861 68164, II
2 Villa rustica di Peiting

Dai Comuni della zona collinare attorno all'Auerberg è scaturita l'iniziativa di ridar vita all'intera Via Claudia Augusta. Nella zona dell'Auerberg la strada romana si può riconoscere in più punti e i Comuni ed i loro abitanti hanno escogitato qualcosa per attirare l'attenzione: con il millenario sito abitato sull'Auerberg, il paese degli zatterieri Lechbruck am See, il centro informativo sulla tratta bavarese della Via Claudia Augusta oppure il viaggio in nave sul Forggensee sulle tracce della strada romana, e alcuni highlight storici. Quanto al panorama, la regione colpisce per le sue colline dolcemente verdi, per i boschi verdeggianti e i numerosi laghi sullo sfondo delle Alpi. Tra di essi sono disposte pittoresche località di villeggiatura, che hanno mantenuto il loro carattere di villaggio. Nella zona dell'Auerberg la strada romana si snoda prevalentemente lungo il fiume Lech ed in parte attraverso il fiume stesso, nel luogo in cui è stata fatta la diga poco prima del Forggensee.

Percorso cicloturistico attraverso l'Auerbergland

Da Schongau il Percorso cicloturistico si snoda attraverso il paesaggio collinare dell'Algovia, in cui il verde intenso dei boschi si alterna a quello vivace dei prati, spesso inframezzati da laghi e stagni. Ben poche altre sezioni presentano una quota altrettanto elevata di tracciato originale. Il percorso conduce poi a Burggen, con la via Sant'Anna, posta sotto tutela, con le sue case contadine tipiche della regione. Si arriva poi al villaggio degli zatterieri, Lechbruck am See. Lungo la strada ci si può far tentare da una deviazione sull'Auerberg e a Bernbeuren, con il Museo dell'Auerberg. Sulla via per Rosshaupten vi aspettano moltissimi specchi d'acqua, la cappella di Sameister, un pittoresco luogo di sosta su di una collina, con una riproduzione del fotografatissimo miliario romano, nonché il Parco artistico della Via Claudia Augusta. Non ci si dovrebbe lasciar sfuggire nemmeno il Centro di documentazione bavarese della Via Claudia Augusta a Rosshaupten. Da lì la ciclabile segue la riva del lago artificiale Forggensee.

Info aggiuntive su alcune attrazioni nelle cartine

- Direttamente sulla strada per Bernbeuren si trova un paradiso naturale, l'Haslacher See, un lago dove si può anche nuotare.
- L'Auerbergmuseum (museo dell'Auerberg) racconta in maniera molto varia la storia dell'insediamento sull'Auerberg. ■ Mühlenstraße 9, 0049(0)8860 210, aperto da metà apr. a metà ott. sab dalle 15 alle 17; dom e festivi dalle 14 alle 17

ore e su appuntamento telefonico. L'altura, posta in un punto strategicamente favorevole, venne colonizzata già dai Celti. In epoca romana esisteva qui un insediamento di artigiani, dove si producevano tra l'altro pezzi per le catapulte. In cima, la piattaforma della Georgskirche (chiesa di S. Giorgio) offre una fantastica vista panoramica.

- Per onorare la sua grande tradizione nella navigazione su zattere, Lechbruck ha creato un museo che si trova dietro le case poste di fronte all'ufficio informazioni turistiche. Dal 15 giugno al 30 settembre, prenotandosi all'ufficio del turismo, è possibile effettuare viaggi in zattera sul Lech. ■ Waidach 8, 0049(0)8862 / 987830, aperto apr. – set., gio dalle 17:30 alle 19, dom dalle 16 alle 18 e su prenotazione
- Il Museum im Pfannerhaus a Rosshaupten ospita anche il centro informativo della Via Claudia Augusta bavarese. ■ Hauptstraße 1, 0049(0)8367 364, liberamente accessibile ogni giorno dalle 9 alle 18:00 durante la stagione.
- Dopo una breve passeggiata, presso il lago Forggensee vi aspetta il luogo di sosta e balneazione "Mansio – mit den Römern rasten" (Mansio – sostare con i Romani).
- In primavera, quando lo specchio d'acqua si abbassa, affiora la strada romana che giace sul fondo del lago artificiale e vi si può camminare sopra, mentre per il resto dell'anno sono le imbarcazioni a navigare al di sopra della sua traccia. ■ Approdi sul percorso: centrale elettrica di Rosshaupten, Rieden-Tiefental, Rieden-Dietringen, Füssen-Festspielhaus (palazzo del festival) e Füssen, 0049(0)8362 921 363 oppure 938 52, 3 volte al giorno

Domande ed informazioni sulla sezione

■ Fino a Bernbeuren: Ferienregion Pfaffenwinkel, 0049(0)8861 211 3200

■ Touristinfo Bernbeuren, Marktplatz 4, 0049(0)8860 910 10

■ Da Lechbruck: Ferienregion Ostallgäu, 0049(0)8342 911 506

■ Lechbruck am See, Flößerstraße 1, 0049(0)8862 987 830

■ Touristinfo Lechbruck am See, Flößerstraße 1, 0049(0)8862 987 830

■ Touristinfo Rosshaupten, Hauptstraße 10, 0049(0)8367 364

■ Touristinfo Rieden am Forggensee, Lindenweg 4, 0049(0)8362 370 25

■ Hotline Via Claudia Augusta, +43(0)664 27 63 555

Fattoria della via Sant'Anna, tutelata come monumento storico. Foto: Bruno Faller

Il lago "Haslacher See" ed il monte " Auerb

Chiesa di San Giorgio sul monte "Auerberg"

Zattera turistica per giri nel villaggio delle zattere Lechbruck

Museo civico "Pfannerhaus". Foto: Reinhard Walk

Un luogo di sosta e balneazione dedicato ai tempi romani a Rieden am Forggensee

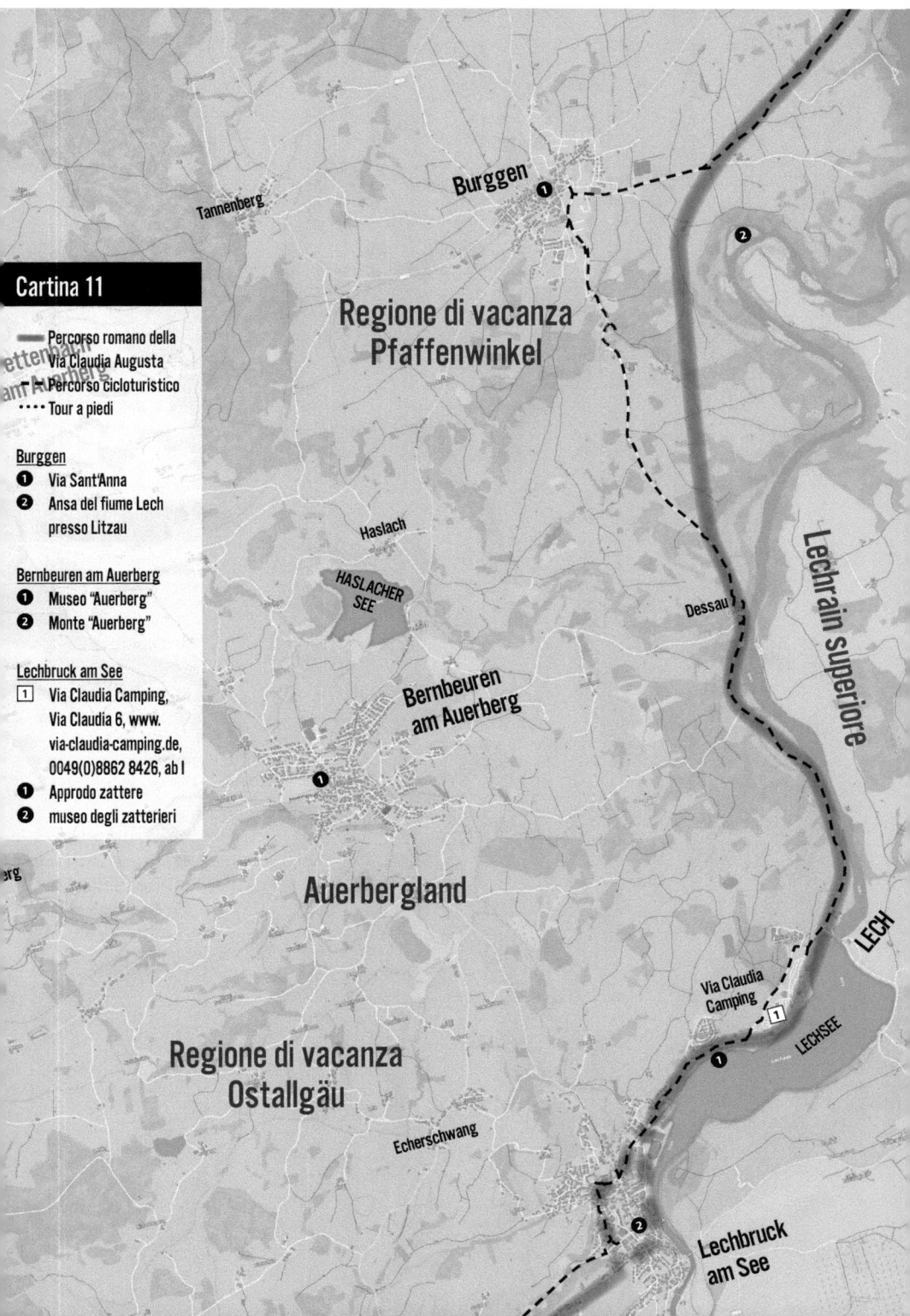

Cartina 11

▬▬ Percorso romano della Via Claudia Augusta
▬ ▬ Percorso cicloturistico
• • • Tour a piedi

Burggen
❶ Via Sant'Anna
❷ Ansa del fiume Lech presso Litzau

Bernbeuren am Auerberg
❶ Museo "Auerberg"
❷ Monte "Auerberg"

Lechbruck am See
1️⃣ Via Claudia Camping, Via Claudia 6, www.via-claudia-camping.de, 0049(0)8862 8426, ab I
❶ Approdo zattere
❷ museo degli zatterieri

Tannenberg

Burggen ❶

Regione di vacanza Pfaffenwinkel

❷

Haslach

HASLACHER SEE

Dessau

Lechrain superiore

Bernbeuren am Auerberg

❶

Auerbergland

Via Claudia Camping

LECH

1️⃣

❶ LECHSEE

Regione di vacanza Ostallgäu

Echerschwang

❷ Lechbruck am See

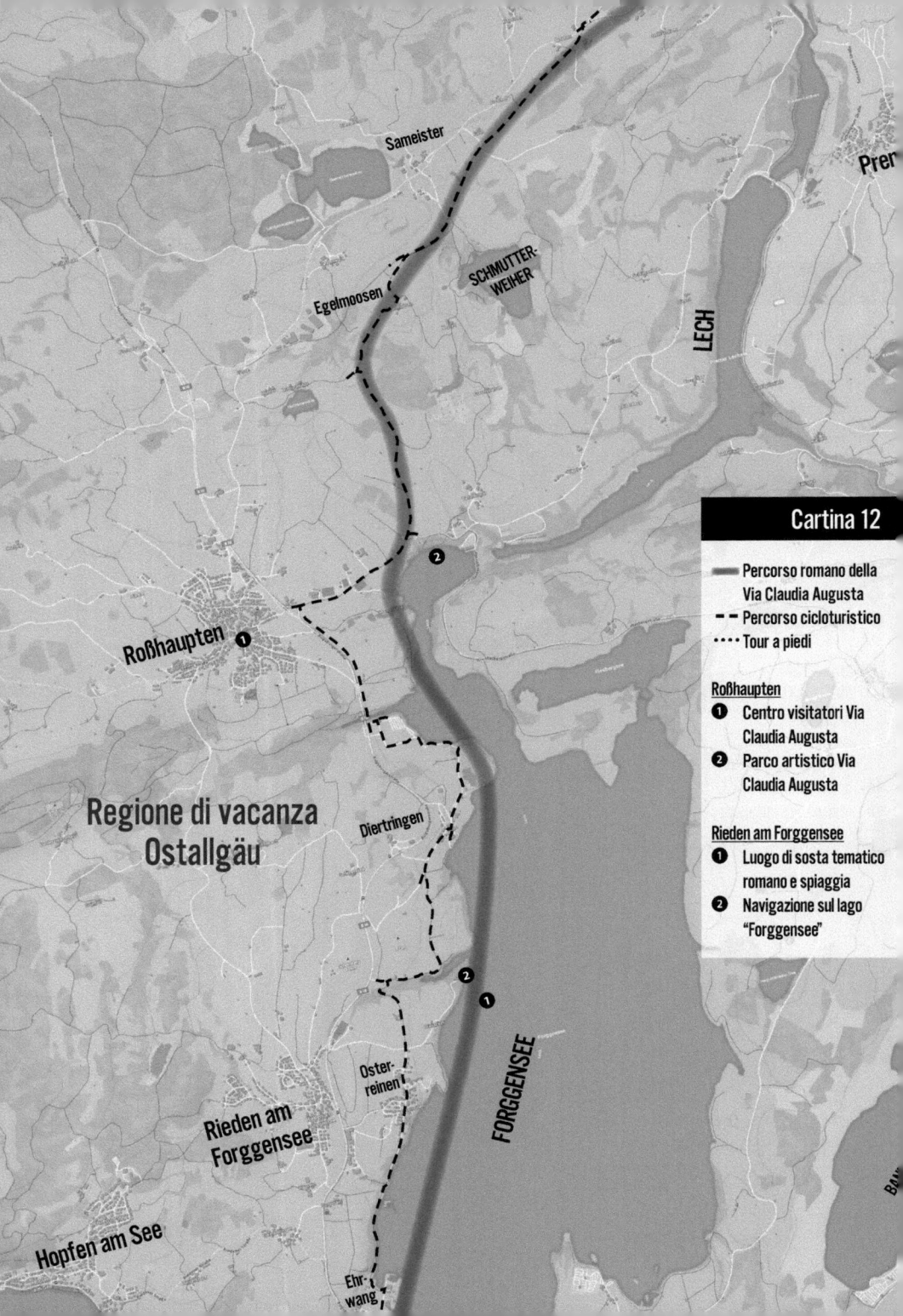

Sameister

Prer

SCHMUTTER-WEIHER

LECH

Egelmoosen

❷

Roßhaupten ❶

Regione di vacanza
Ostallgäu

Diertringen

❷
❶

FORGGENSEE

Oster-
reinen

Rieden am
Forggensee

Hopfen am See

Ehr-
wang

BA

Il meraviglioso territorio in cui il Lech scaturisce dalle Alpi era popolato sin dall'epoca dei Romani. Un castrum romano coronava lo Schlossberg di Füssen, ai cui piedi passava la Via Claudia Augusta. L'odierna via del passeggio Reichenstraße nel centro storico è posta direttamente sul tracciato romano. Presso la stazione a valle della funivia del Tegelberg a Schwangau, i resti di un bagno privato di una villa rustica testimoniano l'elevata cultura abitativa dell'epoca romana. La fondazione della città di Füssen, di impronta medievale, con la sua grande tradizione nella liuteria, risale a S. Magnus, che si stabilì qui nell'VIII secolo come eremita. Sul sito della sua cella nel IX secolo venne fondato un monastero benedettino, chiamato in suo onore S. Mang. Più tardi i Wittelsbach, in particolare re Ludwig, scoprirono per i loro castelli la pittoresca zona posta davanti alle Alpi. Si trovano a Schwangau, dove gli ospiti nel complesso termale delle Königliche Kristall-Therme possono dedicarsi al benessere – proprio come i Romani.

Füssen (Percorso alternativo Schwangau)

Il Percorso cicloturistico prosegue dapprima seguendo la riva del Forggensee con splendide vedute del castello di Neuschwanstein e della città. A Füssen il ciclista viene accolto dalla "Ludwig's Festspielhaus". Fino all'Ufficio informazioni turistiche la ciclabile si snoda per lo più sul tracciato originale della strada romana. Di là si può – sempre sul tracciato originale – attraversare il centro storico con la bicicletta a mano. La "Reichenstraße" è oggi zona pedonale al di sopra della quale troneggia il castello Hohes Schloss. La ciclabile passa ad ovest attorno al centro cittadino. Presso il ponte sul Lech si può fare una deviazione verso Schwangau e i castelli regali. Da lì, chi lo desidera, può raggiungere Pinswang in Tirolo – direttamente attraverso la via acciottolata "Fürstenweg". Dal ponte ciclabile di Füssen la pista prosegue in direzione del Tirolo lungo il Lech e quindi lungo la pittoresca strada di campagna.

Info aggiuntive su alcune attrazioni nelle cartine

- La pittoresca Heilig-Geist-Spitalkirche (chiesa di Santo Spirito) risplende con la facciata in stile rococò.
- Il monastero benedettino di S. Mang, attorno al quale si è sviluppata la città, è posto direttamente in riva al fiume. La sponda opposta del Lech offre la cosiddetta "vista di Magnus" sul monastero e sul centro storico, una delle più belle vedute di Füssen.
- Nel "Museum der Stadt Füssen" (museo civico) si può scoprire la storia cittadina e la sua tradizione nel settore della liuteria. ■ Lechhalde 3, 0049(0)8362 903 143, aperto apr.–ott. mar–dom 11:00–17:00, nov.– marzo ven–dom 13:00–16:00.
- A nord del convento, una stradina conduce dalla Magnusplatz, con la chiesa barocca di S. Mang, fino all'Hohes Schloss (castello alto), l'antica residenza estiva dei principi vescovi di Augsburg/Augusta. È uno dei castelli meglio conservati della Baviera. Sulla facciata del cortile interno si possono ammirare dipinti illusionistici tardogotici. All'interno, oltre alla galleria succursale delle Bayerische Staatsgemäldesammlungen (collezioni di dipinti dello Stato bavarese) e alla galleria comunale, rimane particolarmente impresso il soffitto gotico della Sala dei Cavalieri.
- Durante la costruzione della funivia "Tegelbergbahn" sono stati scoperti i resti dello stabilimento balneare di una casa di campagna romana, provvisto di un sofisticato sistema di riscaldamento. La cultura balneare romana è illustrata in un edificio protetto. ■ aperto tutti i giorni 9:00–17:00, visita guidata su richiesta.
- I castelli Neuschwanstein e Hohenschwangau troneggiano
- sopra Schwangau. ■ Centro biglietteria 0049(0)8362 930 830, www.ticket-center-hohenschwangau.de
- La storia del Wittelsbach può essere rivissuta nel Museo dei Re di Baviera ■ 0049(0)8362 930 830

Cucina regionale come 2000 anni fa

■ Hotel Restaurant Hirsch, Füssen, Kaiser-Maximilian-Platz 7, 0049(0)8362 93 980
■ Ruchti's Hotel & Restaurant, Füssen / Bad Faulenbach, Alatseestraße 38, 0049(0)8362 910 10

Alloggi e strutture per il campeggio nelle cartine e nell'appendice

Domande ed informazioni sulla sezione

■ Touristinfo Füssen Tourimus und Marketing, Kaiser-Maximilian-Platz 1, 0049(0)8362 93 850
■ Touristinfo Schwangau, Münchener Straße 2, 0049(0)8362 81 980
■ Hotline Via Claudia Augusta , 0043(0)664 27 63 555

Füssen con il castello "Hohes Schloss". Foto: Füssen Tourismus und Marketing / www.guenterstandl.de

Via "Reichenstraße" sul tracciato della strada romana

Monastero di S. Mang. Foto: Tschaikner

Le terme "Kristalltherme"

Resti delle terme romane a Schwangau. Foto: Peter Schäffe

Al confine tra Germania ed Austria le prime creste montane formano la porta di accesso attraverso cui la Via Claudia Augusta conduce nelle Alpi e nella regione del Parco naturale di Reutte, in Tirolo. Qui inizia quella parte del Lech, che, unico nelle Alpi settentrionali, è rimasto allo stato originario per lunghi tratti. Vasti banchi di ghiaia e a tratti il paesaggio alluvionale che abbraccia l'intera valle dominano il regno dell'ultimo selvaggio, come viene denominato il fiume nella mostra del Parco naturale. Il Lech ha anche sempre determinato dove possono sorgere insediamenti e svilupparsi strade. Poiché parte della valle era continuamente allagata, il tracciato romano della Via Claudia Augusta già da Füssen e fino al bacino di Reutte passava per due alture: sul crinale tra Stiglberg e Kratzer e attraverso il valico del Kniepass.

Percorso da Füssen alla conca di Reutte

Dal centro storico di Füssen si pedala lungo il Lech. Dalla parte meridionale, girandosi, si gode di una magnifica vista sulla città. In direzione dell'Austria il Percorso cicloturistico si snoda parallelo al Lech e alla pittoresca vecchia strada, che è in parte un viale. In seguito essa si discosta leggermente dal fiume e attraversa i pittoreschi villaggi di Unterpinswang e Oberpinswang, prima di valicare il Kniepass in direzione di Pflach, come al tempo dei Romani. Ai margini della pianura alluvionale del Lech, attraversando i prati, la ciclabile arriva infine al capoluogo distrettuale, Reutte.

Info aggiuntive su alcune attrazioni nelle cartine

- Dopo Füssen il Lech emerge fragoroso dalle Alpi. Da lì il fiume diventa navigabile con le zattere. Poco più in là il Walderlebniszentrum (centro avventure nel bosco) transfrontaliero permette di vivere nella sua forma originaria l'ambiente boschivo, tra il fiume torrentizio e i ripidi pendii del bosco montano dell'Algovia – con una mostra e con sentieri avventura. Un'attrazione particolare è il Baumkronenweg (percorso tra le chiome degli alberi), lungo 480 m e alto 21 m. ■ Tiroler Str. 10, Füssen, 0043(0)8362 93875–50, aperto 1° mag. – 31 ott. tutti i giorni dalle 10 alle 17, 1° nov. – 30 apr. mar – gio dalle 10 alle 16 e ven dalle 10 alle 13, due sentieri avventura sono sempre accessibili. www.walderlebniszentrum.eu
- Presso la Weißhaus facendo attenzione si può notare una cava, da dove già al tempo dei Romani veniva estratto marmo giallo. Ad esempio, con questo marmo venne realizzato un sarcofago esposto a Kempten.

- Dalla torre in legno alta 18 m posta nella Lechauen, la piana alluvionale del fiume, si ha una splendida vista dall'alto sul suo habitat naturale. Tabelle informative spiegano quello che il visitatore può vedere. Dalla torre inizia anche un percorso di bird watching attorno a dell'acqua stagnante. Nel bosco golenale e sulla vicina riva del Lech si possono osservare da vicino la fauna e la flora.
- L'ultimo fiume torrentizio dell'arco alpino settentrionale può ancora segnare il suo corso con le proprie forze. Nel suo ampio alveo muta d'aspetto Ciucioi più volte e si rinnova costantemente e i suoi bracci si ramificano e si uniscono. Il fiume trasforma di continuo le pietre provenienti dalle valli laterali in imponenti banchi di ghiaia e ciottoli. La vera costante è il continuo cambiamento. Ampi boschi golenali, limpidi laghi sorgivi e il panorama delle montagne dell'Algovia e delle Lechtaler Alpen fanno del parco naturale uno dei paesaggi alpini più belli e primordiali. Le piane alluvionali del fiume sono la "giungla" dell'Europa centrale. Nel parco naturale crescono 1116 piante, ovvero un terzo di tutte le piante autoctone del Tirolo. Di queste, un terzo ovvero 392 specie sono classificate come specie di grande valore o in pericolo di estinzione. La nuova mostra naturalistica "L'ultimo selvaggio" presso i castelli di Ehrenberg permette di vivere con tutti i sensi il parco naturale e le sue particolarità in nove isole tematiche. ■ Klause 1, 0043(0)5672 62007 aperto tutti i giorni dalle 10.00 alle 17.00. Chiuso da metà novembre al 25.12 incluso. www.naturpark-tiroler-lech.at

---

Cucina regionale come 2000 anni fa

■ **Gasthof Guthof Zum Schluxen**
6600 Unterpinswang 23, 0043(0)5677 8903

Alloggi e strutture per il campeggio nelle cartine e nell'appendice

---

Domande ed informazioni sulla sezione

■ Hotline Via Claudia Augusta , 0043(0)664 27 63 555
■ Touristinfo Naturparkregion Reutte, Untermarkt 34, 6600 Reutte, 0043(0)5672 62 336
■ Via Claudia Augusta Info, 0043(0)664 27 63 555

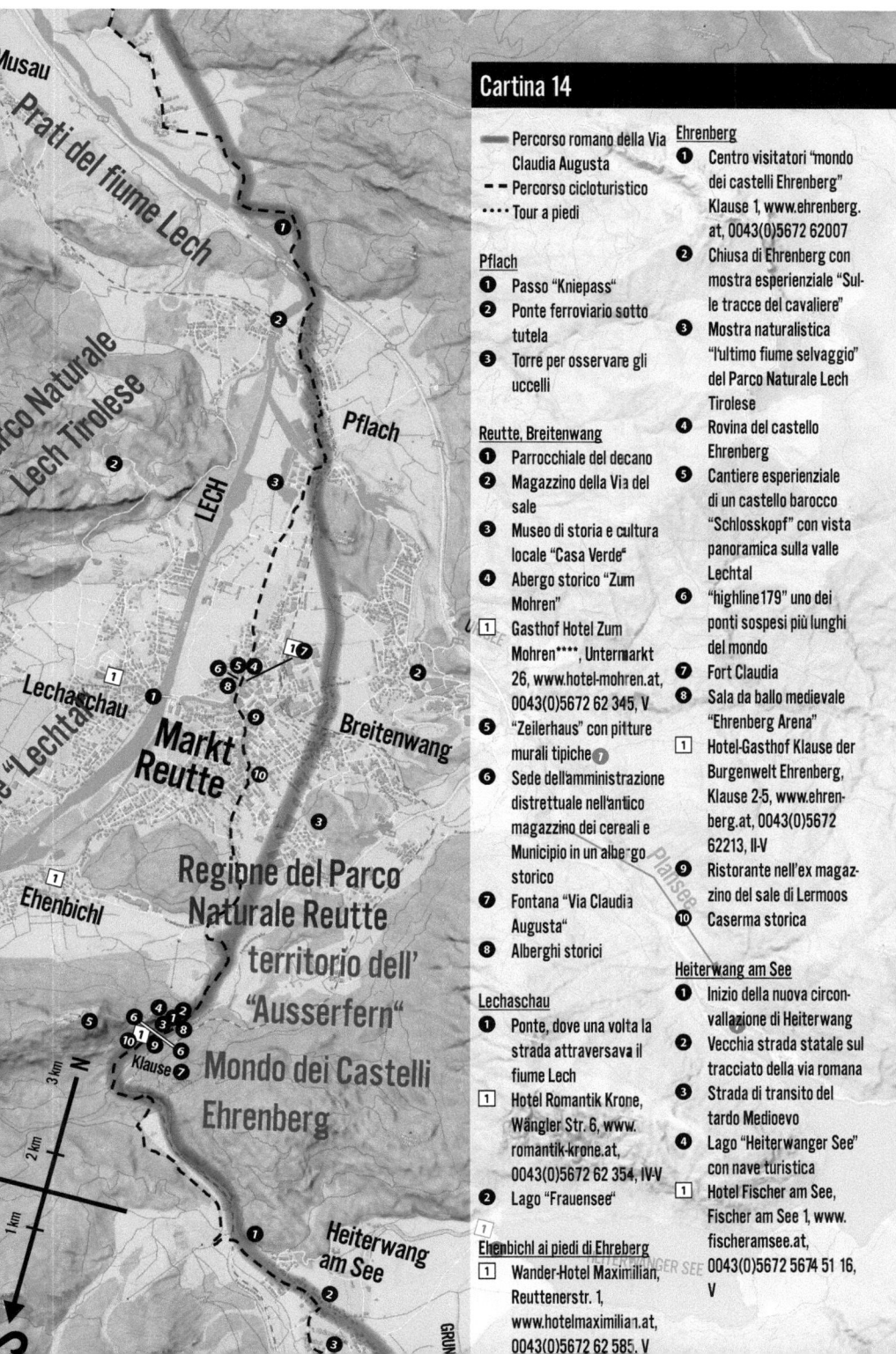

Cartina 14

━━━ Percorso romano della Via Claudia Augusta

– – – Percorso cicloturistico

···· Tour a piedi

Pflach

❶ Passo "Kniepass"

❷ Ponte ferroviario sotto tutela

❸ Torre per osservare gli uccelli

Reutte, Breitenwang

❶ Parrocchiale del decano

❷ Magazzino della Via del sale

❸ Museo di storia e cultura locale "Casa Verde"

❹ Abergo storico "Zum Mohren"

☐1 Gasthof Hotel Zum Mohren****, Untermarkt 26, www.hotel-mohren.at, 0043(0)5672 62 345, V

❺ "Zeilerhaus" con pitture murali tipiche ❼

❻ Sede dell'amministrazione distrettuale nell'antico magazzino dei cereali e Municipio in un albergo storico

❼ Fontana "Via Claudia Augusta"

❽ Alberghi storici

Lechaschau

❶ Ponte, dove una volta la strada attraversava il fiume Lech

☐1 Hotel Romantik Krone, Wängler Str. 6, www.romantik-krone.at, 0043(0)5672 62 354, IV-V

❷ Lago "Frauensee"

Ehenbichl ai piedi di Ehreberg

☐1 Wander-Hotel Maximilian, Reuttenerstr. 1, www.hotelmaximilian.at, 0043(0)5672 62 585, V

Ehrenberg

❶ Centro visitatori "mondo dei castelli Ehrenberg" Klause 1, www.ehrenberg.at, 0043(0)5672 62007

❷ Chiusa di Ehrenberg con mostra esperienziale "Sulle tracce del cavaliere"

❸ Mostra naturalistica "l'ultimo fiume selvaggio" del Parco Naturale Lech Tirolese

❹ Rovina del castello Ehrenberg

❺ Cantiere esperienziale di un castello barocco "Schlosskopf" con vista panoramica sulla valle Lechtal

❻ "highline179" uno dei ponti sospesi più lunghi del mondo

❼ Fort Claudia

❽ Sala da ballo medievale "Ehrenberg Arena"

☐1 Hotel-Gasthof Klause der Burgenwelt Ehrenberg, Klause 2-5, www.ehrenberg.at, 0043(0)5672 62213, II-V

❾ Ristorante nell'ex magazzino del sale di Lermoos

❿ Caserma storica

Heiterwang am See

❶ Inizio della nuova circonvallazione di Heiterwang

❷ Vecchia strada statale sul tracciato della via romana

❸ Strada di transito del tardo Medioevo

❹ Lago "Heiterwanger See" con nave turistica

☐1 Hotel Fischer am See, Fischer am See 1, www.fischeramsee.at, 0043(0)5672 5674 51 16, V

Rovine di Ehrenberg

Cascata del Lech a sud di Füssen

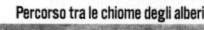

Percorso tra le chiome degli alberi

Museo di storica locale nella "Casa Verde"

Parrocchiale del decano di Breitenwang

Mostra esperienziale "Sulle tracce del cavaliere"

Ex alberghi lungo la strada attraverso Reutte

Paesaggio alluvionale, visto dalla torre di osservazione degli uccelli a Pfach

Nella conca di Reutte la Via Claudia Augusta passava per Breitenwang, in direzione Ehrenberg. In questa località si trovava verosimilmente una stazione di sosta romana, prima che la strada romana iniziasse a salire. Agli inizi della Via del sale, da Hall in Tirolo alla zona del lago di Costanza, la strada fu spostata nel 1464 a Reutte e la città mercato si sviluppò fino a divenire il centro del distretto. Numerosi edifici testimoniano di questo tempo. Caratteristici di Reutte sono i dipinti architettonici sulle facciate, molti dei quali provengono dalla famiglia di artisti Zeiler. A sud di Reutte troneggia il complesso del castello di Ehrenberg, le cui quattro fortezze avevano un tempo la funzione di sbarramento difensivo della valle nei confronti della Baviera. C'erano persino fortezze anteriori tra Pflach e Pinswang o Musau, dove un tempo si trovava il confine. Per inciso, Vils era una città bavarese con un muro di cinta.

Percorso attraverso Reutte e verso Ehrenberg

Dai campi vicini al fiume il Percorso cicloturistico conduce al centro della città-mercato, passando inizialmente per la zona a traffico limitato del Mercato di sotto (Untermarkt). Alla rotonda comincia il Mercato di sopra (Obermarkt) e ora si pedala sulla Via del sale. Attenzione a non lasciarvi sfuggire il bivio che dapprima va in direzione di Spital e poco dopo sale verso Ehrenberg. Dai castelli di Ehrenberg il Percorso cicloturistico si arrampica su un sentiero acciottolato, che segue la Via del sale, leggermente ripida. La strada romana, in continua salita, può purtroppo essere rintracciata solo in alcuni punti.

Info aggiuntive su alcune attrazioni nelle cartine

- Breitenwang è probabilmente il più antico insediamento dell'Außerfern tirolese e ancora oggi ne è il centro spirituale. Il fatto che la chiesa parrocchiale del decanato fosse consacrata in precedenza a san Pietro indica radici tardo-romane. Si presume inoltre che la stazione di sosta romana fosse situata nell'area della chiesa. Nella cappella funeraria della chiesa parrocchiale, ora consacrata ai santi Pietro e Paolo, si trova una famosa danza macabra in stucco di Thomas Seitz. ■ Aperta tutti i giorni dalle 8 alle 17.
- Reutte, su cui forte è l'impronta lasciata dalla Via del sale,

inizia dall'Untermarkt - con la "Salzstadel" (deposito del sale) e il tipico "Museum im Grünen Haus" (museo nella casa verde), in un edicio dipinto sul lato destro del vicoletto. Vecchie locande, case di borghesi e di artigiani si affacciano anche sull'adiacente Obermarkt. La casa in cui oggi si trova l'amministrazione distrettuale è l'ex granaio.
■ Museum im Grünen Haus, 6600 Reutte, Untermarkt 25, 0043(0)5672 72 304. apertura mar - sab dalle 13 alle 17 e su appuntamento, www.museum-reutte.at

- Le quattro parti della fortezza – il castello "Schlosskopf", le rovine del castello di Ehrenberg, la chiusa di Ehrenberg ed il Fort Claudia – documentano in tutto e per tutto quattro secoli di storia della costruzione della fortezza e tutte insieme costituivano un tempo uno sbarramento continuo. Oggi rendono la vita e la cultura del Medioevo molto vicine, comprensibili e tangibili. Nella mostra "Dem Ritter auf der Spur" nella chiusa, il visitatore viaggia nel tempo. Nel punto più alto, lo "Schlosskopf", vi aspetta un cantiere di fortezza esperienziale barocco. Su uno dei ponti sospesi più lunghi del mondo – la "Highline 179" – si raggiunge Fort Claudia. Presso l'area c'è anche la mostra naturalistica "L'ultimo selvaggio". Ogni ultimo weekend di luglio, Ehrenberg vi invita, insieme a 100 diversi showman, a viaggiare nel tempo dei Celti, dei Romani e dei cavalieri. ■ 0043(0)5672 620 07, aperto tutti i giorni 10:00 –17:00. www.ehrenberg.at.

Cucina regionale come 2000 anni fa

■ Hotel Gasthof Mohren, Reutte, Untermarkt 26, 0043(0)5672 62345.
■ Hotel-Restaurant Maximilian, Ehenbichl bei Reutte, 0043(0)5672 62 885.
■ Landgasthof Klause, Burgenwelt Ehrenberg, 0043(0)5672 62 213.

Alloggi e strutture per il campeggio nelle cartine e nell'appendice

Domande ed informazioni sulla sezione

■ Touristinfo Naturparkregion Reutte, Untermarkt 34, 0043(0)5672 62 336
■ Hotline Via Claudia Augusta, 0043(0)664 27 63 555

GRUNDLBACH ①

Cartina 15

— Percorso romano della Via Claudia Augusta

- - Percorso cicloturistico

···· Tour a piedi

Heiterwang am See

④ lago "Heiterwanger See" con una nave turistica

[1] Hotel Fischer am See, Fischer am See 1, www.fischeramsee.at, 0043(0)5672 5674 51 16, V

Bichlbach

[1] Gasthof Sonne & Pension Tyrol, Gipfl 13-64, www.feineler.com, 0043(0)5674 5282, II

① Chiesa delle corporazioni di San Giuseppe

② Parco sportivo e ricreativo con lago balneabile e campo da minigolf

③ Strada del villaggio sul tracciato della via romana

④ Museo delle corporazioni "Zunftmuseum" Bichlbach, Wahl 31, www.zunftmuseum.at, 0043(0)5674 5205

⑤ Zoo e zoo didattico

⑥ "Mähberg" monte falciato per lungo tempo fino alla vetta

Berwang

① "Bärenarena Berwang" con piscina nel bosco e campo di minigolf

② Museo di storia e cultura locale di Berwang

③ Gola di "Rotlechschlucht" e cascata

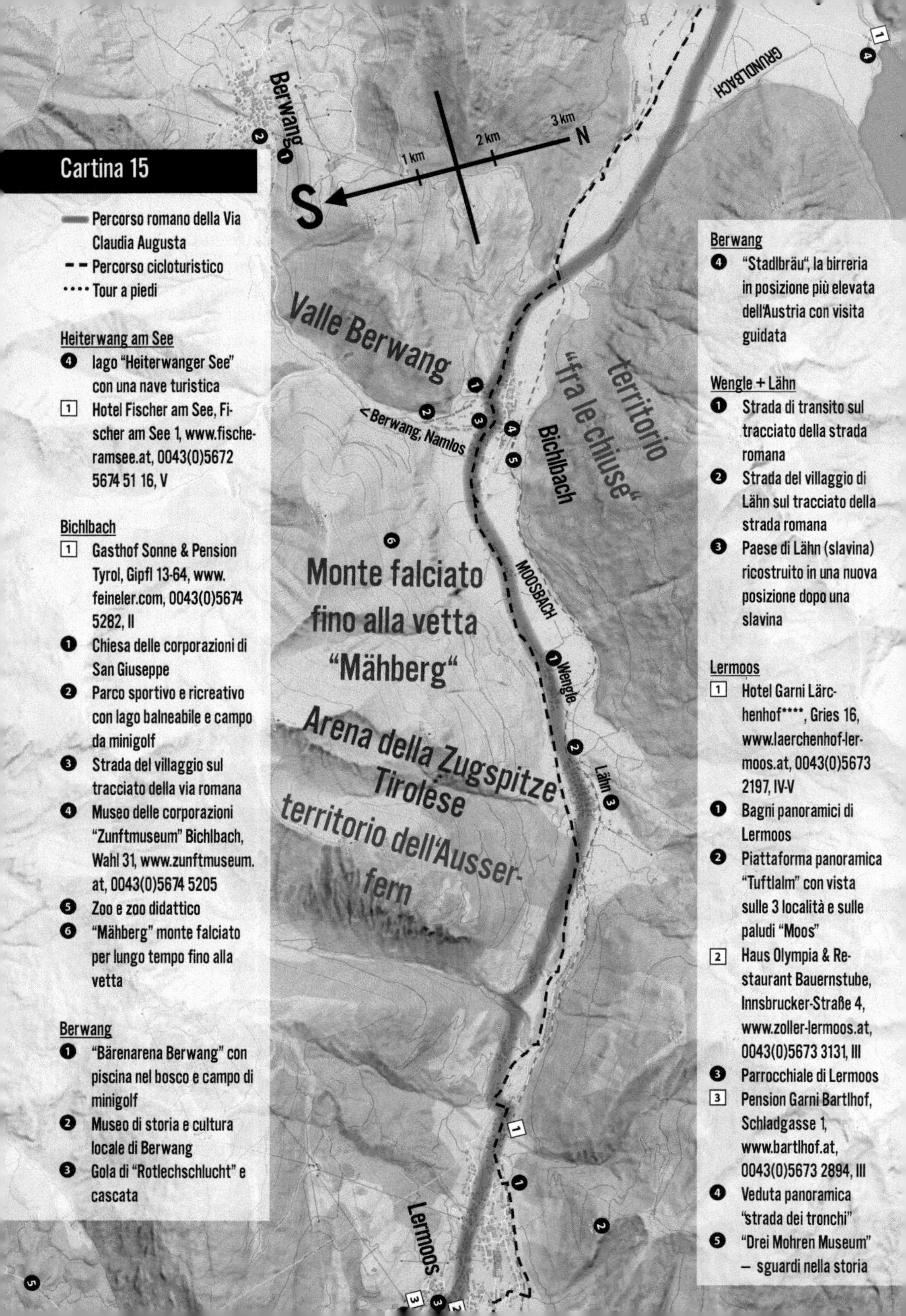

Valle Berwang

< Berwang, Namlos

Bichlbach

"fra le chiuse"

territorio

Monte falciato fino alla vetta "Mähberg"

Arena della Zugspitze Tirolese

territorio dell'Ausserfern

MOOSBACH

① Wengle

② Lähn ③

Lermoos

Berwang

④ "Stadlbräu", la birreria in posizione più elevata dell'Austria con visita guidata

Wengle + Lähn

① Strada di transito sul tracciato della strada romana

② Strada del villaggio di Lähn sul tracciato della strada romana

③ Paese di Lähn (slavina) ricostruito in una nuova posizione dopo una slavina

Lermoos

[1] Hotel Garni Lärchenhof****, Gries 16, www.laerchenhof-lermoos.at, 0043(0)5673 2197, IV-V

① Bagni panoramici di Lermoos

② Piattaforma panoramica "Tuftlalm" con vista sulle 3 località e sulle paludi "Moos"

[2] Haus Olympia & Restaurant Bauernstube, Innsbrucker-Straße 4, www.zoller-lermoos.at, 0043(0)5673 3131, III

③ Parrocchiale di Lermoos

[3] Pension Garni Bartlhof, Schladgasse 1, www.bartlhof.at, 0043(0)5673 2894, III

④ Veduta panoramica "strada dei tronchi"

⑤ "Drei Mohren Museum" – sguardi nella storia

⑤

A partire da Heiterwang il paesaggio appare decisamente alpino. Si capisce che in primavera rimane a lungo coperto dalla neve. Quello che conferisce particolare fascino ad una vacanza, significa da sempre per i contadini tantissimo lavoro e poco profitto. Il territorio tra le due porte di Ehrenberg e di Fernstein, detto letteralmente "Zwischentoren", visse e si giovò perciò per lungo tempo e in larga parte della strada. Molti possedevano una piccola comunità agricola per il proprio sostentamento e lavoravano inoltre come imprese di trasporto o guadagnavano del denaro con servizi offerti ai viaggiatori di passaggio. Per avere sufficiente cibo per le proprie e le altrui bestie, i pendii venivano falciati fino alla vetta – come si può vedere ancor oggi tra Heiterwang e Bichlbach. Quando la strada perse di significato prima con la costruzione della strada di valico dell'Arlberg ed ancor più con la ferrovia dell'Arlberg, la popolazione divenne molto povera e se ne andò lontano, chi a fare l'artigiano itinerante e chi come "Schwabenkinder" (figli di famiglie povere che lavoravano come braccianti in Alta Svevia).

Percorso Heiterwang, Bichlbach, Wengle, Lähn

Come il tracciato romano e la Via del sale, il Percorso cicloturistico passa attraverso le porte della Chiusa di Ehrenberg. Per molti secoli questa era l'unica possibilità per oltrepassare la strettoia, dove i carrettieri dovevano pagare il pedaggio. Si prosegue quindi su sentieri forestali per Heiterwang attraversando il Klausenwald, il "bosco della chiusa". Fino alla periferia il ciclista pedala nella zona della strada romana, quindi attraverso la località sulla Via del sale, che descriveva lì un ampio arco. Poi attraverso prati verdi e fioriti si va verso Bichlbach. Sullo sfondo il "Mähberg", il "monte falciato", che fino al tardo secolo scorso veniva falciato fin sulla vetta. La ciclabile segue la via principale di Bichlbach, che corrisponde in larga misura alla strada romana. Attraverso prati e boschi si va infine verso Wengle, Lähn e nella conca tra Lermoos, Ehrwald e Biberwier.

Info aggiuntive su alcune attrazioni nelle cartine

- Heiterwang deve ai molti pesci del suo lago la sua prima menzione nel 1288. Anche l'imperatore Massimiliano I amava pescare e cacciare da queste parti. Il lago Heiterwanger See, che originariamente era situato 68 cm più in alto, è collegato oggi con il Plansee grazie ad un canale. Quest'ultimo lago è situato nei territori comunali di Reutte e Breitenwang. Entrambi i laghi hanno l'acqua di un'eccellente qualità, apprezzata non solo dai pesci. I laghi, profondi 60-77 metri, sono molto amati anche dai sub per via della loro grande trasparenza. Grazie a una delle linee di navigazione commerciale poste a maggior altitudine in Austria, si possono scoprire anche per via d'acqua. ■ Fischer am See 1, 6611 Heiterwang, 0043(0)5674 5116, Orario di partenza: 10.10, 11.00, 13.10, 14.00, 15.10, 16.00. www.fischeramsee.at

- Bichlbach, all'ingresso dell'altipiano di Berwang e Namlos, un tempo era il centro della corporazione dell'Außerfern. Gli abitanti dell'Außerfern, riuniti nella confraternita di San Giuseppe a Bichlbach, erano noti come abili artigiani edili, trasferitisi in gran numero in luoghi lontani dopo che la vecchia strada aveva perso d'importanza. In precedenza si riunivano regolarmente nella chiesa corporativa di San Giuseppe, dove si possono ammirare esempi della loro maestria artigianale. Il Zunftmuseum (museo corporativo) di Bichlbach nell'antica Mesnerhaus, la casa del sagrestano vicino alla chiesa parrocchiale, è dedicato al sistema delle corporazioni e agli apprezzati falegnami, muratori, pittori e scultori dell'Außerfern. La casa è stata ristrutturata da volontari in molte ore di lavoro ed è oggi anche un punto di incontro culturale, che accanto al museo ospita la biblioteca e l'ufficio informazioni turistiche. ■ Wahl 31a, Bichlbach, 0043(0)5674 5205, aperto lun – ven dalle 8 alle 12 e ogni mar dalle 19.30 alle 22. www.zunftmuseum.at

- Vale la pena di fare una deviazione dalla strada principale anche verso i tranquilli paesini di Wengle e Lähn. Lähn deve il suo nome alla caduta di una slavina, in seguito alla quale è stato ricostruito altrove. Il nome del luogo significa infatti "slavina" in tirolese.

Domande ed informazioni sulla sezione

■ Touristinfo 6611 Heiterwang am See
Oberdorf 4, 0043(0)5673 20000–700
■ Touristinfo 6621 Bichlbach
Wahl 31a, 0043(0)5673 20000–500
■ Hotline Via Claudia Augusta 0043(0)664 27 63 555

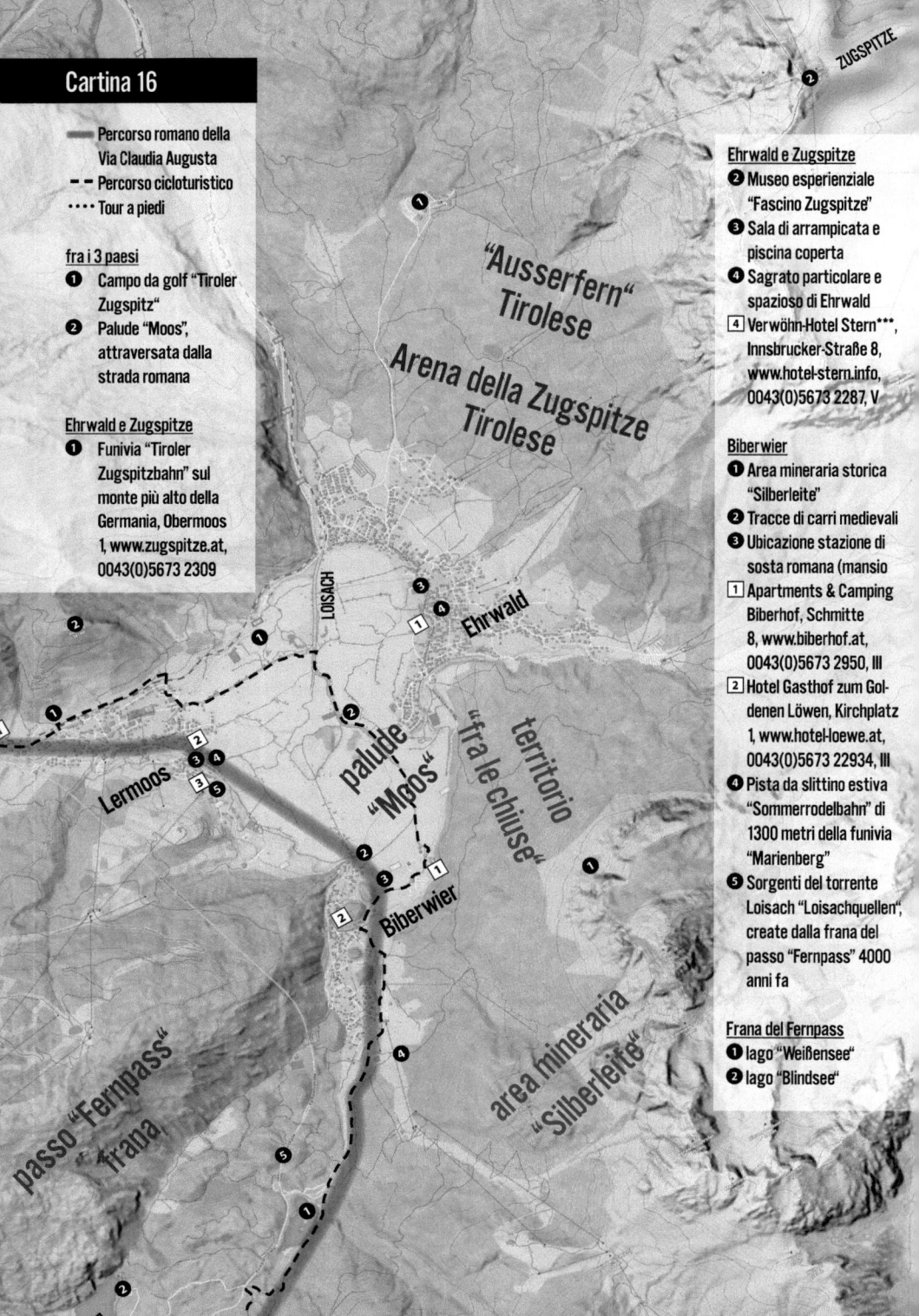

Cartina 16

Percorso romano della Via Claudia Augusta

- - Percorso cicloturistico

···· Tour a piedi

<u>fra i 3 paesi</u>
❶ Campo da golf "Tiroler Zugspitz"
❷ Palude "Moos", attraversata dalla strada romana

<u>Ehrwald e Zugspitze</u>
❶ Funivia "Tiroler Zugspitzbahn" sul monte più alto della Germania, Obermoos 1, www.zugspitze.at, 0043(0)5673 2309

<u>Ehrwald e Zugspitze</u>
❷ Museo esperienziale "Fascino Zugspitze"
❸ Sala di arrampicata e piscina coperta
❹ Sagrato particolare e spazioso di Ehrwald
④ Verwöhn-Hotel Stern***, Innsbrucker-Straße 8, www.hotel-stern.info, 0043(0)5673 2287, V

<u>Biberwier</u>
❶ Area mineraria storica "Silberleite"
❷ Tracce di carri medievali
❸ Ubicazione stazione di sosta romana (mansio
① Apartments & Camping Biberhof, Schmitte 8, www.biberhof.at, 0043(0)5673 2950, III
② Hotel Gasthof zum Goldenen Löwen, Kirchplatz 1, www.hotel-loewe.at, 0043(0)5673 22934, III
❹ Pista da slittino estiva "Sommerrodelbahn" di 1300 metri della funivia "Marienberg"
❺ Sorgenti del torrente Loisach "Loisachquellen", create dalla frana del passo "Fernpass" 4000 anni fa

<u>Frana del Fernpass</u>
❶ lago "Weißensee"
❷ lago "Blindsee"

ZUGSPITZE

"Ausserfern" Tirolese

Arena della Zugspitze Tirolese

LOISACH

Ehrwald

Lermoos

palude "Moos"

territorio "fra le chiuse"

Biberwier

passo "Fernpass" frana,

area mineraria "Silberleite"

Arrivando verso Lermoos si comprende perché la regione si chiama "Tiroler Zugspitz Arena". Nel Manege è situata la pittoresca zona umida detta "Moos", attraverso cui un tempo – realizzata su migliaia di tronchi d'albero – passava la Via Claudia Augusta. Nelle "logge" poste tutt'attorno sono disposte le vivaci località di vacanza Ehrwald, Lermoos e Biberwier. Le tribune dell'Arena sono costituite dal favoloso mondo alpino. La cima più famosa è la Zugspitze, la montagna più alta della Germania, raggiungibile dal 1926 da Ehrwald con la ferrovia tirolese della Zugspitze. La sua costruzione, in seguito alla perdita di importanza economica della vecchia strada, fu un simbolo per l'inizio di un nuovo futuro economico per le "Zwischentoren" nel settore turistico.

Percorso cicloturistico Lermoos, Ehrwald, Bieberwier

Alla periferia di Lermoos il Percorso cicloturistico passa al di sotto della superstrada del Fernpass, volendo è questa l'odierna strada a lunga percorrenza Via Claudia Augusta, che poco dopo entra nel Lermooser Tunnel. Inizialmente il ciclista segue la massicciata della ferrovia dell'Außerfern e percorre poi la pittoresca zona paludosa di "Moos", posta tra le tre località, in direzione di Biberwier. Là il percorso passa accanto al luogo in cui qualche anno fa gli archeologi hanno riportato alla luce una stazione di sosta romana. Alla pittoresca piccola località fa seguito la salita verso il Fernpass.

Info aggiuntive su alcune attrazioni nelle cartine

- Lermoos è una delle più antiche località del distretto. Già nel 1020 emerge per la prima volta la denominazione "Larinmoos", che significa qualcosa come "palude dei larici". Ai tempi della Via del sale al di sopra della chiesa parrocchiale di S. Caterina (Pfarrkirche Hl. Katharina) sorgeva un magazzino di interscambio, in cui venivano scaricate le merci per essere poi caricate sui carri dei carrettieri locali. Al di sotto della chiesa, all'ingresso del "Moos" (zona paludosa/acquitrino) un pannello segnaletico trasparente permette di rivivere nel paesaggio la strada di tronchi romana. Chi la vuole localizzare, non deve far altro che attraversare a salti la zona acquitrinosa, dove il terreno è cedevole. Dove giace sepolta la strada, è invece solido.
- Numerose tombe di epoca romana testimoniano la precoce colonizzazione. Ai tempi della Via del sale molti degli abitanti di Ehrwald vivevano della produzione di doghe per la realizzazione dei barili in cui veniva trasportato il sale di Hall. Nel XIX secolo nei maggiori comuni della regione era diffusa l'industria locale che produceva pettini, pipe e accessori. Una particolarità di Ehrwald è il sagrato della chiesa, particolarmente ampio. Ehrwald ha inoltre fama di essere un paese di artisti.
- Sul prato a nordest della località si trovava l'ultima stazione di sosta romana prima del Fernpass. Le tracce di carri nella roccia, sotto la prima curva in direzione di Lermoos, risalgono ad un'epoca successiva. Poiché il mantenimento della strada di tronchi non era più possibile, in seguito la Via del sale si snodava lungo il pendio con un andamento curvilineo. La più piccola delle tre località nella conca era anche quella più importante dal punto di vista dell'attività mineraria nell'Außerfern. Sulla Silberleithe sopra Biberwier veniva estratta la tetraedrite, che serviva per ricavare l'argento dalla roccia a Schwaz. La miniera è stata in attività fino 1921.

Cucina regionale come 2000 anni fa
∎ Restaurant Bauernstube
6631 Lermoos, Innsbrucker Str. 4, 0043(0)5673 3131
∎ Gasthof Panorama
6632 Ehrwald, Ebne 32, 0043(0)5673 3393
∎ Hotel Gasthof Löwe
6633 Biberwier, Kirchplatz 1, 0043(0)5673 2293

Alloggi e strutture per il campeggio nelle cartine e nell'appendice

Domande ed informazioni sulla sezione
∎ Touristinfo 6631 Lermoos
Unterdorf 15, 0043(0)5673 20000–300
∎ Touristinfo 6632 Ehrwald
Kirchplatz 1, 0043(0)5673 20000–200
∎ Touristinfo 6633 Biberwier
Fernpaßstr. 27, 0043(0)5673 20000–600
∎ Hotline Via Claudia Augusta 0043(0)664 27 63 555

Ciclovia fra Heiterwang e Bichlbach

Sosta rinfrescante al torrente "Lussbach". Foto: Anton Vorauer.

Museo delle corporazioni "Zunftmuseum" Bichlbach

Le paludi "Moos" fra Lermoos, Ehrwald e Biberwier

Il sagrato particolare e spazioso di Ehrwald

Strada dei tronchi. Fotos: Pöll

Il Fernpass si è formato 4.000 anni fa a causa di una frana che ha ostacolato il transito. La fauna e soprattutto la flora dovettero riconquistare faticosamente il paesaggio. Ancor oggi lo strato di humus è modesto e si vede che la vegetazione, nonostante l'altezza relativamente contenuta del passo (altitudine attuale 1216 metri, altitudine del passo romano 1260 metri) risulta d'alta montagna. L'affascinante paesaggio è attraversato da sentieri e strade di epoca preromana e romana, della prima Età moderna, dell'Ottocento e dell'epoca attuale. Attualmente è in discussione la costruzione di un tunnel sotterraneo. La strada romana Via Claudia Augusta conduceva dritta da Biberwier fin su all'antico Fernpass. Il suo percorso coincide in questa zona in buona parte con quello della linea dell'alta tensione. Dalla quota più elevata si scende al lago Sameranger See con una pendenza costante lungo il pendio. Dal tardo Medioevo la strada del Fernpass attraversava l'omonimo valico alla stessa altitudine di quello attuale.

Percorso cicloturistico attraverso il Fernpass

Varcare il passo affidandosi alle proprie forze è impresa faticosa. La tappa offre però le impressioni uniche di un paesaggio creato da una vasta frana e dei numerosi ed estesi tratti del tracciato romano della Via Claudia Augusta, come pure della strada che le era succeduta nel tardo medioevo. Inoltre è una sensazione entusiasmante aver valicato il passo con le proprie forze. Perché quella del passo sia un'esperienza a tutto tondo si consiglia di calcolare tempi di percorrenza più lunghi rispetto alle altre tappe, e mettersi precauzionalmente nell'ordine di idee di spingere la bicicletta per qualche centinaio di metri. Anche i Romani scendevano sicuramente spesso dai carri, per aiutare le bestie da tiro. Altrimenti si può prenotare per SMS uno shuttle che trasporta i ciclisti oltre il passo. Da Biberwier per breve tempo il percorso cicloturistico scorre parallelo alla strada su di una corsia ciclabile. Poi piega a sinistra in un sentiero forestale che passando accanto al lago Weissensee porta su al vecchio passo del Fernpass. Nel punto in cui il sentiero forestale tocca la strada statale, dall'altro lato della strada ci si può avviare verso il Blindsee, uno dei più amati laghi balneabili alpini. Raggiunta l'altitudine del vecchio passo, che risale ai Romani, si ha una splendida vista sul paesaggio franoso e sulle almeno cinque strade che nel corso della storia condussero al Fernpass. Il tracciato facilmente riconoscibile della strada romana devia poco dopo a sinistra rispetto al sentiero forestale e discende adagio la montagna. La ciclabile segue inizialmente il sentiero forestale, prosegue in direzione dell'attuale Fernpass, percorrendo la strada tardomedievale nella nicchia "Afrigall", originata da una frana rocciosa. Su sentieri forestali e in parte su sentieri acciottolati più stretti, il percorso scende infine al castello di Fernstein, dove varca le porte dell'antica stazione doganale.

Info aggiuntive su alcune attrazioni nelle cartine

- Intorno al Fernpass si trovano in totale sette laghi, che non colpiscono solamente per il loro colore. Il Blindsee è un lago alpino balneabile molto apprezzato.
- La stradina acciottolata che porta verso ovest dal valico corrisponde alla strada che fu costruita nella prima Età moderna. La vecchia casa vicino alla cappella era una locanda lungo questa strada. Porta fino alla nicchia di Afrigall, che si ritiene sia stata originata da una frana rocciosa. Qui si trova il maggior numero di pini uncinati delle Alpi orientali. Dei tabelloni ne spiegano le particolarità.
- Presso il lago Fernsteinsee si trova il complesso formato da castel Fernstein, dall'hotel-ristorante, dalla Rasthaus, dalla cappella e dalla piccola tenuta agricola del castello. È possibile fare una passeggiata tutt'intorno al Fernsteinsee. Grazie ad un ponte sulla riva sudorientale si può raggiungere un'isola con i resti di un castello di campagna nascosti nel bosco.

Cucina regionale come 2000 anni fa
■ Hotel Restaurant Schloss Fernstein
6465 Nassereith, Fernstein, 0043(0)5265 5210

Alloggi e strutture per il campeggio nelle cartine e nell'appendice

Domande ed informazioni sulla sezione
■ Touristinfo 6633 Biberwier
Fernpaßstr. 27, 0043(0)5673 20000–600
■ Touristinfo 6465 Nassereith
Postplatz 28, Tel. 0043(0)5412 6910–41
■ Via Claudia Augusta Info 0043(0)664 27 63 555

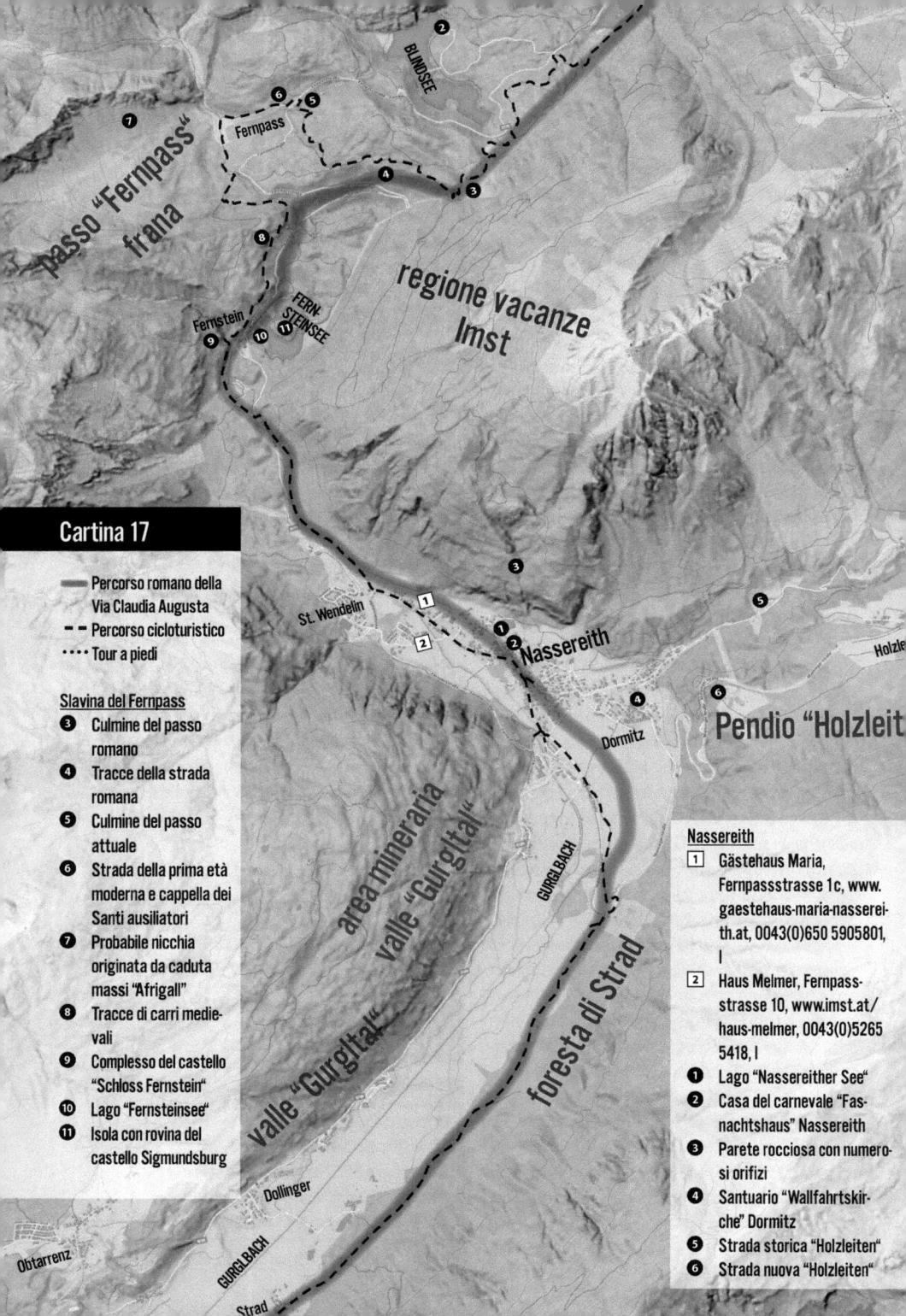

Cartina 17

─── Percorso romano della Via Claudia Augusta
– – – Percorso cicloturistico
· · · · Tour a piedi

Slavina del Fernpass

❸ Culmine del passo romano
❹ Tracce della strada romana
❺ Culmine del passo attuale
❻ Strada della prima età moderna e cappella dei Santi ausiliatori
❼ Probabile nicchia originata da caduta massi "Afrigall"
❽ Tracce di carri medie-vali
❾ Complesso del castello "Schloss Fernstein"
❿ Lago "Fernsteinsee"
⓫ Isola con rovina del castello Sigmundsburg

Nassereith

① Gästehaus Maria, Fernpassstrasse 1c, www.gaestehaus-maria-nassereith.at, 0043(0)650 5905801, I
② Haus Melmer, Fernpass-strasse 10, www.imst.at/haus-melmer, 0043(0)5265 5418, I

❶ Lago "Nassereither See"
❷ Casa del carnevale "Fas-nachtshaus" Nassereith
❸ Parete rocciosa con numero-si orifizi
❹ Santuario "Wallfahrtskir-che" Dormitz
❺ Strada storica "Holzleiten"
❻ Strada nuova "Holzleiten"

BLINDSEE

passo "Fernpass" frana

Fernpass

regione vacanze Imst

FERN-STEINSEE

Fernstein

St. Wendelin

Nassereith

Dormitz

Pendio "Holzleit

Holzle

area mineraria valle "Gurgltal"

valle "Gurgltal"

GURGLBACH

foresta di Strad

Dollinger

Obtarrenz

GURGLBACH

Strad

Il lago "Fernsteinsee" con la strada del Fernpass e l'ensemble castello hotel "Fernsteinsee" Foto Schloss Fernstein

Passo "Fernpass" col lago "Blindsee"

Strada della prima età moderna.

Casa del Carnevale "Fasnachtshaus" Nassereith

Mondo dei minatori "Knappenwelt Gurgltal"

Vista da Dormitz sulla valle "Gurgltal"

La Gurgltal è un idillio paesaggistico che affascina gli amanti del relax nelle vicinanze ed i turisti. La pittoresca valle fu abitata fin dall'antichità, come testimonia un santuario a Dollinger-Lager sul versante settentrionale tra Nassereith e Tarrenz, che venne verosimilmente utilizzato dall'età di Hallstatt fino a quella romana. La strada romana, proveniente da Fernstein, proseguiva dritta fino alla chiesa parrocchiale di Nassereith e poi sul versante meridionale della valle, per evitare il rischio di caduta massi della parte assolata. Tra Strad e Tarrenz attraversava la valle e si snodava lungo il pendio assolato, in direzione di Imst. Nassereith era già nella preistoria e in epoca romana un nodo di traffici, in cui si incontravano le strade che passavano nella Gurgltal e attraverso l'altopiano di Mieming. A Dormitz, poco distante dalla strada romana Via Claudia Augusta, è attestato un insediamento romano e nel bosco di Strad c'era una locanda romana. Inoltre nella zona di Dormitz si suppone ci fosse una stazione di posta. Il territorio tra il Fernpass e Imst era anche una delle più importanti aree minerarie del Tirolo, di cui narra un autentico villaggio di minatori ricostruito a Tarrenz, il "Knappenwelt Gurgltal". Venivano estratti soprattutto galena, necessaria per ricavare l'argento di Schwaz, e zinco. Nella città distrettuale di Imst si trovava il tribunale minerario, la cui giurisdizione si estendeva fino all'Ausserfern, al passo di Resia e al Vorarlberg. La Via Claudia Augusta venne quindi utilizzata anche per i trasporti dell'industria mineraria. Non da ultimo, la grande tradizione del Carnevale collega i tre Comuni della Gurgltal, Nassereith, Tarrenz e Imst.

Percorso Fernstein, Nassereith, Tarrenz, Imst

Su sentieri forestali, poi sul sentiero ciclabile ed infine sulla strada principale del paese, il Percorso cicloturistico conduce da Fernstein al pittoresco centro di Nassereith, il cui passato minerario è testimoniato ancor oggi dalle aperture nel fianco della montagna. Si prosegue tra i prati al di sotto di Dormitz ed attraverso il bosco di Strad (Strader Wald). Il pittoresco sentiero forestale coincide in buona parte con la strada romana. Poco dopo Strad il "Knappenwelt", il mondo dei minatori della Gurgltal aspetta di essere scoperto. Poi, come faceva a suo tempo la strada romana, il Percorso cicloturistico attraversa la valle e da Tarrenz prosegue per Imst sul versante assolato.

Info aggiuntive su alcune attrazioni nelle cartine

- Nella Fasnachtshaus (casa del Carnevale) sono un filmato e i manichini a grandezza naturale nei costumi della famosa "Schellerlaufen" (corsa dei campanacci) a suscitare grande entusiasmo. Qui si possono vedere anche tutte le maschere, poiché il museo è anche sede associativa. ■ Sachsengasse 81a, 0043(0)680 3131184, www.fasnacht-nassereith.at.

- Il Knappenwelt (mondo dei minatori) è un vero e proprio villaggio, che viene fatto rivivere dalla popolazione sotto la guida di esperti. Si compone di edifici ricostruiti, di apparecchiature per l'estrazione di minerali e di una galleria di miniera. C'è perfino un dormitorio dei minatori, in cui i viaggiatori possono pernottare. In zona si trova inoltre la mostra sulla "Heilerin vom Gurgltal" (la guaritrice della valle Gurgltal), che venne bruciata come strega. ■ Tschirgant 1, 0043(0)5412 63023, aperto 1° mag. – 31 ott. mar – dom dalle 10 alle 17 o su appuntamento.

- Dove un tempo risiedevano i signori di Starkenberg, da oltre 200 anni viene prodotta una delle migliori birre del Tirolo. Le sale del castello, che conta più di 700 anni ospitano lo "Starkenberger BierMythos", che comprende anche piscine riempite di birra. ■ Griesegg 1, 0043(0)5412 66 201–0, www.starkenberg.at

---

Cucina regionale come 2000 anni fa
■ Hotel Restaurant Schloss Fernstein
6465 Nassereith, Fernstein, 0043(0)5265 5210

Alloggi e strutture per il campeggio nelle cartine e nell'appendice

Domande ed informazioni sulla sezione
■ Touristinfo 6633 Biberwier
Fernpaßstr. 27, 0043(0)5673 20000–600
■ Touristinfo 6465 Nassereith
Postplatz 28, Tel. 0043(0)5412 6910–41
■ Via Claudia Augusta Info 0043(0)664 27 63 555

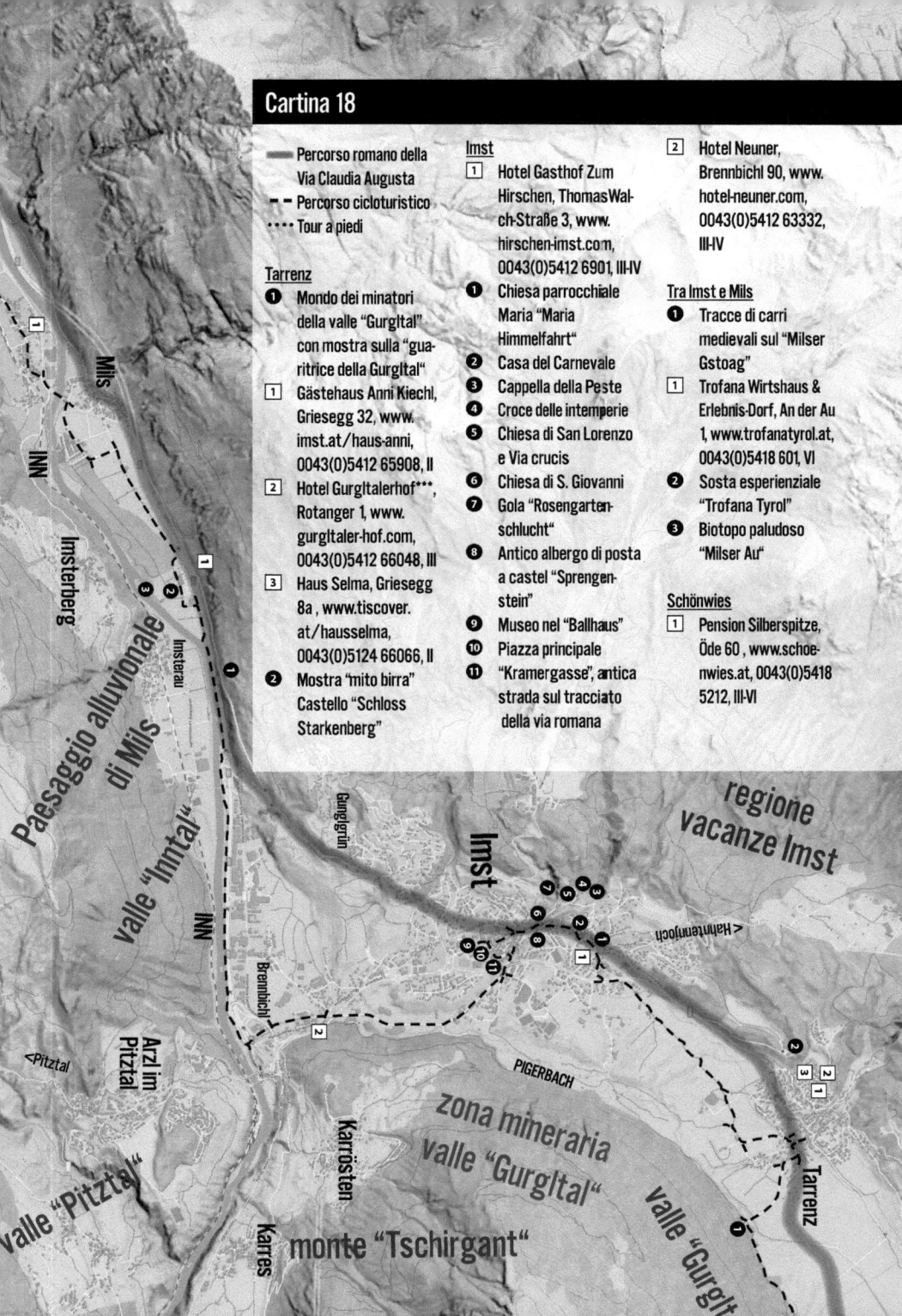

Cartina 18

— Percorso romano della Via Claudia Augusta
--- Percorso cicloturistico
···· Tour a piedi

Tarrenz

❶ Mondo dei minatori della valle "Gurgltal" con mostra sulla "guaritrice della Gurgltal"

1 Gästehaus Anni Kiechl, Griesegg 32, www.imst.at/haus-anni, 0043(0)5412 65908, II

2 Hotel Gurgltalerhof***, Rotanger 1, www.gurgltaler-hof.com, 0043(0)5412 66048, III

3 Haus Selma, Griesegg 8a, www.tiscover.at/hausselma, 0043(0)5124 66066, II

❷ Mostra "mito birra" Castello "Schloss Starkenberg"

Imst

1 Hotel Gasthof Zum Hirschen, Thomas Walch-Straße 3, www.hirschen-imst.com, 0043(0)5412 6901, III-IV

❶ Chiesa parrocchiale Maria "Maria Himmelfahrt"

❷ Casa del Carnevale

❸ Cappella della Peste

❹ Croce delle intemperie

❺ Chiesa di San Lorenzo e Via crucis

❻ Chiesa di S. Giovanni

❼ Gola "Rosengartenschlucht"

❽ Antico albergo di posta a castel "Sprengenstein"

❾ Museo nel "Ballhaus"

❿ Piazza principale "Kramergasse", antica strada sul tracciato della via romana

Imst (cont.)

2 Hotel Neuner, Brennbichl 90, www.hotel-neuner.com, 0043(0)5412 63332, III-IV

Tra Imst e Mils

❶ Tracce di carri medievali sul "Milser Gstoag"

1 Trofana Wirtshaus & Erlebnis-Dorf, An der Au 1, www.trofanatyrol.at, 0043(0)5418 601, VI

❷ Sosta esperienziale "Trofana Tyrol"

❸ Biotopo paludoso "Milser Au"

Schönwies

1 Pension Silberspitze, Öde 60, www.schoenwies.at, 0043(0)5418 5212, III-VI

Mils

INN

Imsterberg

Paesaggio alluvionale di Mils

valle "Inntal"

INN

Imsterau

Gunglgrün

Imst

regione vacanze Imst

Hahntennjoch

Brennbichl

Arzl im Pitztal

Pitztal

PIGERBACH

Karrösten

zona mineraria valle "Gurgltal"

Karres

monte "Tschirgant"

valle "Pitztal"

valle "Gurglt..."

Tarrenz

Imst sul lato soleggiato della valle

La gola "Rosengartenschlucht". Foto: Imst Tourismus / Martin Lugger

L'edificio più antico di Imst, la "Laurentiuskirchlein", risalente al V secolo

Il vicolo "Kramergasse"

L'"Imster Schemenlaufen", patrimonio culturale dell'umani

Dal VII secolo è tramandato un "Oppidum Humiste". Con ogni probabilità è Imst, che era anche una stazione di posta sulla Via Claudia Augusta. "Oppidum" fa perfino riferimento ad un insediamento fortificato di età preromana.

La città distrettuale fu probabilmente abitata con continuità dall'epoca dei Reti, attraverso l'età romana e fino al VII secolo. La chiesetta di San Lorenzo sul suggestivo "Bergl" (montagnola) al di sopra del centro cittadino, che affonda le sue radici già nel V secolo d.C., indica che l'insediamento doveva essere piuttosto grande, forse l'insediamento più grande tra Füssen e Merano. Tuttavia l'Imst romana è sepolta sotto il centro storico, ragion per cui non dovrebbe essere rimasto molto e quel poco è difficile da studiare. In tempi più tardi l'attuale capoluogo di distretto Imst fu sede della Berghauptmannschaft, l'autorità che si occupava delle questioni di diritto minerario, nonché la patria dei venditori di uccelli dell'omonima operetta. Il maggior motivo d'orgoglio degli abitanti di Imst è il loro Carnevale, che si tiene ogni quattro anni e a cui è anche dedicato un museo.

Percorso cicloturistico attraverso Imst

Attraverso i prati verdi e fioriti della Gurgltal il Percorso cicloturistico porta alla città di Imst, immettendosi poco prima della chiesa parrocchiale nella storica Hauptstraße, la via principale. Essa unisce i due quartieri storici del Mercato di sopra e di sotto (Ober- und Untermarkt). Dalla parrocchiale coincide largamente con la strada romana. Al termine del centro storico il percorso gira nell'Untermarkt, attraversa la Stadtplatz e lascia la città – passando per una porta, la Hintertür – in direzione dell'Inn.

Una passeggiata attraverso Imst

Già dopo pochi metri si vedono le prime fontane. La loro varietà è una peculiarità della città, tanto che è stata predisposta una guida alle fontane. La chiesa parrocchiale dell'Assunzione (Maria Himmelfahrt) ha il campanile più alto del Tirolo, ben 84,5 metri. Sulla parete esterna sono visibili affreschi gotici, tra cui una scena del 1478 legata all'attività mineraria, che ricorda l'età d'oro in cui Imst fu sede dell'autorità mineraria. Attraverso il cimitero si raggiunge la casa del sacrestano, che oggi è la "Haus der Fasnacht" (casa del Carnevale). Qui si riuniscono regolarmente i "Fasnachtler", che ogni quattro anni organizzano la grande "Schemenlaufen" (corsa dei campanacci). La danza segue regole precise, alcune delle quali in vigore da secoli. Ben

pochi riescono a sottrarsi all'aurea mitica emanata da questo spettacolo secolare. Nel 2010 l'UNESCO ha persino dichiarato lo "Schemenlaufen" di Imst patrimonio culturale immateriale. La Haus der Fasnacht è al tempo stesso sede associativa, archivio dei costumi e delle maschere e ospita anche una mostra. Le numerose maschere e un filmato molto suggestivo permettono di accostarsi alla grande tradizione carnevalesca anche al di fuori del periodo di Carnevale. ■ 6460 Imst, Streleweg 6, 0043(0)5412 6910-0, aperto tutti i venerdì dalle 16 alle 19 e su appuntamento, www.fasnacht.at.

La passeggiata mostra alcuni dei vecchi vicoli della città alta di Imst, tra cui la Vogelhändlergasse, che ricorda i famosi commercianti di uccelli di Imst. Nel grande incendio di Imst (1822) andarono distrutte quasi tutte le 220 case esistenti all'epoca, se ne salvarono solo 14. Sulla strada per il Bergl (montagnola) si trova la Pestkapelle (cappella della peste) e non lontano si incontra la chiesa di San Lorenzo. Durante il restauro sono venuti alla luce i resti di una chiesa absidata di epoca tardo-romana. Dal Bergl si ha una splendida vista sul centro della città e sul tracciato della strada romana, che dalla chiesa parrocchiale porta direttamente ai piedi della collina. Da lì coincide praticamente con la Kramergasse. Scendendo dal Bergl - lungo la Via crucis - si raggiunge la chiesa di San Giovanni. La fontana dell'Angelo Custode, accanto a questa chiesa, segna l'ingresso alla gola Rosengartenschlucht. Il sentiero conduce attraverso numerose salite, ponti e passerelle fino alla "Grotta Azzurra". Se il tempo non consente di visitarla, si continua la passeggiata per la città seguendo la Kramergasse. L'Hotel Post all'interno di castel Sprengenstein, la Ballhaus e la piazza principale sono la prova che in epoche successive a strada passava un po' più a sud, attraverso la città bassa. La Ballhaus era, come suggerisce il nome, il magazzino in cui, a partire dal tardo Medioevo, le merci trasportate lungo la vecchia strada venivano legate, immagazzinate e ricaricate appunto in "balle". Oggi ospita il Museum im Ballhaus (museo nella Ballhaus), che documenta la storia e le specificità culturali della città. ■ Ballgasse 1, 0043(0)5412 6980 – 0, aperto mar, gio, ven dalle 14 alle 18 e sab dalle 9 alle 12, eccettuati festivi, www.kultur-imst.at

---

Domande ed informazioni sulla sezione
■ Touristinfo Imst, Johannspl. 4, 0043(0)5412 6910-0
■ Via Claudia Augusta Info 0043(0)664 27 63 555

Il Kronburg su uno sperone di roccia, sopra la valle dell'Inn. Foto: Anton Vorauer

Tracce di carri medievali sul "Milser Gstoag". Foto: Tschaikner

Pianura alluvionale di "Milser Au". Foto: Wenzler

Mils presso Imst

La valle dell'Inn tra Imst e Landeck seduce per i quieti villaggi, per una delle poche vallate alluvionali lungo l'Inn conservatesi e per la Kronburg, che troneggia dall'alto di una rupe. Da qui si gode di una splendida vista sulle montagne circostanti, in particolare sulla Tschirgant, tra la valle dell'Inn e la valle della GurgItal. All'incirca a metà strada verso Landeck, a Mils, si trova il villaggio avventura "Trofana Tyrol", un'area di sosta che svolge tutte le funzioni che avevano anche le stazioni di sosta per i viaggiatori che i Romani allestivano a distanze regolari lungo la Via Claudia Augusta, e molto altro ancora.

Percorso cicloturistico da Imst alla zona di Landeck

Da Brennbichl, un quartiere di Imst, il Percorso cicloturistico della Via Claudia Augusta si snoda parallelo alla ciclabile dell'Inn. Lungo la strada si trovano la stazione di servizio esperienziale Trofana Tyrol e la piana di Mils, in cui si può fare una meravigliosa sosta. La Dorfstraße, la via su cui il Percorso cicloturistico attraversa Mils, corrisponde al tracciato della via romana. Dopo aver superato l'Inn si passa – lontano dal traffico – per il paese di Schönwies, che si sviluppa in lunghezza. Poco fuori da questa località il Percorso cicloturistico transita accanto alla testa del ponte sull'Inn, che fino al XIX secolo sorgeva nella stessa posizione di un ponte romano. Dopo un sottopasso ferroviario ci si può far tentare da una deviazione per la Kronburg. Si prosegue in direzione di Zams, attraversando prati rigogliosi. In un'area di sosta su di un'altura nella roccia si possono vedere tracce di carri romani.

Info aggiuntive su alcune attrazioni nelle cartine

- Su di uno sperone roccioso, alto sopra la valle dell'Inn, sorge la Kronburg, che può essere raggiunta a piedi partendo dall'omonimo santuario. Per arrivarci, lasciate il percorso prima di Mils e dirigetevi verso Schönwies attraversando l'Inn. Una volta attraversata questa località si va a sinistra in direzione della Kronburg.
- Lungo la Via Claudia Augusta erano state costruite a distanze regolari delle stazioni di sosta. Là chi viaggiava per ragioni di servizio poteva rifocillarsi e pernottare. C'era la possibilità di sistemare carri e cavalli e per lo più c'erano delle piccole terme nonché un santuario. Si-

mili "mansio" si trovavano ad esempio a Imst, Landeck o Nauders. Per i viaggiatori privati si svilupparono analoghe stazioni di sosta. Gli archeologi ne hanno trovata una nel bosco tra Nassereith e Tarrenz. Secondo gli archeologi anche la stazione di servizio avventura "Trofana Tyrol" ha le caratteristiche di queste antiche strutture. Infatti è concepita come villaggio, nello stile di un paese di montagna tirolese, in cui il viaggiatore può rifocillarsi ma può anche pernottare. La Hitte-Hatte-Au nell'area esterna comprende uno stagno, una stazione Kneipp, un grande campo giochi ed è stata costruita perfino una cappella. Il cuore della Trofana Tyrol è la piazza del mercato: è provvista di copertura in vetro, offre specialità tirolesi e si è affermata come luogo d'incontro per gli abitanti del posto.

- La Cafeteria Tirolino è aperta 24 h al giorno. An der Au 1, 5493 Mils bei Imst, 0043(0)5418 601–0. www.trofana-tyrol.at.

Storia/e

Il tratto ripido della vecchia strada tra Mils e Imst, il cosiddetto "Milser Gstoag", era uno dei tratti per i quali alla maggior parte delle carrozze dovevano essere ulteriormente aggiogati dei buoi. La gente del posto guadagnava bene da questo servizio. Di alcuni si dice addirittura che abbiano rinegoziato il prezzo nel bel mezzo della salita. Questo potrebbe essere dipeso anche dal fatto che per prendere in affitto i buoi, il vetturino avesse inizialmente contrattato sul prezzo, certo che la povertà dei contadini li avrebbe costretti ad accettare anche un ribasso eccessivo. Ecco perché gli abitanti dle posto avrebbero poi cercato di farsi risarcire minacciando di non completare il servizio.

Cucina regionale come 2000 anni fa
■ Erlebnisdorf "Trofana Tyrol", 6493 Mils bei Imst, An der Au 1, 0043(0)5493 601

Alloggi e strutture per il campeggio nelle cartine e nell'appendice

Domande ed informazioni sulla sezione
■ Touristinfo Imst, Johannespl. 4, 0043(0)5412 6910-0
■ Touristinfo TirolWest, 6511 Zams, Malserstr. 10 0043(0)5442 65 600
■ Via Claudia Augusta Info 0043(0)664 27 63 555

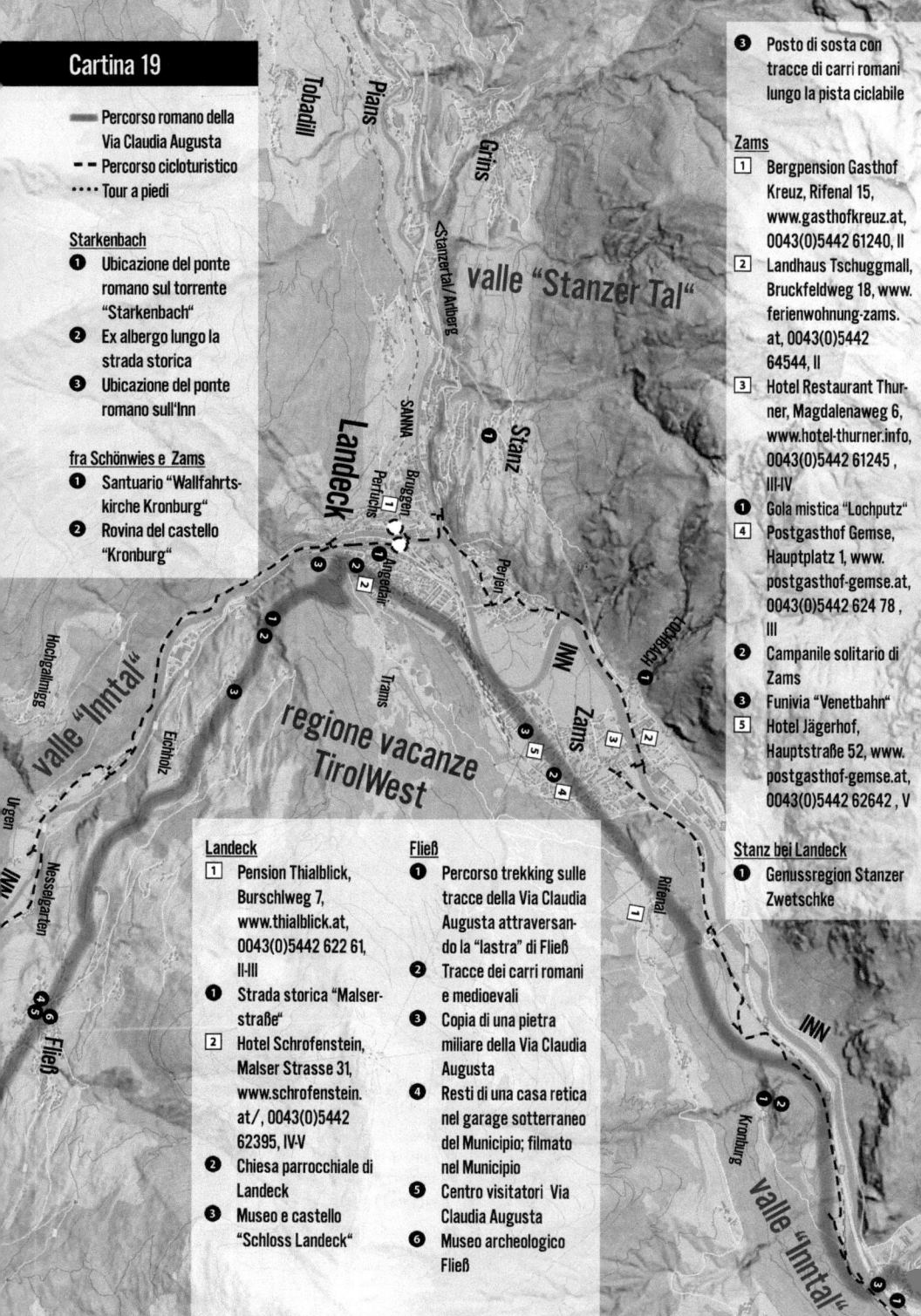

Cartina 19

━━━ Percorso romano della Via Claudia Augusta

– – Percorso cicloturistico

···· Tour a piedi

Starkenbach
❶ Ubicazione del ponte romano sul torrente "Starkenbach"
❷ Ex albergo lungo la strada storica
❸ Ubicazione del ponte romano sull'Inn

fra Schönwies e Zams
❶ Santuario "Wallfahrts-kirche Kronburg"
❷ Rovina del castello "Kronburg"

❸ Posto di sosta con tracce di carri romani lungo la pista ciclabile

Zams
1 Bergpension Gasthof Kreuz, Rifenal 15, www.gasthofkreuz.at, 0043(0)5442 61240, II
2 Landhaus Tschuggmall, Bruckfeldweg 18, www.ferienwohnung-zams.at, 0043(0)5442 64544, II
3 Hotel Restaurant Thurner, Magdalenaweg 6, www.hotel-thurner.info, 0043(0)5442 61245, III-IV
❶ Gola mistica "Lochputz"
4 Postgasthof Gemse, Hauptplatz 1, www.postgasthof-gemse.at, 0043(0)5442 624 78, III
❷ Campanile solitario di Zams
❸ Funivia "Venetbahn"
5 Hotel Jägerhof, Hauptstraße 52, www.postgasthof-gemse.at, 0043(0)5442 62642, V

Stanz bei Landeck
❶ Genussregion Stanzer Zwetschke

Landeck
1 Pension Thialblick, Burschlweg 7, www.thialblick.at, 0043(0)5442 622 61, II-III
❶ Strada storica "Malser-straße"
2 Hotel Schrofenstein, Malser Strasse 31, www.schrofenstein.at/, 0043(0)5442 62395, IV-V
❷ Chiesa parrocchiale di Landeck
❸ Museo e castello "Schloss Landeck"

Fließ
❶ Percorso trekking sulle tracce della Via Claudia Augusta attraversan-do la "lastra" di Fließ
❷ Tracce dei carri romani e medioevali
❸ Copia di una pietra miliare della Via Claudia Augusta
❹ Resti di una casa retica nel garage sotterraneo del Municipio; filmato nel Municipio
❺ Centro visitatori Via Claudia Augusta
❻ Museo archeologico Fließ

I pendii assolati attorno a Landeck sono stati abitati sin dall'epoca preromana e romana, come testimoniano innumerevoli ritrovamenti: a Fließ, Stanz, Grins o anche presso la Kronburg. Da poco si sa anche che la chiesa parrocchiale di Landeck ha radici protocristiane, il che fa pensare ad un insediamento maggiore già in epoca romana. Anche in precedenza gli archeologi teorizzavano una stazione di sosta nell'attuale città distrettuale, poiché la strada romana porta dal pendio nella valle. Landeck è circondata da numerosi impianti difensivi, tra i quali l'antica sede di giudizio, castel Landeck, è quello meglio conservato e il più importante. La città si sviluppò principalmente nel corso della costruzione della ferrovia dell'Arlberg. I pendii assolati favorirono non solo il popolamento, ma anche l'agricoltura. La regione dei sapori invita a gustare i suoi frutti.

Percorso attraverso Zams, Landeck e Fließ

Il Percorso cicloturistico porta a Zams, dove poco prima del centro attraversa l'Inn, seguendolo poi nei quartieri di Perjen e Bruck al centro della città capoluogo distrettuale. Direttamente sulla strada si trova il mondo d'acque dello "Zammer Lochputz". Il ciclista attraversa il centro cittadino sulla storica via Malserstraße, che sta vivendo una nuova fioritura commerciale. Poco più in su ci sono la chiesa parrocchiale e il castello di Landeck. Il Percorso cicloturistico oltrepassa poi l'Inn e prosegue sulla sinistra orografica del fiume, in gran parte ombreggiata dal bosco, verso Urgen, un quartiere di Fließ. Da lì accompagna per un tratto la vecchia strada nazionale fino alla salita che porta al centro del comune di Fließ dove si trova il Centro di documentazione della Via Claudia Augusta. Con tre ulteriori attraversamenti dell'Inn, il Percorso cicloturistico regala immagini sempre diverse del principale fiume del Tirolo.

Info aggiuntive su alcune attrazioni nelle cartine

- Molto amato come meta per escursioni, offre una visuale da capogiro su un dei più bei corsi d'acqua selvaggi del Tirolo. Un'esperienza davvero particolare. ■ 6511 Zams, Lötz 38, 0043(0)5442 65 600, Orari: dal 1° maggio al 30 settembre tutti i giorni dalle 9.30 alle 17.30, 1-31 ottobre tutti i giorni dalle 10 alle 17.
- Con la funivia del Venet in 8 minuti si arriva da 780 m a 2.208 m di altitudine. La montagna del Venet piace per la sua vista panoramica da sogno sui monti circostanti, per la via dei sa-

pori "Tiroler Edle", per il "Weg der Aussicht" (sentiero della veduta), per le numerose possibilità di sosta, ... ■ 6511 Zams, Hauptstraße 38, 0043(0)5442 62 663. 6.6 - 28.9 e 2.10 - 5.10 sempre dalle 8.30 alle 17, www.venet.at

- Un museo locale sui generis permette ai visitatori di rivivere, all'interno di un castello del XIII secolo, le vicende dei nostri progenitori, nella loro lotta per la sopravvivenza. Le storie di quest'epoca vengono narrate nel castello di Landeck. ■ 6500 Landeck, Schlossweg 2, 0043(0)5442 63 202, Orario: 13 aprile - 26 ottobre tutti i giorni dalle 10 alle 17.
- Nella località di Fließ si trova il Dokumentationszentrum Via Claudia Augusta Tirol (Centro visitatori della Via Claudia Augusta in Tirolo). Nel Museo archeologico situato di fronte al Centro sono esposti significativi reperti dell'Età del Bronzo e di quella del Ferro provenienti da Fließ. ■ Dokumentationszentrum Via Claudia Augusta e Museum Fließ, 6521 Fließ Nr. 89, 0043(0)5449 200 65, Orari: maggio - ottobre, mar–dom dalle 10 alle 12 e dalle 15 alle 17. www.museum.fliess.at
- In alto sopra Fließ, al passaggio storico del Piller in direzione della Pitztal, si può scoprire un sito dove si tenevano roghi votivi. Non lontano da qui vi aspetta il "Gacher Blick" in posizione da capogiro al di sopra del precipizio nell'Oberes Gericht e la Naturparkhaus Kaunergrat (casa del parco naturale di Kaunergrat) con terrazza panoramica, 6521 Fließ, Gachen Blick 100, 0043(0)5449 6304, Ristorante Gachenblick 0043(0)664 4408552

Cucina regionale come 2000 anni fa

■ Postgasthof Gemse
6511 Zams, Hauptplatz 1, 0043(0)5442 62478
■ Hotel Restaurant Thurner
6511 Zams, Magdalenaweg 6. 0043(0)5442 61245
■ Hotel Restaurant Jägerhof
6511 Zams, Hauptstraße 52, 0043(0)5442 62 642
■ Hotel Enzian
6500 Landeck, Adamhofgasse 6, 0043(0)5442 62066
■ Hotel Restaurant Schrofenstein
6500 Landeck, Malserstraße 31, 0043(0)5442 62395

Domande ed informazioni sulla sezione

■ Touristinfo TirolWest, 6500 Landeck, Malserstr. 10 0043(0)5442 65 600
■ Hotline Via Claudia Augusta 0043(0)664 27 63 55

Castello "Schloss Landeck". Foto (2): Albin Niederstrasser

Museo Archeologico Fließ

Destillati di alta classe

gola "Zammer Lochputz". Foto: TirolWest / guenterstandl.de

L' "Oberes Gericht" va da Landeck fino a Nauders e prende il proprio nome dalla sede di giudizio, che un tempo si trovava a castel Laudegg, sopra Prutz e poi a partire dal XVII secolo a castel Siegmundsried. Si tratta di una delle sezioni originarie più antiche della Via Claudia Augusta, in cui si vede quale influsso esercitasse l'importante strada sullo sviluppo dell'insediamento. L'antica strada provinciale, che oggi è stata in buona parte esautorata nella sua funzione di arteria principale dalla parallela B180, corrisponde in buona parte alla strada romana. Località e laghetti pittoreschi, castelli e fortificazioni, case signorili, locande, masi contadini ed edifici sacri nonché alcuni antichi ponti vi accompagnano. Il ponte più impressionante è sicuramente quello della stazione doganale di Altfinstermünz, eretta nel Medioevo sull'Inn nel suo primo tratto, dove anche la strada romana attraversava il fiume.

Percorso Prutz, Ried, Tösens, Pfunds

Sull'antica strada regionale, che corrisponde in larga misura all'antica strada romana e che appartiene oggi solamente ai viandanti, ai ciclisti ed ai confinanti, il Percorso cicloturistico attraversando prati pittoreschi ai piedi del castello di Laudegg, porta a Prutz, dove, come la strada romana, attraversa l'Inn. Passato il centro di Prutz si percorre una nuova pista ciclabile, passando accanto al locale lago balneabile, verso Ried im Oberinntal e quindi verso Tösens. Verso Pfunds il Percorso cicloturistico attraversa inizialmente borghi pittoreschi lungo l'antica strada regionale sulle tracce della strada romana lungo il pendio occidentale della montagna. Poi cambia lato della valle entrando nel paese di Pfunds. Grazie a un antico ponte sull'Inn con relativa torre, nel Percorso cicloturistico è compreso anche il cuore storico del comune, che si chiama Stuben. Prima di arrivare lungo l'Inn alla storica dogana di Altfinstermünz, la strada romana, oggi coincidente con il Percorso cicloturistico, forma per un breve tratto il confine esterno dell'UE con la Svizzera.

Info aggiuntive su alcune attrazioni nelle cartine

• A Pfunds-Dorf e a Pfunds-Stuben, a destra e a sinistra dell'Inn, ci sono moltissime case di impronta gotica. Oltre alle scale esterne in muratura, mostrano ingressi ad arco romanici o gotici. Sulla piazza della chiesa a Pfunds-Dorf si trova il museo di storia locale. Attraversato il "Loch" (foro)

nella torre dell'XI secolo e oltrepassato l'Inn il percorso si dirige verso Pfunds-Stuben, sulla cui Dorfstraße va nominata innanzitutto la Liebfrauenkirche (chiesa di Nostra Signora). All'interno si trovano l'altare del maestro della Germania meridionale Jörg Lederer e dei begli affreschi. Sulla stessa strada si incontra anche il Richterhof (corte di giustizia) con tre tavole commemorative sulla facciata a capanna.
■ Museum, Dorf 103, 0043(0)5474 5229, visite guidate in estate dom dalle 10 alle 12 e dalle 13.30 alle 16, mer dalle 13.30 alle 15.30.
• Prima di dirigersi verso Nauders oltrepassando il ponte Kajetansbrücke, è d'obbligo un salto al complesso della storica stazione doganale Altfinstermünz. Per quanto fuori mano possa apparire oggi, Altfinstermünz era un tempo un importante nodo stradale accessibile da più punti. Oltre alla Via Claudia Augusta che portava al Passo Resia, c'era anche una strada che conduceva in Bassa Engadina. Dal IX all'XI secolo Altfinstermünz è stata sede di giudizio e stazione di pedaggio della regione della Bassa Engadina, di Nauders e di Pfunds. Dal 1652 in poi Finstermünz segnò il confine tra il Tirolo e i Grigioni. Fino al 1855 tutto il traffico verso sud doveva comunque passare per la stretta porta della torre sul ponte dell'ex stazione doganale. Supportato da un film documentario, il visitatore ne apprende la funzione e la storia facendo il giro del complesso. ■ 0043(0)5474 200 43 o 0043(0)664 39 59 59 471, aperto 1° giu.-15 ott. dalle 11 alle 17, giorno di riposo lunedì, visite guidate, spuntini e bevande su richiesta da Pasqua a nov. www.altfinstermuenz.com.

Cucina regionale come 2000 anni fa
■ Hotel Gasthof Kreuz
6542 Pfunds-Stuben 3, 0043(0)5474 5218

Alloggi e strutture per il campeggio nelle cartine e nell'appendice

Domande ed informazioni sulla sezione
■ Touristinfo Prutz-Faggen
6522 Prutz, Hintergasse 2, 0043(0)50 225 500
■ Touristinfo Ried im Oberinntal
6531 Ried, Kirchplatz 48, 0043(0)50 225 100
■ Touristinfo Pfunds-Stuben
6542 Pfunds, Stubener Str. 40, 0043(0)50 225 300
■ Hotline Via Claudia Augusta 0043(0)664 27 63 555

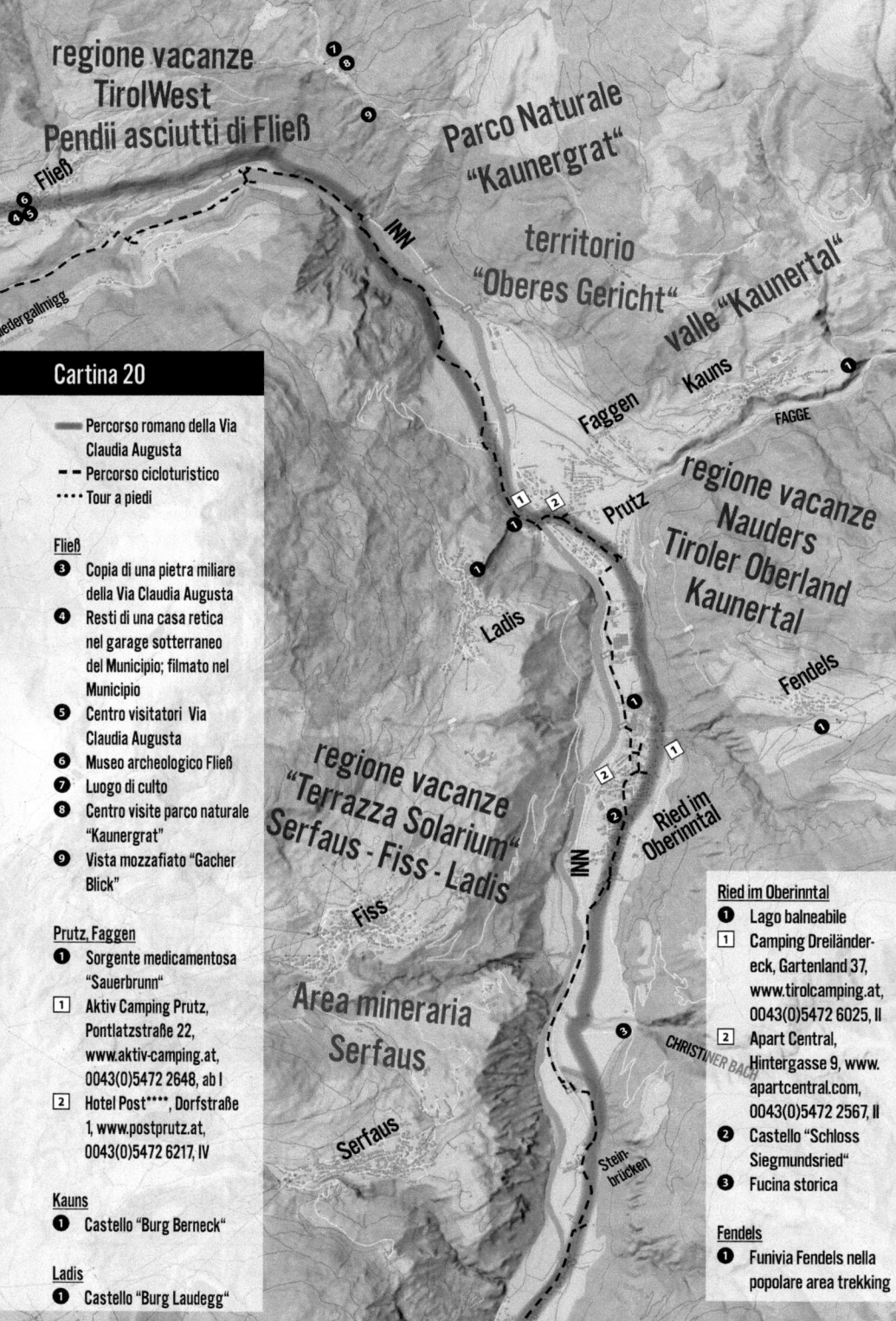

regione vacanze
TirolWest
Pendii asciutti di Fließ

Fließ

niedergallmigg

Parco Naturale "Kaunergrat"

INN

territorio "Oberes Gericht"

valle "Kaunertal"

Kauns

Faggen

FAGGE

regione vacanze
Nauders
Tiroler Oberland
Kaunertal

Prutz

Ladis

Fendels

regione vacanze
"Terrazza Solarium"
Serfaus - Fiss - Ladis

Ried im Oberinntal

INN

Fiss

Area mineraria
Serfaus

Serfaus

CHRISTINER BACH

Stein-
brücken

Cartina 20

— Percorso romano della Via Claudia Augusta

- - Percorso cicloturistico

···· Tour a piedi

Fließ

❸ Copia di una pietra miliare della Via Claudia Augusta

❹ Resti di una casa retica nel garage sotterraneo del Municipio; filmato nel Municipio

❺ Centro visitatori Via Claudia Augusta

❻ Museo archeologico Fließ

❼ Luogo di culto

❽ Centro visite parco naturale "Kaunergrat"

❾ Vista mozzafiato "Gacher Blick"

Prutz, Faggen

❶ Sorgente medicamentosa "Sauerbrunn"

☐1 Aktiv Camping Prutz, Pontlatzstraße 22, www.aktiv-camping.at, 0043(0)5472 2648, ab I

☐2 Hotel Post****, Dorfstraße 1, www.postprutz.at, 0043(0)5472 6217, IV

Kauns

❶ Castello "Burg Berneck"

Ladis

❶ Castello "Burg Laudegg"

Ried im Oberinntal

❶ Lago balneabile

☐1 Camping Dreiländer-eck, Gartenland 37, www.tirolcamping.at, 0043(0)5472 6025, II

☐2 Apart Central, Hintergasse 9, www.apartcentral.com, 0043(0)5472 2567, II

❷ Castello "Schloss Siegmundsried"

❸ Fucina storica

Fendels

❶ Funivia Fendels nella popolare area trekking

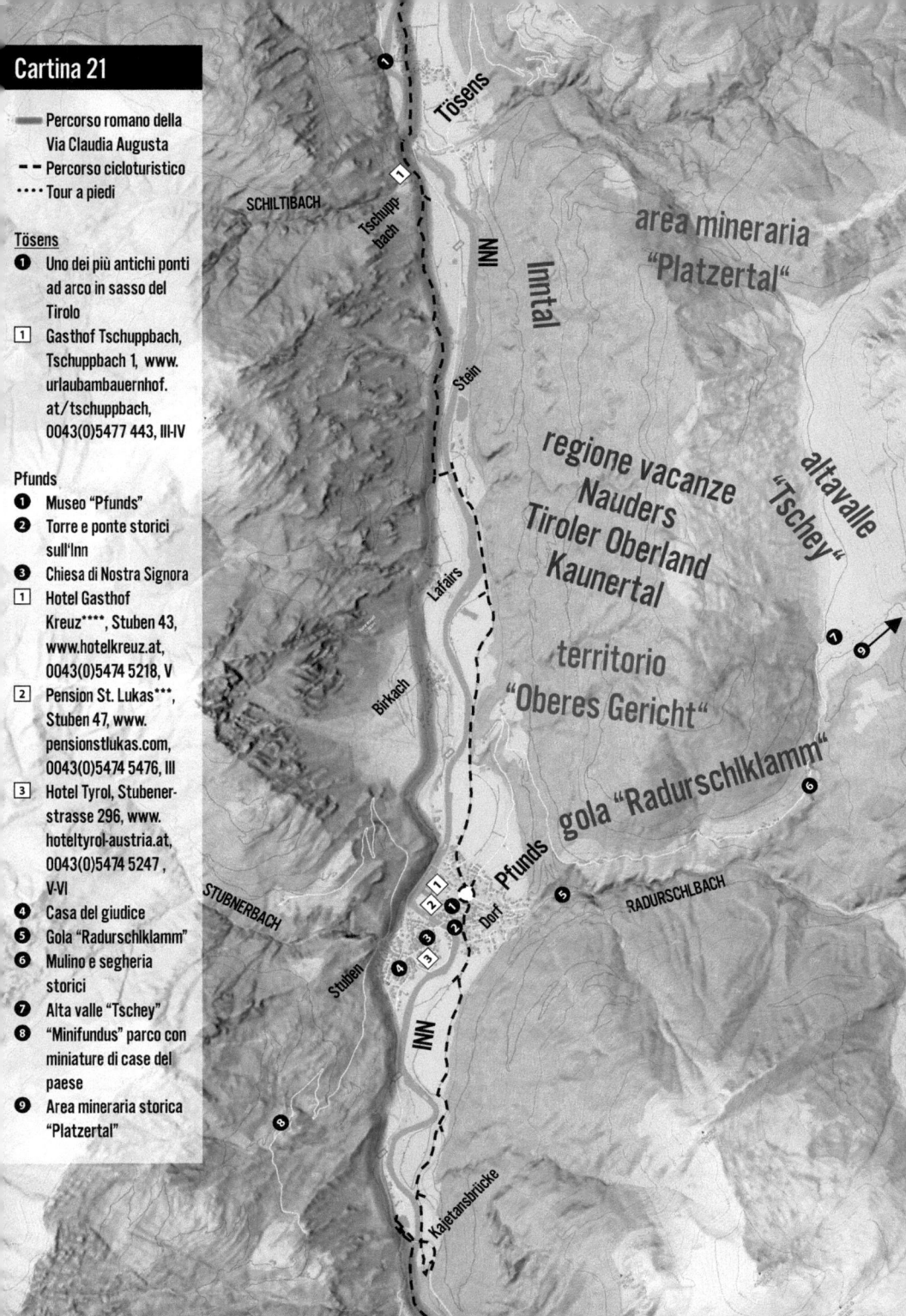

Cartina 21

Percorso romano della Via Claudia Augusta

- - **Percorso cicloturistico**

···· **Tour a piedi**

Tösens

❶ Uno dei più antichi ponti ad arco in sasso del Tirolo

1️⃣ Gasthof Tschuppbach, Tschuppbach 1, www. urlaubambauernhof. at/tschuppbach, 0043(0)5477 443, III-IV

Pfunds

❶ Museo "Pfunds"

❷ Torre e ponte storici sull'Inn

❸ Chiesa di Nostra Signora

1️⃣ Hotel Gasthof Kreuz****, Stuben 43, www.hotelkreuz.at, 0043(0)5474 5218, V

2️⃣ Pension St. Lukas***, Stuben 47, www. pensionstlukas.com, 0043(0)5474 5476, III

3️⃣ Hotel Tyrol, Stubener-strasse 296, www. hoteltyrol-austria.at, 0043(0)5474 5247 , V-VI

❹ Casa del giudice

❺ Gola "Radurschlklamm"

❻ Mulino e segheria storici

❼ Alta valle "Tschey"

❽ "Minifundus" parco con miniature di case del paese

❾ Area mineraria storica "Platzertal"

Tösens

SCHILTIBACH

Tschuppbach

INN

Inntal

Stein

area mineraria "Platzertal"

altavalle "Tschey"

regione vacanze Nauders Tiroler Oberland Kaunertal

territorio "Oberes Gericht"

Lafairs

Birkach

STUBNERBACH

Stuben

INN

Pfunds

gola "Radurschlklamm"

RADURSCHLBACH

Dorf

Kajetansbrücke

Territorio dell'"Oberes Gericht"

Uno dei più antichi ponti ad arco in sasso del Tirolo

Schloss Siegmundsried a Ried

Torre e ponte storici sull'Inn fra Pfunds e Stuben

Altfinstermünz

In epoca storica i valichi costituivano una grande sfida. Per tale motivo i Romani costruivano preferibilmente delle stazioni di sosta prima e dopo i loro punti culminanti. Il passo Resia con i suoi 1507 metri è il punto più elevato della Via Claudia Augusta. Il punto culminante si trova nel territorio dello Stato italiano. Leggermente più a nord, nell'austriaca Nauders, si trovava l'unica stazione di sosta romana del Tirolo tramandata nei documenti, Inutrium. Oggi sostano nella parte alta della vallata numerosi vacanzieri. D'inverno come d'estate si godono l'ambiente montano attorno a Nauders, Resia, Curon e San Valentino. Le quattro località appartengono a due Stati e a due regioni turistiche diverse, ma geograficamente appartengono tutte alla Val Venosta. Gi ospiti apprezzano anche i laghi ricavati sul passo attraverso sbarramenti. Il lago di Resia con il campanile di Curon vecchia si posiziona tra i punti più fotografati del percorso.

Percorso Nauders, Resia, Curon, S. Valentino

Tutti i passi lungo la Via Claudia Augusta possono essere superarti prendendo lo shuttle per le bici oppure pedalando. Più volte al giorno l'autobus pubblico, provvisto di un grosso rimorchio per le biciclette, consente di raggiungere il passo Resia. Se si decide di raggiungere autonomamente il "tetto" del tour pedalando, si imbocca la pittoresca pista ciclabile lungo l'Inn verso Altfinstermünz e quindi verso Martina in Svizzera (attenzione, confine dell'UE, non dimenticate i documenti!). Da Martina percorrendo numerosi tornanti si sale alla Norbertshöhe e verso Nauders am Reschenpass. Di là si prosegue sulla vecchia strada regionale per il passo Resia, che oggi ha solamente una corsia e viene utilizzata esclusivamente da confinanti, ciclisti e pedoni. Si snoda — in parte facendo delle serpentine — attraverso pittoreschi prati montani e corrisponde esattamente al tracciato della strada romana (punto fotografico). A differenza della ciclabile dell'Adige, il Percorso cicloturistico della Via Claudia Augusta segue la riva di entrambi i laghi, su cui passava anche la strada romana. Oggi tuttavia quest'ultima giace sul fondo del lago, così come il paese di Curon vecchia e la sua chiesa. Poco dopo la diga di Resia si arriva al pittoresco "Dörfl" (paesino) e nella piana di Malles, attraversata un tempo anche dalla strada romana.

Info aggiuntive su alcune attrazioni nelle cartine

• La chiesa parrocchiale di San Valentino fu costruita nel IV secolo.

• Il castello di Naudersberg, situato su una collina a nord del paese, è una fortezza del XIII/XIV secolo, che è stata ampliata nel XV/XVI secolo. Oggi il castello ospita un museo e un ristorante. La cappella di San Leonardo a sud del castello affascina per uno dei più importanti affreschi romanici. ■ 0043(0)5022525400, visite guidate secondo il calendario corrente e su appuntamento.

• Grazie ai venti favorevoli, il lago di Resia è il miglior luogo delle Alpi per praticare kite surfing e snowkiting ed ogni anno vengono organizzati eventi nazionali ed internazionali di questi sport. Il lago artificiale fu creato nel 1950 unendo il lago di Resia e il lago di Mezzo (detto anche lago di Curon) per formare un unico specchio d'acqua lungo 6 km e sommergendo la località di Curon vecchia. Il suo campanile emerge ancor oggi dal lago: una immagine da cartolina tra le più note. Il museo comunale di Curon documenta lo sbarramento del lago di Resia, il declino del paese di Curon e la sua rinascita. 39027 Curon Venosta, 0039/0473 633 127.

Cucina regionale come 2000 anni fa

■ Hotel Restaurant Post
6543 Nauders, Tschiggfrey-Str. 37, 0043(0)5473 87 20 20
■ Gasthof "Zum Goldenen Löwen"
6543 Nauders 36, 0043(0)5473 87 208
■ Hotel Restaurant Central
6543 Nauders, Unterdorfweg 196, 0043(0)5473 87 22 10
■ Hotel Restaurant "Schwarzer Adler"
6543 Nauders, Tschiggfrey-Str. 33, 0043(0)5473 87 25 40
■ Hotel Restaurant "Mein Almhof"
6543 Nauders, Tschiggfrey-Str. 314, 0043(0)5473 87 313
■ Gasthof Martha
6543 Nauders 296, 0043(0)5473 87 33 80

Domande ed informazioni sulla sezione

■ Touristinfo Nauders am Reschenpass, 6543 Nauders, Doktor-Tschiggfrey-Str. 66, 0043(0)50225400
■ Touristinfo Reschen
39037 Reschen, Hauptstraße 22, 0039/0473 633 101
■ Touristinfo St. Valentin
39037 St. Valentin, Hauptstraße 61, 0039/0473 634 603
■ Hotline Via Claudia Augusta 0043(0)664 27 63 55

Cartina 22

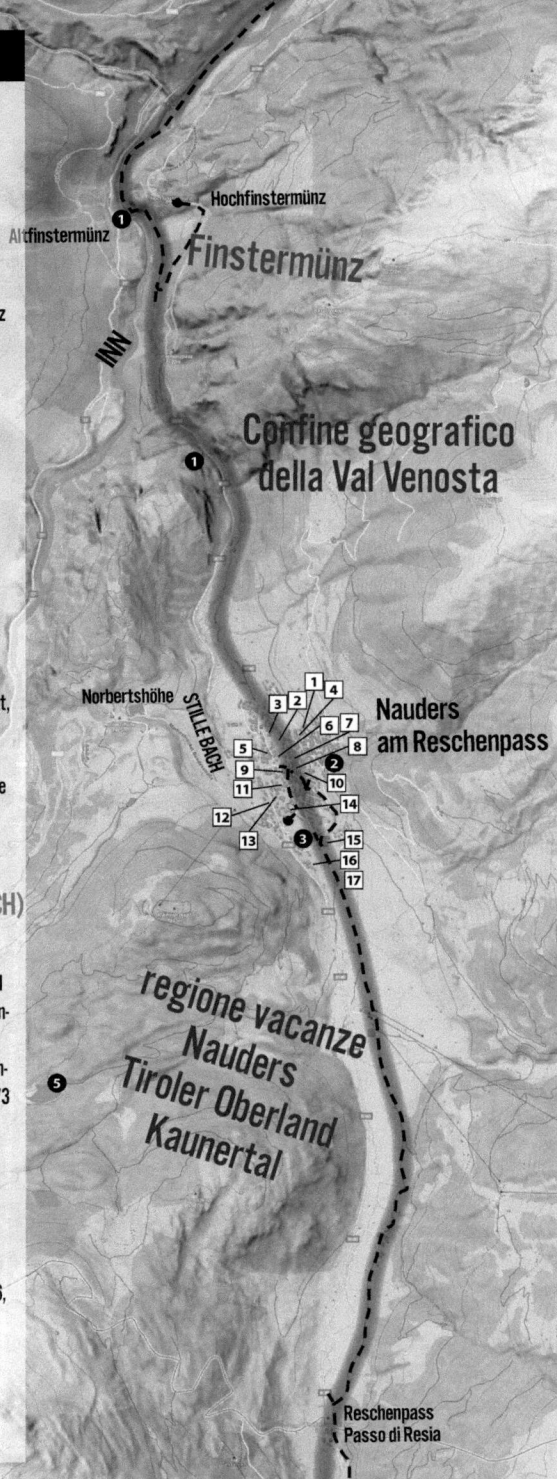

▬▬ Percorso romano della
Via Claudia Augusta

– – Percorso cicloturistico

•••• Tour a piedi

Finstermünz

❶ Stazione doganale
storica Altfinstermünz

Nauders am Reschenpass

❶ Forte "Nauders"

1 Haus Sonneck,
Hinterdorf 267, www.
haus-sonneck.at,
0043(0)5473 87541, I

2 Pension Amontara,
Spitzwiesenweg 243,
www.amontanara.at,
0043(0)5473 87323, II

3 Ferienhaus Auer, Dr.
Tschiggfreystr. 446,
www.ferienhaus-auer.at,
0043(0)5473 86158, I

4 Apart-Bauernhof Ro-
senhof, Kleinhansgasse
93, www.rosenhof-nau-
ders.at, 0043(0)5473
86165, II

5 Apart-Pension Haus
Arina, Dr. Tschiggfrey-
str. 392, www.arina.at,
0043(0)5473 87765, I-II

6 Gästehaus Vergissmeinnicht, Nauders 357,
www.zimmer-ferienwoh-
nungen.at, 0043(0)5473
87426, I

7 Haus Jung, Kleinhansgasse 78, www.haus-
jung.at, 0043(0)5473
87360, I

8 Gasthof Zum Goldenen
Löwen***, Postplatz 36,
www.loewen-nauders.
com, 0043(0)5473
87208, III-IV

Nauders am Reschenpass

❷ Parrocchiale "Pfarrkirche" San Valentino

9 Hotel Post ****,
Dr.-Tschiggfrey-Str. 37,
www.post-nauders.com,
0043(0)5473 872020,
III-IV

10 Aktivhotel Schwarzer
Adler ****, Dr.-Tschig-
gfrey-Str. 33, www.ad-
lerhotel.at, 0043(0)5473
872540, III-IV

11 Hotel Central ****,
Unterdorfstraße 196,
www.hotel-central.at,
0043(0)5473 872210,
IV-V

12 Haus Ferienglück,
Sandbichl 455, www.
haus-ferienglueck.at,
0043(0)650 6543455,
II-III

13 Pension Garni Alpenhof,
Nauders 229, www.
alpenhof-nauders.at,
0043(0)5473 87263,
IV-V

14 Hotel Restaurant
Mein Almhof****,
Dr.-Tschiggfrey-Str. 314,
www.meinalmhof.at,
0043(0)5473 387313,
IV-V

❸ Castello "Naudersberg"

15 Hotel Neue Burg****,
Alte Strasse 370,
www.neue-burg.at,
0043(0)5473 87700, V

16 Gasthof Martha***,
Nauders 296, http://
www.gasthofmartha.at,
0043(0)5473 87338, III

17 Apart Bergkastelblick,
Bundesstraße 287, www.
bergkastelblick.at,
0043(0)676 9369873, III

❹ Mondo interattivo
"Goldwasser"

❺ Lago "Schwarzer See"

Nauders al Passo Resia, il primo paese nell'altavallel. Foto: Nauders am Reschenpass / Manuel Baldauf

Forte Nauders.

Castello Naudersberg. Foto: Daniela Zangerl

Il campanile di Curon Venosta vecchia

Territorio top per kite surfing e snowkiting

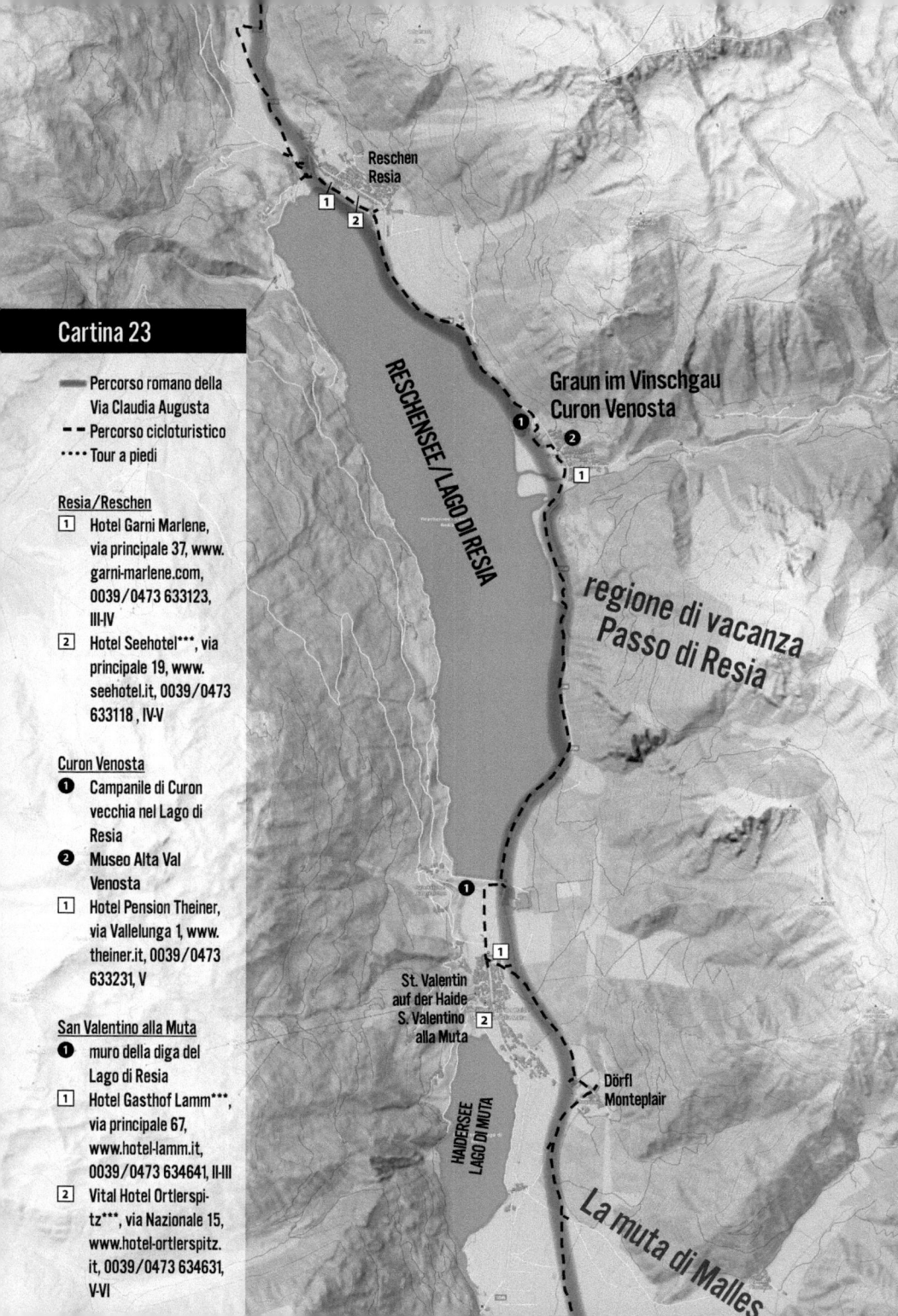

Reschen
Resia

1

2

Cartina 23

━━ Percorso romano della
Via Claudia Augusta
- - - Percorso cicloturistico
······ Tour a piedi

RESCHENSEE / LAGO DI RESIA

Graun im Vinschgau
Curon Venosta

1

2

1

Resia/Reschen

1 Hotel Garni Marlene,
via principale 37, www.
garni-marlene.com,
0039/0473 633123,
III-IV

2 Hotel Seehotel***, via
principale 19, www.
seehotel.it, 0039/0473
633118 , IV-V

regione di vacanza
Passo di Resia

Curon Venosta

❶ Campanile di Curon
vecchia nel Lago di
Resia

❷ Museo Alta Val
Venosta

1 Hotel Pension Theiner,
via Vallelunga 1, www.
theiner.it, 0039/0473
633231, V

1

San Valentino alla Muta

❶ muro della diga del
Lago di Resia

1 Hotel Gasthof Lamm***,
via principale 67,
www.hotel-lamm.it,
0039/0473 634641, II-III

2 Vital Hotel Ortlerspi-
tz***, via Nazionale 15,
www.hotel-ortlerspitz.
it, 0039/0473 634631,
V-VI

1

St. Valentin
auf der Haide
S. Valentino
alla Muta

2

Dörfl
Monteplair

HAIDERSEE
LAGO DI MUTA

La muta di Malles

Nessun altra regione lungo la Via Claudia Augusta ha così tanti centri abitati ed edifici storici. Già molto tempo prima dei Romani la Val Venosta, favorita dal clima, era stata scoperta come luogo di insediamento. Prende il nome dalla tribù retica dei Venosti, che si stanziarono ad esempio sul colle di Tarces o sul Ganglegg sopra Sluderno. Il tracciato storico della Via Claudia Augusta attraversava la piana di Malles, dove gli archeologi hanno localizzato una stazione di sosta romana, e proseguiva dopo Malles lungo il versante soleggiato. Il territorio divenne fittamente popolato e fu bonificato a partire dal X secolo da contadini di età romanica. Dal XII secolo furono sostenuti dal convento di Monte Maria. Numerosi castelli testimoniano questo periodo, la cittadina medievale di Glorenza, con la sua cinta muraria interamente conservata, ma anche i nuclei dei villaggi circostanti. La Val Venosta si fa forte di questa ricca eredità e si presenta come una regione culturale altoatesina ricca di storia.

Percorso piana di Malles – Prato allo Stelvio

Ai bordi della piana di Malles, il più grande conoide di deiezione delle Alpi con i suoi pittoreschi Waalen, i sentieri d'acqua, si arriva al paesino di Burgusio, sopra il quale troneggia il convento di Monte Maria sulla pista ciclabile della Venosta. Si prosegue lungo la periferia di Malles con le sue tante torri, attraversando i paesini di Clusio e Laudes fino alla cittadina medievale di Glorenza. Sulla strada che segue attraverso prati e meleti fino a poco prima di Spondinga si trovano da una parte Sluderno e castel Coira e dall'altra le rovine di castel Montechiaro/Lichtenberg. Da Malles inizia inoltre il Monte Sole con la sua tipica vegetazione di prati riarsi. Infine il percorso ciclabile attraversa la valle in una zona umida dove vi aspetta Prato allo Stelvio, ai piedi dell'omonimo passo.

Info aggiuntive su alcune attrazioni nelle cartine

- La località di Burgusio, citata già nel XII secolo, con il castello del Principe, stretti vicoli pittoreschi e moltissime case affrescate, portali, scale esterne e bovindi.
- Il convento benedettino più elevato d'Europa. Un museo con un filmato fa rivivere novecento anni di storia e la vita tra le mura conventuali. ■ 39024 Burgusio, Slingia 1, 0039/0473 843 980, aperto 15 mar. - 31 ott, lun - sab dalle 10 alle 17; e 27 dic. - 5 gen, lun - sab dalle 10 alle 17. Poco lontano si trova la chiesetta di Santo Stefano, che affonda le proprie radici

nel V secolo.

- Scavi nella zona della chiesa di San Benedetto dal IX secolo attestano che il paese risale addirittura al tempo dei Romani. Nel XII secolo divenne sede di giu.dizio e nel 1642 comune-mercato.
- La collina di Tarces a sud di Malles Venosta, con la chiesetta di San Vito in posizione panoramica è un favoloso belvedere abitato già nella preistoria.
- Glorenza è con i suoi 800 abitanti una delle più piccole città delle Alpi. Situata in una posizione strategicamente favorevole e appoggiata dai principi territoriali tirolesi raggiunse una considerevole ricchezza. Da vedere in particolare i Portici.
- Castel Coira del XIII secolo, ritenuto l'edificio difensivo meglio conservato della provincia. Dal 1504 il castello è di proprietà dei conti Trapp ed ospita una collezione di armature che merita di essere vista. ■ 39020 Sluderno, Castel Coira 1, 0039/0473 615 241, visite guidate dal 20 mar. al 31 ott., orario d'ingresso dalle 10 alle 12 e dalle 14 alle 16.30, lunedì giorno di riposo, eccettuati festivi, www.churburg.com.
- Il museo della Val Venosta, che racconta la storia della valle. ■ 39020 Sluderno, via Merano. 1, 0039/0473 615 590, aperto 20 mar. – 31 ott. dalle 10 alle 12 e dalle 15 alle 18. Lun. giorno di riposo, eccetto festivi. www.vintschgermuseum.com.
- La mostra permanente "Tra i pesci – un viaggio in mondi sconosciuti" nel centro visite del Parco nazionale "aquaprad" permette di osservare la fauna acquatica del Parco Nazionale dello Stelvio in 12 differenti acquari: dai laghi d'alta quota ai ruscelli montani fino al fiume. ■ 39026 Prato allo Stelvio, via Croce 4/c, 0039/0473 618 212, aperto mar. - ven dalle 9 alle 12 e dalle 14.30 alle 18, sa, dom e festivi dalle 14.30 alle 18, lun. giorno di riposo. www.aquaprad.com

---

Cucina regionale come 2000 anni fa

Anche qui potreste trovare un ristorante che propone nel menù un piatto come si cucinava 2000 anni fa.

Domande ed informazioni sulla sezione nell'appendice

■ Hotline Informazioni per gli ospiti Val Venosta, 0039/0473 620480
■ Hotline Via Claudia Augusta, 0043(0)664 27 63 555

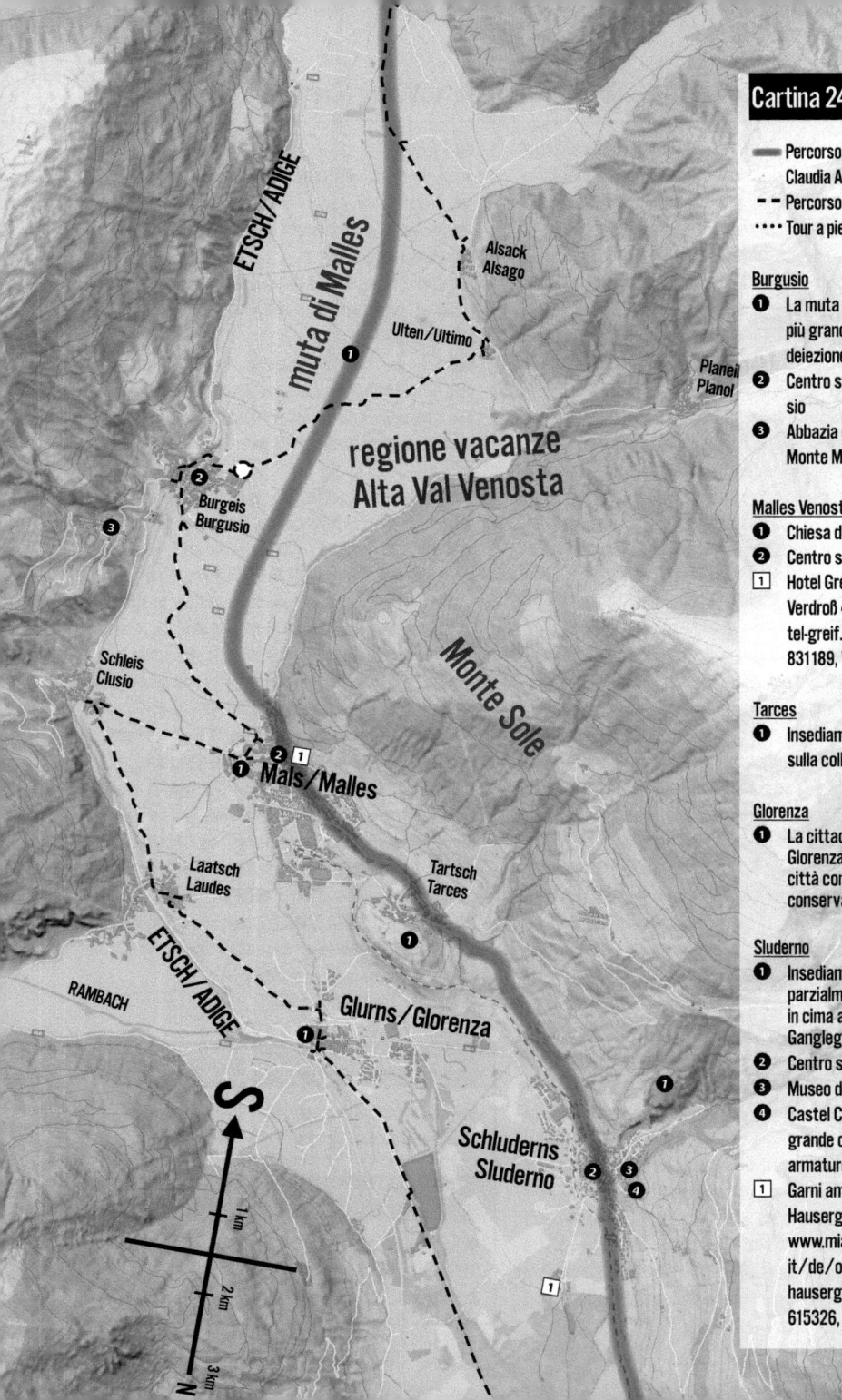

Muta di Malles. Foto: Frieder Blickle

La piccola città di Glorenza. Foto: Vinschgau Marketing / Frieder Blickle

Il museo della Val Venosta documenta la storia della valle.

bazia di Monte Maria e castel del Principe

Castel Coira. Foto (2): Frieder Blickle

Ganglegg.

Aquaprad offre uno sguardo sul mondo acquatico del parco naturale.

Nel cuore del "Frutteto venostano", ai piedi del Monte Sole – su cui si presume passasse anche la Via Claudia Augusta – sorgono il paese del marmo, Lasa, e il capoluogo della Venosta, il comune di Silandro. Già nel Neolitico i pastori nomadi ed i cacciatori si stabilirono sul territorio assolato e poco piovoso poiché protetto dalle alte catene montane a nord e a sud. Almeno a partire dall'epoca romana veniva estratto il famoso marmo di Lasa o di Covelano, come attesta il miliario della Via Claudia Augusta di Rablà. Silandro e Lasa fanno la loro prima apparizione nei documenti alla fine del XI, inizio del XII secolo. Nel XIV secolo Silandro divenne sede di giu.dizio.

Percorso ciclabile Cengles - Lasa - Silandro

Passando tra prati e meleti attraverso il paesino di Cengles con l'omonimo castello, si raggiunge Lasa, il paese del marmo, con la piazza principale tutta di marmo bianco, a cui si arriva dal ponte sull'Adige. Da Lasa la pista ciclabile si snoda tra boschi e prati, per lo più lungo l'Adige, che in questo tratto procede sul lato meridionale della valle, più fresco. In alto, al di sopra del percorso ciclabile si trovano le famose cave di marmo di Lasa e Covelano, collegate alla valle tramite una funicolare inclinata. A Covelano si può prendere la strada verso il centro del capoluogo comprensoriale Silandro, per una visita alla sua pittoresca zona pedonale.
Da Covelano si arriva a Morter tra i meleti.

Info aggiuntive su alcune attrazioni nelle cartine

- Su di una collinetta all'ingresso del paese di Lasa sorge in posizione pittoresca l'antichissima chiesetta di San Sisinio. Nella chiesa parrocchiale romanica di San Giovanni Battista si può vedere una mensa d'altare del primo medioevo con un rilievo dei martiri Sisinio, Alessandro e Martirio. Un'altra particolarità è la roggia Kandlwaal, che scavalcava l'Adige su alti pilastri di pietra, di cui, dopo un incendio avvenuto nel 1907, sopravvivono solo alcuni resti. Da tempo immemorabile a Lasa, sul Monte Tramontana, disposto verso sud, si estrae un marmo bianco particolarmente duro, robusto e resistente alle intemperie. Viene tra l'altro trasportato a valle con una funicolare inclinata. I blocchi vengono immagazzinati nell'areale di Lasa Marmo. In zona ci sono anche alcune aziende per la lavorazione del marmo. La piazza del paese è tutta realizzata in marmo bianco.

- La frazione di Corces ha un centro di stampo contadino che merita di essere visto, al di sopra del quale troneggia la chiesetta di Sant'Egidio. Si potrebbe pensare che il nome tedesco di Silandro, Silandro, derivi da "Schländern", andare a spasso. O per lo meno, nella zona pedonale del comune si può passeggiare, fare acquisti, bersi un caffè … Nell'antica sede di guarnigione vi aspettano anche bei vicoli e numerose costruzioni antiche, che ne raccontano lo sviluppo dal XIII al XX secolo: ad esempio castel Silandroburg, la parrocchiale gotica di Maria Assunta, l'ancor più antica cappella di San Michele al cimitero, la chiesa e il convento dei Cappuccini ed alcune dimore signorili. Al di sopra del comune, sul Monte Sole, troneggia castel Silandroberg, eretto nel XIII secolo.

Storia/e

Le strade romane sono state costruite - quando possibile - leggermente sopra il fondovalle sul lato soleggiato di una valle, dove potevano asciugarsi rapidamente dopo la pioggia e erano di nuovo percorribili velocemente dopo le nevicate. Il pendio soleggiato della Val Venosta è ideale per la costruzione di una strada romana.

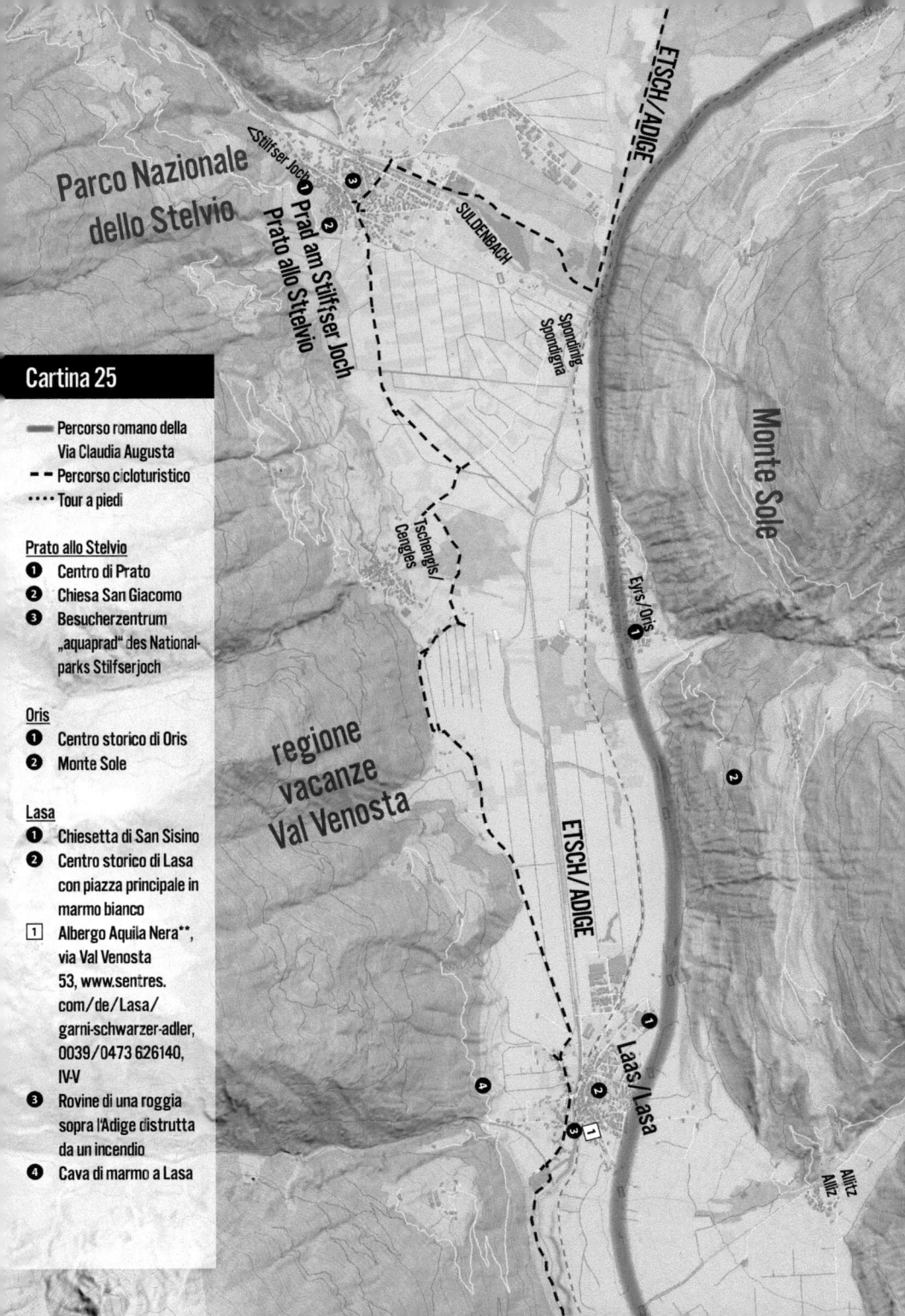

Parco Nazionale
dello Stelvio

ETSCH/ADIGE

⚲ Stilfser Joch
Prad am Stilfser Joch
Prato allo Stelvio

SULDENBACH

Sponding
Spondigna

Monte Sole

Tschengls/
Cengles

Eyrs/Oris

regione
vacanze
Val Venosta

ETSCH/ADIGE

Laas/Lasa

Allitz
Aliz

Cartina 25

— Percorso romano della
Via Claudia Augusta

--- Percorso cicloturistico

···· Tour a piedi

Prato allo Stelvio
❶ Centro di Prato
❷ Chiesa San Giacomo
❸ Besucherzentrum
„aquaprad" des National-
parks Stilfserjoch

Oris
❶ Centro storico di Oris
❷ Monte Sole

Lasa
❶ Chiesetta di San Sisino
❷ Centro storico di Lasa
con piazza principale in
marmo bianco
1️⃣ Albergo Aquila Nera**,
via Val Venosta
53, www.sentres.
com/de/Lasa/
garni-schwarzer-adler,
0039/0473 626140,
IV-V
❸ Rovine di una roggia
sopra l'Adige distrutta
da un incendio
❹ Cava di marmo a Lasa

Castello Coldrano

Scultore di Lasa. Foto: IDM / Alex Filz

Nella zona pedonale di Silandro. Foto: Frieder Blickle

Castelbello

Castelbello. Foto: Frieder Blickle

Silandro

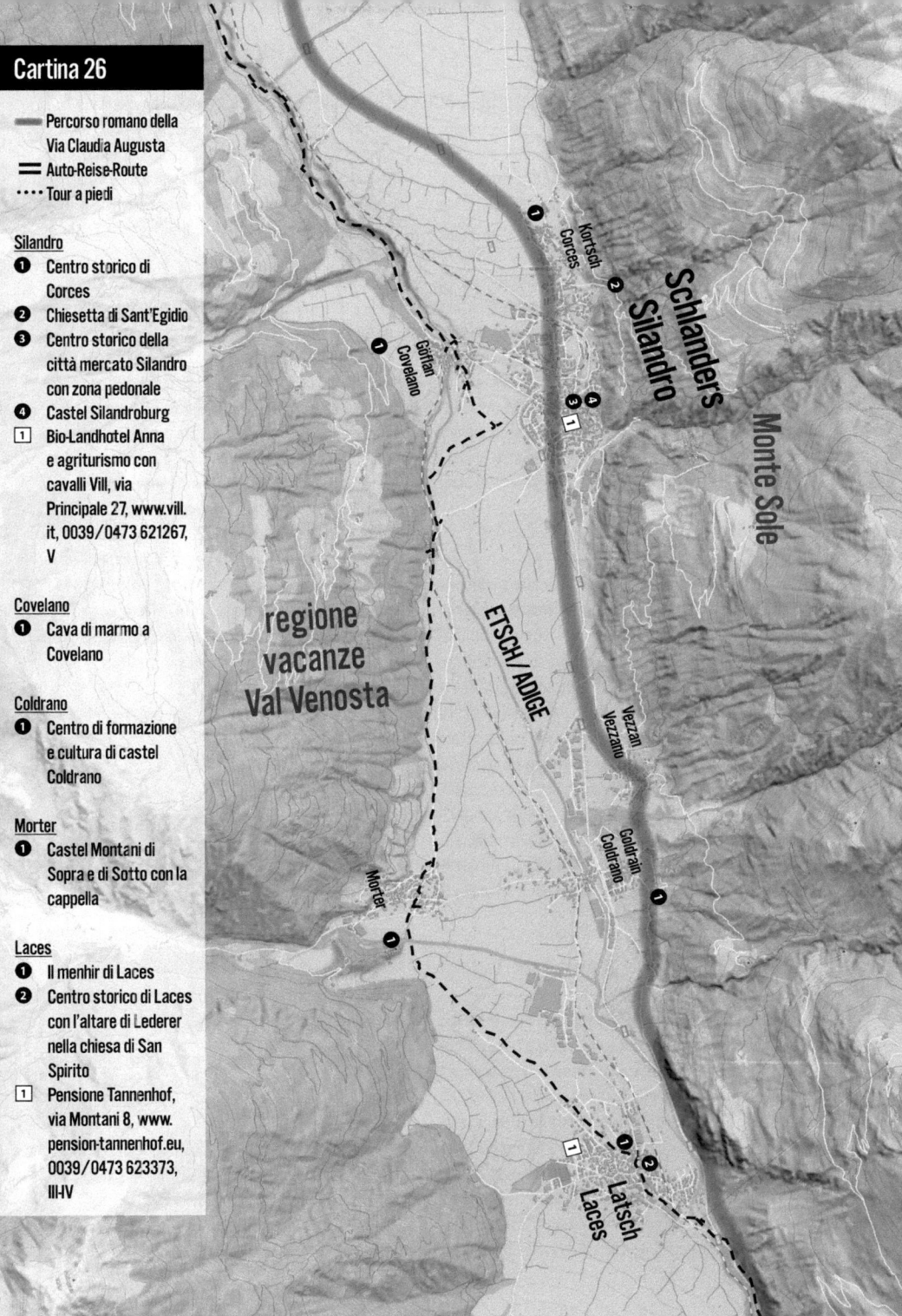

Cartina 26

━━ Percorso romano della
Via Claudia Augusta
═ Auto-Reise-Route
···· Tour a piedi

Silandro
❶ Centro storico di
Corces
❷ Chiesetta di Sant'Egidio
❸ Centro storico della
città mercato Silandro
con zona pedonale
❹ Castel Silandroburg
[1] Bio-Landhotel Anna
e agriturismo con
cavalli Vill, via
Principale 27, www.vill.
it, 0039/0473 621267,
V

Covelano
❶ Cava di marmo a
Covelano

Coldrano
❶ Centro di formazione
e cultura di castel
Coldrano

Morter
❶ Castel Montani di
Sopra e di Sotto con la
cappella

Laces
❶ Il menhir di Laces
❷ Centro storico di Laces
con l'altare di Lederer
nella chiesa di San
Spirito
[1] Pensione Tannenhof,
via Montani 8, www.
pension-tannenhof.eu,
0039/0473 623373,
III-IV

Nella chiusa a metà della Val Venosta geografica, che arriva fino a Tell, in un'area ristretta ci sono circa 10 castelli e residenze che servivano in parte anche ad assicurare un punto strategicamente importante. I più significativi sono sicuramente castel Coldrano, - Centro di formazione e cultura venostano -, Castelbello con esposizione permanente sulla Via Claudia Augusta e la residenza estiva di Reinhold Messner, Juval, in alto sulla montagna. Il variegato microclima con molto sole, precipitazioni limitate e una brezza fresca durante la notte, favorisce una viticultura relativamente giovane, differenziata e di qualità. Castelbello-Ciardes con 25,5 ettari è la maggiore località vitivinicola della Val Venosta, in cui maturano Chardonnay, Pinot bianco, Pinot grigio, Gewürztraminer/ Termeno aromatico, Riesling, Schiava, Zweigelt e Pinot nero.

Percorso Morter, Laces, Castelbello, Ciardes

Da Silandro tra meleti, prati e boschi – sul lato meridionale della valle, più fresco – passando per Morter si raggiunge Laces. Il percorso ciclabile attraversa il vivace centro del comune, che merita una visita e conduce poi all'Adige, che segue in direzione di Castelbello attraverso una gola. Qui si percepisce in modo particolare che in Val Venosta i ciclisti sono i benvenuti: il percorso ciclabile ha un posizionamento ed un ruolo rilevante lungo tutto l'attraversamento del paese, cosa che succede altrimenti solo con le strade carrozzabili. L'ufficio informazioni si trova direttamente sulla strada. Si prosegue lungo l'Adige, affiancato anche dalla ferrovia della Venosta. Quest'ultima collega la Val Venosta al resto dell'Alto Adige ed è perfettamente strutturata per il trasporto di biciclette e ciclisti.

Info aggiuntive su alcune attrazioni nelle cartine

- Il comune di Laces comprende la località principale e le due frazioni di Coldrano e Morter a valle nonché Tarces, situata su di un conoide di deiezione. Da vedere in particolare a Laces l'altare a portelle di Jörg Lederer nella chiesa di Santo Spirito all'Ospedale. Per le sue pitture murali la cappella di Santo Stefano del castello in rovina di Montani di Sopra a Morter è considerata la cappella Sistina dell'Alto Adige. Castel Coldarno, che fu costruito in varie fasi edilizie a partire dal 1475, colpisce in particolare per il suo muro perimetrale rettangolare, per i portali, le scale esterne e per

i loggiati. Inoltre tutte le parti architettoniche importanti sono di marmo bianco. Va menzionato anche il menhir di Laces, risalente a 5000 anni fa: lo si può vedere al lunedì nella chiesa di Santa Maria in Colle all'ingresso del paese, là dove fu trovato.

- La posizione nel punto più stretto della vallata conferisce un aspetto particolare al paese, con l'omonimo castello posto su di uno sperone roccioso direttamente sulla strada. 39020 Castelbello, via Statale 5, 0039/0473 624 193, visite guidate 17 giu. -14 set. mar. - dom alle ore 11, 14, 15 e 16. Numero minimo partecipanti: 4 persone, www. schloss-kastelbell.com. Da vedere anche il Waalweg, il sentiero d'acqua. Ciardes, unita a Castelbello nel 1928, è situata su di un cono di deiezione sul lato soleggiato della valle che comincia a riaprirsi. Juval, la residenza estiva di Reinhold Messner, al di sopra dell'ingresso della val Senales, avvince con la raccolta di oggetti tibetani del Messner Mountain Museum. Castelbello, Juval 3, 0039/348 443 38 71, aperto dalla 4^ domenica di marzo fino al 30 giu.. e dal 1° set. alla prima domenica di nov. dalle 10 alle 16, chiuso il mercoledì, www.messner-mountain-museum.it

Cucina regionale come 2000 anni fa

Anche qui potreste trovare un ristorante che propone nel menù un piatto come si cucinava 2000 anni fa.

Alloggi e strutture per il campeggio nelle cartine e nell'appendice

Domande ed informazioni sulla sezione nell'appendice

- ■ Hotline informazioni per gli ospiti Val Venosta, 0039/0473 620480
- ■ Hotline Via Claudia Augusta, 0043(0)664 27 63 555

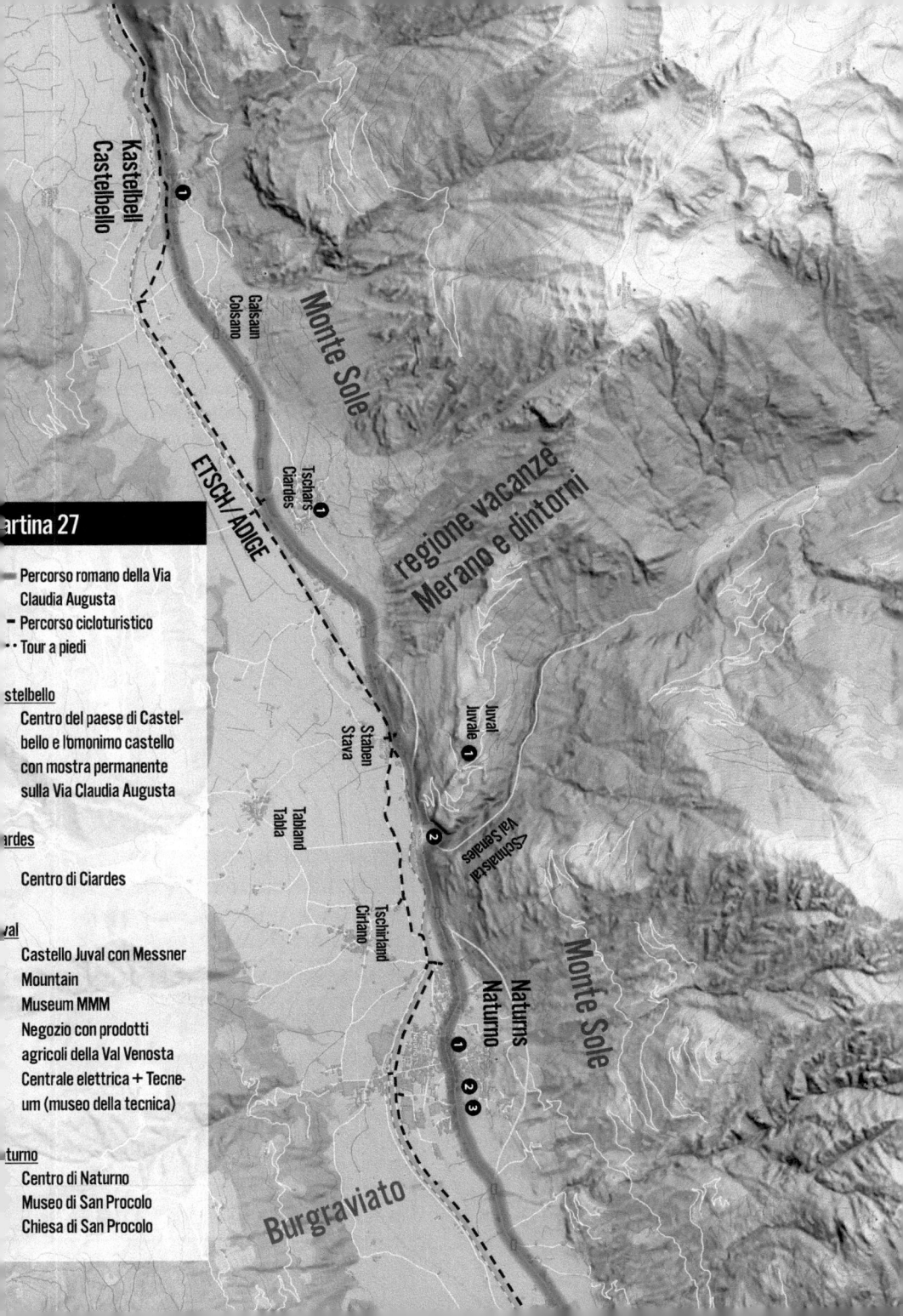

Kastelbell
Castelbello

Galsaun
Colsano

Monte Sole

Tschars
Ciardes

ETSCH / ADIGE

regione vacanze
Merano e dintorni

Staben
Stava

Juval
Juvale

Tabland
Tabla

Val Senales
Schnalstal

Tschirland
Cirlano

Naturns
Naturno

Monte Sole

Burgraviato

artina 27

— Percorso romano della Via
   Claudia Augusta
— Percorso cicloturistico
•• Tour a piedi

stelbello
   Centro del paese di Castelbello e l'omonimo castello
   con mostra permanente
   sulla Via Claudia Augusta

iardes
   Centro di Ciardes

val
   Castello Juval con Messner
   Mountain
   Museum MMM
   Negozio con prodotti
   agricoli della Val Venosta
   Centrale elettrica + Tecne-
   um (museo della tecnica)

turno
   Centro di Naturno
   Museo di San Procolo
   Chiesa di San Procolo

I Comuni di Naturno, Plaus e Parcines fino a Tel appartengono geograficamente alla Val Venosta, ma fanno parte della Comunità comprensoriale del Burgraviato e dell'Associazione turistica "Merano e dintorni". Le prime tracce d'insediamento sul giogo posto a sud risalgono al Mesolitico. Il nome Naturno è da ricondurre all'epoca celtica e significa "insediamento nella piana alluvionale". Il territorio fu costantemente popolato. Uno dei due miliari della Via Claudia Augusta venne ritrovato a Rablà. Le radici della chiesetta di San Procolo nella parte orientale di Naturno risalgono al VII secolo. Gli affreschi al suo interno sono probabilmente riconducibili all' VIII secolo e sono quindi i più antichi dell'area culturale di lingua tedesca. La storia del territorio può essere vissuta con il supporto multimediale del museo di San Procolo che si trova di fronte alla chiesa.

Percorso Naturno, Plaus, Rablà, Parcines, Tel

Attraverso meleti e prati – per buona parte lungo l'Adige – ci si dirige verso Stava, Cirlano e Naturno. Il comune-mercato contende alle principali località della Val Venosta il titolo ufficioso di centro più vivace della vallata, con innumerevoli locali, negozi... Il percorso ciclabile si dipana pittorescamente lungo l'Adige con diverse possibilità di fare una breve deviazione per recarsi in centro dell'uno o dell'altro paese. Gli highlight storici e culturali di questo tratto sono il Museo di San Procolo con una splendida impostazione didattica e la chiesetta di San Procolo con eccezionali affreschi in parte del VII secolo. Lungo l'Adige si prosegue per Plaus e Rablà, dove venne ritrovato uno dei due miliari che tramandano la storia della Via Claudia Augusta. Il comune di Parcines si trova un po' più in alto rispetto al percorso. Si prosegue verso il terrazzamento di Tel, confine geografico della val Venosta, un tempo sede della dogana.

Info aggiuntive su alcune attrazioni nelle cartine

- Naturno è un centro turistico e commerciale pulsante, in cui si può passeggiare, fare acquisti e rifocillarsi. In centro, lungo la strada, sono riconoscibili le antiche locande di transito. Dal punto di vista della storia e della cultura gli highlight solo la chiesa ed il museo di San Procolo. Naturno, via San Procolo, 0039/0473 673 139, aperto 1° apr. - 2 nov., mar. - dom e festivi dalle 10 alle 12.30 e dalle 14.30

alle 17.30, lun giorno di riposo, www.naturns.it.
- A Rablà, all'ingresso dell'Hotel Hanswirt, è stata trovata una delle due pietre miliari che ci raccontano la storia della costruzione della Via Claudia Augusta. Oggi c'è una replica. L'originale si può vedere al Museo Civico di Bolzano. Dietro l'angolo si trova il più grande plastico ferroviario dell'Alto Adige.
- Parcines è il comune della Val Venosta con il maggior dislivello tra i 525 m della valle e i 3337 m del Monte Rosso. Nel pittoresco centro del paese meritano una menzione speciale la chiesa parrocchiale tardogotica di San Pietro e Paolo, il vigneto del castello del XIII secolo e il museo della macchina da scrivere, dedicato a Peter Mitterhofer, l'inventore della macchina da scrivere di Parcines. ■ Parcines, Piazza della chiesa 10, 0039/0473 967 581, aperto da aprile a ottobre dalle 14 alle 18, mar. - ven 10 – 12 e 14 – 18, sab 10 – 12, www.schreibmaschinenmuseum.c

Cucina regionale come 2000 anni fa

Anche qui potreste trovare un ristorante che propone nel menù un piatto come si cucinava 2000 anni fa.

Alloggi e strutture per il campeggio nelle cartine e nell'appendice

Domande ed informazioni sulla sezione nell'appendice

■ Informazioni turistiche Naturno, 39025 Naturno, via Municipio 1, 0039/0473 666 077
■ Informazioni turistiche Rablà & Parcines 39020 Parcines, 0039/0473 967 157
■ Hotline Via Claudia Augusta, 0043(0)664 27 63 555

Chiesa di San Procolo. Foto: Lois Lammerhuber

Masi di montagna sopra Naturno. Foto: Tschaikner

Museo San Procolo

Modello della pietra miliare della Via Claudia Augusta nel sito di Rablà.

Museo delle macchine da scrivere di Peter Mitterhofer

Attraversato il gradone presso Tel, alto 200 metri, il viaggiatore scende dalla Val Venosta al mediterraneo "paese giardino di Lagundo". L'altitudine più bassa e la posizione riparata fanno di questa zona una delle più calde d'Italia e permettono la crescita – oltre che di betulle e aceri – anche di palme, cipressi e olivi. In numerosi giardini si possono scoprire piante mediterranee che rafforzano l'impressione di attraversare il ponte tra lo spazio alpino e quello mediterraneo. Qui aveva un ponte anche la strada romana, che superava il fiume Adige nella zona di castel Foresta, per risalire il pendio e continuare verso il panoramico paese di Marlengo sul pendio occidentale sopra Merano. Ancor oggi tra Lagundo e Marlengo ci sono ponti che attraversano l'Adige. A quelli storici è dedicato il museo Testa di ponte a Lagundo. La zona non solo affascina con il suo pittoresco panorama culturale tra vino e mele, attraverso il quale conducono due dei più bei "Waalwege", i sentieri lungo le rogge, quello di Lagundo e quello di Marlengo. A Merano e dintorni si trovano anche le uniche Terme del wellness lungo la Via Claudia Augusta, i giardini di castel Trauttmansdorff o castel Tirolo. La regione è un'area di benessere a tutto tondo, in cui si possono gioiosamente gustare anche i frutti della natura.

Percorso ciclabile Lagundo, Merano, Marlengo

Dal terrazzamento di Tel comincia una delle parti più spettacolari del percorso ciclabile della Via Claudia Augusta. Il paese giardino di Lagundo vi accoglie nella parte alta con una pergola e delle sedie di enormi dimensioni, da dove si può godere un ampio panorama. Si scende poi con varie curve a luoghi, il cui paesaggio evidenzia per la prima volta un carattere decisamente mediterraneo. A Lagundo e nella vicina città di cura di Merano le palme ed altre piante mediterranee non sono affatto una rarità. Arrivati nella parte bassa Lagundo vi accoglie con il museo "Testa di ponte", dedicato ai resti del ponte medievale sull'Adige, che si trovava nel luogo in cui presumibilmente anche i Romani attraversavano il fiume. Questa era infatti l'ultima possibilità prima che il fiume si allargasse nell'intera vallata. Seguono due alternative: o prendere la pista ciclabile che costeggia Merano, da cui si può raggiungere facilmente anche il centro, con i suoi famosi Portici e il Kurhaus, o attraversare l'Adige sul ponte di legno di Lagundo e arrivare a Marlengo lungo la vecchia strada.

Info aggiuntive su alcune attrazioni nelle cartine

- Sulle rive dell'Adige si trova il nuovo museo "Testa di ponte" che è dedicato alle strade storiche che qui attraversavano il fiume. Oggi esiste ancora un ponte sul quale il visitatore può raggiungere a piedi la frazione di Foresta con il suo castello e l'omonimo birrificio privato.

- Lagundo ha una chiesa moderna che vale la pena vedere. Anche se molte case sono state ristrutturate e costruite di recente, è da notare il fatto che la prosecuzione della vecchia strada di campagna che attraversa il paese rappresenta il vecchio collegamento con la città termale.

- Non è solamente il centro storico con i famosi Portici l'attrattiva di Merano, dove nella tarda antichità si trovava il fortificato Castrum Maiense. Durante un giro di circa due ore, a partire dal parcheggio presso il Museo delle Donne, si possono vedere tutte le attrazioni della città, compreso il nuovo tempio del benessere "Terme Merano" e i giardini di Sissi. Al di sopra della città troneggiano il castello avito dei conti del Tirolo e i celebri Giardini di Castel Trauttmansdorff.

- Marlengo, situato pittorescamente sul pendio, possiede un nucleo ancora ben conservato. Dal paese e soprattutto dal sentiero d'acqua (Waalweg) sopra il paese, il più lungo dell'Alto Adige con i suoi 12 km, si ha una splendida veduta della città di cura di Merano. Castel Lebenberg/Monteleone è uno dei più belli dell'Alto Adige. E' proprietà privata, ma è parzialmente visitabile.

Cucina regionale come 2000 anni fa

Anche qui potreste trovare un ristorante che propone nel menù un piatto come si cucinava 2000 anni fa.

Alloggi e strutture per il campeggio nelle cartine e nell'appendice

---

Domande ed informazioni sulla sezione nell'appendice

■ Informazioni turistiche 39022 Lagundo, piazza Hans Gamper 3, 0039/0473 448 600
■ Informazioni turistiche 39020 Marlengo, Piazza Chiesa 5, 0039/0473 447 147
Via Claudia Augusta Hotline, 0043(0)664 27 63 555

artina 28

Percorso romano della Via Claudia Augusta

Percorso cicloturistico

Tour a piedi

blà
- Modello della pietra miliare della Via Claudia Augusta
- Mondo treno
- Vitalpina Hotel Waldhof ****, via Hans Guet 42, www.hotelwaldhof.com, 0039/0473 96 80 88, VI-VII

rcines
- Centro storico di Parcines
- Museo delle macchine da scrivere Peter Mitterhofer
- Roggia di Parcines e Lagundo
- Cascata di Parcines
- Roggia di Parcines e Lagundo
- Gradone di Tel

gundo
- Roggia di Lagundo

2 I Troni di Trauttmansdorff
3 Chiesa parrocchiale
4 Museo Testa di Ponte
5 Attuale ponte sull'Adige
6 Birreria e castel Forst
1 Garni Franz Leiter, via Steinach. 8, www.garni-franzleiter.it, 0039/0473 448369, III-IV

Tirolo
1 Castel Tirolo

Merano
1 Museo delle donne
2 Museo civico
3 Portici
4 Castello principesco
5 Centro espositivo "Merano Arte"
6 Chiesa parrocchiale di San Nicolò
7 "Ponte romano"
8 Passeggiata Lungopassirio
9 Parco Sissi
10 Terme Merano

Merano
11 Museo ebraico
12 Giardini di Castel Trauttmansdorff e museo del turismo "Touriseum"

Marlengo
1 Roggia di Marlengo

2 Scultura "piccola piazza del Tirolo"

Baslan/Cermes
1 Castel "Lebenberg"

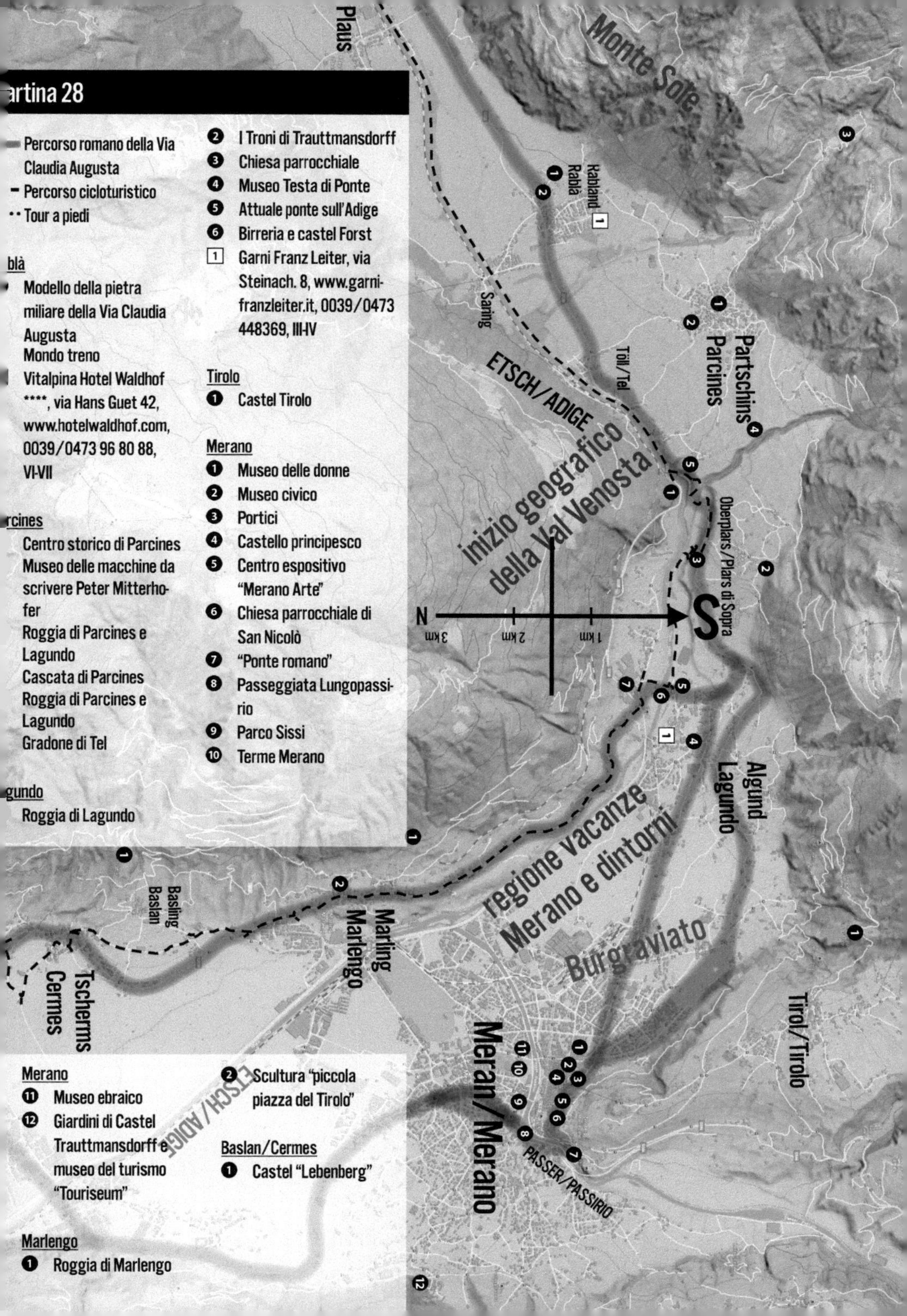

Il paese panoramico di Marlengo e il paese-giardino di Lagundo lungo la strada romana a sud e a nord del ponte romano attraverso l'Adige

La storica testa di ponte a Lagundo

I giganteschi Troni di Trauttmansdorff nel paese-giardino di Lagundo

Attuale ponte sull'Adige fra Lagundo e la località di Foresta con la birreria Forst

Merano città termale

Le Terme Merano

Il panoramico paese di Marlengo

Castel Trauttmansdorff con i suoi famosi giardini

Attraverso la Val d'Adige tra Merano e Bolzano la strada romana passava sul pendio occidentale. Sulle numerosa colline esistevano già insediamenti preistorici. A Nalles gli archeologi hanno scoperto una casa tardo antica con riscaldamento a pavimento, bagno ed un'abside. Il Rio Lagundo a Gargazzone segnava il confine tra le province romane Raetia I e Raetia II. Il territorio fu sempre zona di confine e lo è tutt'ora. A partire dal XIII secolo furono costruite numerose fortezze che ne fecero la regione più fortificata d'Europa. Le fondamenta delle due chiese di San Giorgio e Santa Margherita a Lana poste nel IX secolo indicano che alcune località sono molto antiche. La popolazione viveva di quello che donava il suolo, della strada e in alcuni casi anche dell'industria mineraria. A Nalles e a Terlano si trovavano significative miniere d'argento. Nel XV secolo nella sola Terlano 1000 minatori scavavano il minerale metallifero in oltre 30 pozzi.

A partire da Andriano l'Adige era navigabile e l'argento poteva essere portato verso sud per via d'acqua.

portanza storica. Per via delle tante rose è considerato il "paese delle rose". Andriano, uno dei più piccoli comuni dell'Alto Adige, nel 1928 venne accorpato dal re al comune di Nalles, ma dal 1953 è nuovamente autonomo. Con la residenza Stachelburg castel Bavaro/Payrsberg, castel del Cigno/Schwanburg con la sua cantina vinicola, castel Tordilupo/Wolfsthurn e la rovina di Castelforte/Festenstein, sono ben cinque i castelli che si trovano nelle due piccole località.

• Terlano, a cui appartengono anche Vilpiano a nord e Settequerce a sud, era un tempo un significativo centro minerario. Di quest'epoca testimonia la parrocchiale di Maria Assunta del XIV secolo, il cui campanile è coperto di tegole variopinte. Al di sopra della località troneggia quello che è il suo simbolo, la rovina di castel Casanova/Neuhaus, detto "Maultasch". Terlano è conosciuta oggi soprattutto per i suoi asparagi

Percorso Cermes, Lana, Nalles, Andriano, Bolzano

Da Merano si arriva a Bolzano o con la ciclabile dell'Adige, che passa lungo il fondovalle dritta come un fuso, o attraverso i pittoreschi paesi di Cermes, Lana di Sopra, di Mezzo e di Sotto, Nalles e Andriano, in cui c'è una notevole quantità di cose da scoprire e da vivere. Meritano una visita in particolare la chiesa parrocchiale di Lana di Sotto e il Museo Altoatesino della Frutticultura, proprio dietro l'angolo. Al di sopra del percorso ciclabile troneggia una residenza signorile dopo l'altra.

Info aggiuntive su alcune attrazioni nelle cartine

• La zona di confine venne popolata già in tempi antichi. Il comune allargato di Lana sorse però dall'unione dei comuni di Vill, Lana di Sopra e Lana di Sotto. Accanto ai manieri, ai castelli e alle residenze è da vedere soprattutto la parrocchiale di Maria Assunta a Lana di Sotto, con l'altare di Schnatterpeck e il Museo della Frutticultura dell'Alto Adige. Rio Lagundo, che segnava il confine di provincia romano, richiama alla natura con le molte cascate che si susseguono.

• Oggi Nalles è un comune relativamente piccolo, può però contare su di un nucleo esteso, che testimonia la sua im-

Cucina regionale come 2000 anni fa

■ Ristorante Aquila Nera
39010 Andriano, piazza S. Urbano 4, 0039/0471 510 88

Alloggi e strutture per il campeggio nelle cartine e nell'appendice

Domande ed informazioni sulla sezione nell'appendice

■ Hotline Merano e dintorni, 0039/0473 200 443
■ Via Claudia Augusta Hotline, 0043(0)664 27 63 555

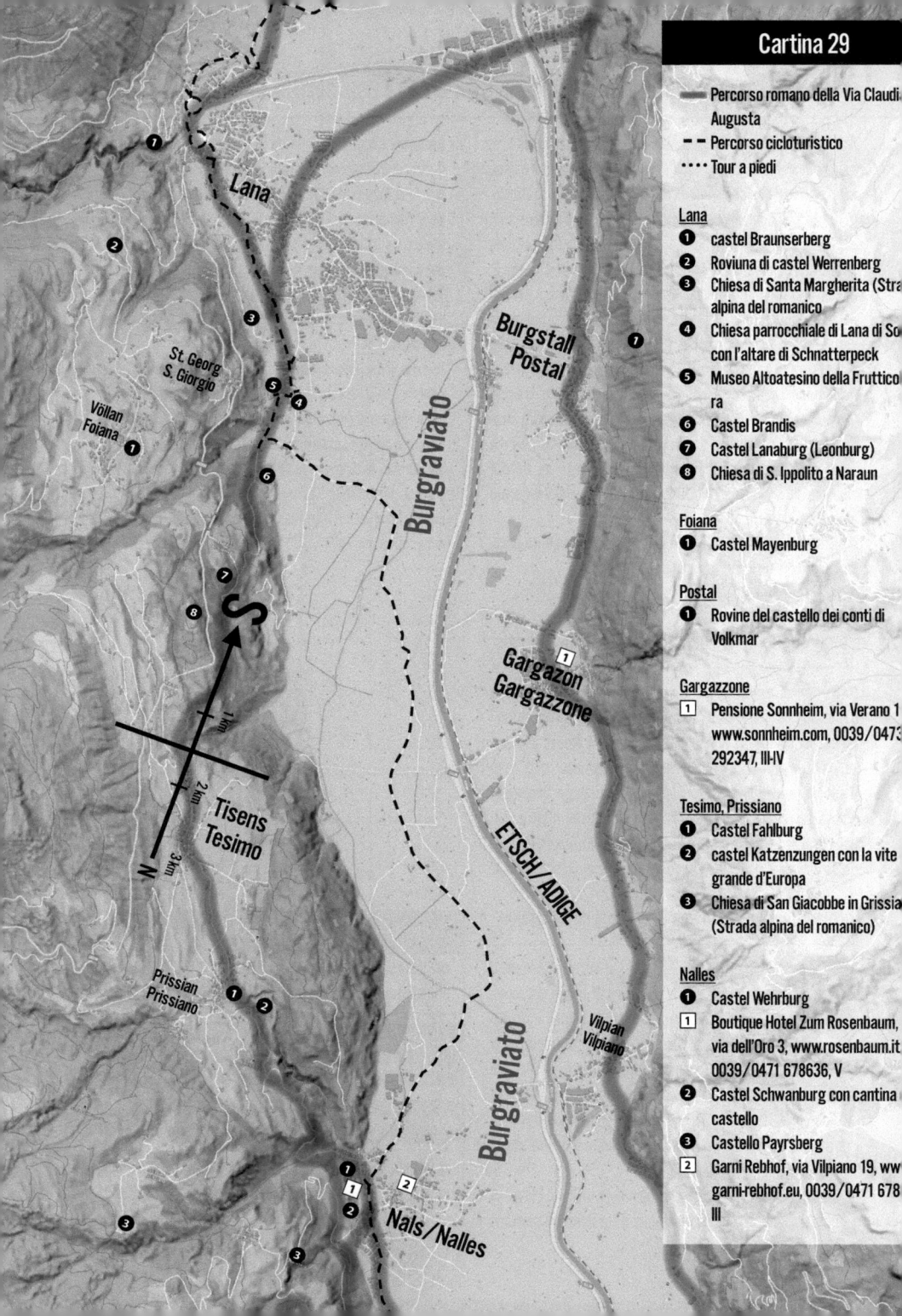

Percorso romano della Via Claudia Augusta

Percorso cicloturistico

Tour a piedi

Lana
1. castel Braunserberg
2. Roviuna di castel Werrenberg
3. Chiesa di Santa Margherita (Stra alpina del romanico
4. Chiesa parrocchiale di Lana di So con l'altare di Schnatterpeck
5. Museo Altoatesino della Frutticol ra
6. Castel Brandis
7. Castel Lanaburg (Leonburg)
8. Chiesa di S. Ippolito a Naraun

Foiana
1. Castel Mayenburg

Postal
1. Rovine del castello dei conti di Volkmar

Gargazzone
1. Pensione Sonnheim, via Verano 1 www.sonnheim.com, 0039/0473 292347, III-IV

Tesimo, Prissiano
1. Castel Fahlburg
2. castel Katzenzungen con la vite grande d'Europa
3. Chiesa di San Giacobbe in Grissia (Strada alpina del romanico)

Nalles
1. Castel Wehrburg
1. Boutique Hotel Zum Rosenbaum, via dell'Oro 3, www.rosenbaum.it 0039/0471 678636, V
2. Castel Schwanburg con cantina castello
3. Castello Payrsberg
2. Garni Rebhof, via Vilpiano 19, ww garni-rebhof.eu, 0039/0471 678 III

La zona tra Merano e Bolzano è la più ricca di castelli d'Europa. Nella foto il castello Festenstein ad Andriano.

Castel Leonburg nella zona di confine vicino a Lana. Foto: Tschaikner

Museo Altoatesino della Frutticoltura a Lana

L'altare di Schnatterpeck nella chiesa parrocchiale di Lana di Sotto

Nel "paese delle rose" Nalles

Castel d'Appiano e torre "Kreideturm"

Testimonianza del passato minerario. Foto: Associazione turistica Terlano

Si suppone che il Pons Drusi della strada romana di cui parla la tradizione si trovasse là dove oggi a Bolzano il ponte Druso scavalca il fiume Isarco poco dopo la confluenza con il Talvera. In precedenza la via doveva attraversare ai piedi di castel Firmiano l'Adige e la conca valliva, oggi quasi completamente occupata dal capoluogo della Provincia Autonoma. Esso venne creato nel 1170-1180 come insediamento mercantile dotato secondo i canoni di una via centrale e di una piazza del mercato (piazza del Grano) che in seguito fu più volte ampliato.

Percorso Bolzano (in alternativa Strade del vino)

Arrivati a Frangarto, si è ormai giu.nti a Bolzano. In alto troneggia castel Firmiano, a cui Reinhold Messner ha dato una nuova vita come Messner Moutain Museum (MMM). Qui il ciclista ha l'imbarazzo della scelta, se seguire la ciclabile dell'Adige a valle, con una possibile deviazione lungo l'Isarco verso il centro città, oppure pedalare sulla pista ciclabile lungo la Strade del vino attraverso i Comuni di Appiano e Caldaro al Lago. Nel centro di Bolzano ciò che attira è un misto di grande storia e di città al passo con i tempi, in cui lo stile di vita tedesco ed italiano interagiscono... Lungo la Strade del vino, che si raggiunge attraverso un vecchio tracciato ferroviario, sono i celebri paesi vinicoli ed il lago di Caldaro ad attirare l'attenzione.

Una passeggiata per la città

Mentre passeggia per la città, il viaggiatore può lasciare la propria auto nel parcheggio BZ Centro P8 dietro la stazione, nel piccolo parcheggio della funivia del Renon o nel garage sotterraneo di piazza Walther, dove inizia la passeggiata descritta. La piazza e il suo monumento sono dedicati al menestrello Walther von der Vogelweide. Da lì parte anche lo shuttle per il "maniero illustrato", castel Roncolo, a nord della città. Il castello conserva alcuni dei più importanti affreschi profani dell'arco alpino. 0039/0471 329 808, mar. - dom, fino al 15 marzo dalle 10 alle 17 (ultimo ingresso ore 16.30), dal 16 marzo dalle 10 alle 18 (ultimo ingresso ore17.30), www. runkelstein.info. In piazza del Grano si teneva un tempo il mercato del grano e dei cereali. Nel centro della pittoresca via dei Portici si trova il Museo mercantile 0039/0471 945 702, lun - sab dalle 10 alle 12.30, che racconta la storia economica del territorio nell'antica sede della Camera di Commercio.

All'estremità orientale della via si trova il municipio. Poco più avanti vi attende il Museo di torre "Kreideturm" dell'Alto Adige 0039/0471 412 964, aperto mar. - dom dalle 10 alle 18, www.naturmuseum.it. Chi vuole godersi una bella vista sulla città, farà bene a raggiungere l'altopiano del Renon con la funivia, la cui stazione a valle si trova a pochi minuti di distanza a piedi dal centro, in attività tutto l'anno www.ritten. com. La via dei Francescani conduce all'omonima chiesa e al suo convento ed infine alla parte occidentale dei Portici. Un poco più ad ovest si trovano il Museo archeologico dell'Alto Adige con "Ötzi" 0039/0471 320 100, in lug., ago. e dic. tutti i giorni dalle 10 alle 18, negli altri mesi lun. giorno di riposo, ultimo ingresso ore 17.30, www.iceman.it, e il Museo Civico con una delle due pietre miliari originali, che costituiscono la testimonianza scritta della Via Claudia Augusta 0039/0471 997 960, mar. - dom dalle 10 alle 18. Attraverso ponte Talvera si raggiunge il monumento alla Vittoria, uno degli ultimi monumenti eretti in epoca fascista rimasti. Utilizzando il nuovo ponte ciclabile e quello pedonale il percorso riattraversa il Talvera e conduce direttamente al "Museion", il museo di arte moderna e contemporanea 0039/0471 223413, aperto mar. - dom dalle 10 alle 18, ultimo ingresso alle ore 17.30; gio dalle 10 alle 22, visita guidata gratuita ore 19, ultimo ingresso ore 21.30, www.museion.it. Bolzano vanta anche un teatro civico e una sala da concerti. Degna conclusione del tour della città è il duomo di Maria Assunta costruito tra il XIII e il XV secolo, che si trovava un tempo al di fuori delle mura cittadine, con il Tesoro del Duomo. 0039/0471 978 676 mar-sab dalle 10 alle 12.

Cucina regionale come 2000 anni fa

Anche qui potreste trovare un ristorante che propone nel menù un piatto come si cucinava 2000 anni fa.

Alloggi e strutture per il campeggio nelle cartine e nell'appendice

Domande ed informazioni sulla sezione nell'appendice

■ Informazioni turistiche della città di Bolzano, via Alto Adige 60, 0039/0471 307000
■ Via Claudia Augusta Hotline, 0043(0)664 27 63 555

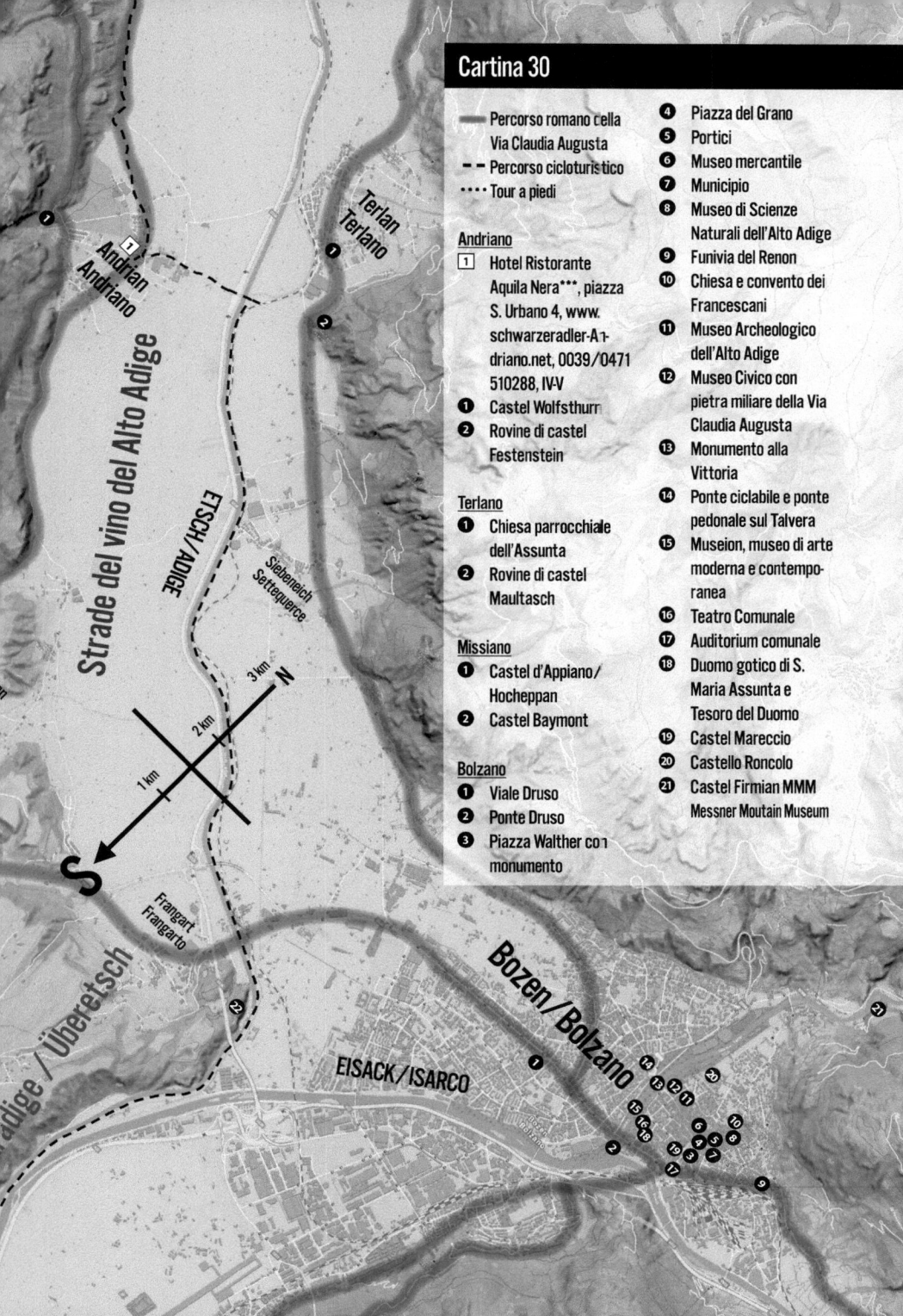

Cartina 30

―― Percorso romano della
  Via Claudia Augusta
‐ ‐ ‐ Percorso cicloturistico
..... Tour a piedi

Andriano

1 Hotel Ristorante
  Aquila Nera***, piazza
  S. Urbano 4, www.
  schwarzeradler-An-
  driano.net, 0039/0471
  510288, IV-V
① Castel Wolfsthurn
② Rovine di castel
  Festenstein

Terlano

① Chiesa parrocchiale
  dell'Assunta
② Rovine di castel
  Maultasch

Missiano

① Castel d'Appiano/
  Hocheppan
② Castel Baymont

Bolzano

① Viale Druso
② Ponte Druso
③ Piazza Walther con
  monumento

④ Piazza del Grano
⑤ Portici
⑥ Museo mercantile
⑦ Municipio
⑧ Museo di Scienze
  Naturali dell'Alto Adige
⑨ Funivia del Renon
⑩ Chiesa e convento dei
  Francescani
⑪ Museo Archeologico
  dell'Alto Adige
⑫ Museo Civico con
  pietra miliare della Via
  Claudia Augusta
⑬ Monumento alla
  Vittoria
⑭ Ponte ciclabile e ponte
  pedonale sul Talvera
⑮ Museion, museo di arte
  moderna e contempo-
  ranea
⑯ Teatro Comunale
⑰ Auditorium comunale
⑱ Duomo gotico di S.
  Maria Assunta e
  Tesoro del Duomo
⑲ Castel Mareccio
⑳ Castello Roncolo
㉑ Castel Firmian MMM
  Messner Moutain Museum

Terlan
Terlano

Andrian
Andriano

Strade del vino del Alto Adige

ETSCH / ADIGE

Siebeneich
Settequerce

3 km

N

2 km

1 km

S

Frangart
Frangarto

...adige / Überetsch

EISACK / ISARCO

Bozen / Bolzano

Piazza Walther con monumento e duomo gotico di S. Maria Assunta. Foto: Azienda di Soggiorno Bolzano

Pietra miliare della Via Claudia Augusta nel Museo Civico. Foto:

Bolzano. Foto: Luca Ognibeni

"Ötzi" nel museo archeologico dell'Alto Adige. Foto: Azienda di Soggiorno Bol

Ponte Talvera e "Museion". Foto: Seehauser

I po

Costruire o mantenere i ponti in buono stato era costoso e dispendioso. Per tale motivo ce n'erano pochi ed era necessario tracciare una strada sul pendio da ambo i lati del fiume. Una strada romana potrebbe essere passata all'incirca là dove oggi si snoda la Strade del vino, attraverso i famosi paesi vinicoli di San Paolo, San Michele, Caldaro al lago, Termeno, Cortaccia, Magré e Cortina all'Adige. La vera e propria Via Claudia Augusta continuava probabilmente a sud sul pendio orientale, ai piedi dell'imponente altura di Castelfeder presso Ora, già abitata da millenni. E si pensa proseguisse verso la stazione di sosta romana di Endidae, attestata nei documenti, presso l'attuale Egna, e verso Salorno, dove un tempo si trovava la tanto decantata "chiusa di Salorno". Da Bronzolo, - nelle vicinanze di Laives, la città altoatesina più meridionale e al tempo stesso più recente -, l'Adige era navigabile con le zattere e fino alla costruzione della ferrovia costituì il principale fattore economico del Tirolo meridionale e del Trentino.

Bassa Atesina (Val d'Adige o Strade del vino)

La pista ciclabile si snoda lungo l'Adige, verso Vadena, alla periferia di Laives, divenuta una città, e verso Bronzolo, tra le quali, lungo il fiume, si trova l'antico punto di partenza del trasporto di carichi pesanti su zattere. Poco prima di Ora si può scegliere tra il percorso lungo l'Adige e quello lungo la Strade del vino. Il percorso della Strade del vino passa per i pittoreschi paesi vinicoli di Termeno, Cortaccia, Magré e Cortina all'Adige per arrivare a Salorno. La variante sull'Adige porta inizialmente ad Ora. L'animata località si trova ai piedi dell'imponente collina di Castelfeder. Segue poi Egna, che un tempo ospitava la stazione di sosta romana di Endidae. Si arriva a Laghetti, la frazione di Egna, il cui nome deriva probabilmente da un lago, creato dallo sbarramento formato dai detriti del fiume Noce. Si giunge infine, là dove la valle si restringe, al pittoresco paese di Salorno. Il castello di Salorno/Haderburg faceva parte del sistema di difesa di questo luogo strategicamente importante, che costituisce oggi il confine tra il territorio con maggioranza linguistica tedesca e quello di lingua italiana.

Info aggiuntive su alcune attrazioni nelle cartine

- Laives, Bronzolo e Vadena sono – a parte Bolzano – alcuni dei pochi luoghi abitati in maggioranza da altoatesini di lingua italiana.

- Più località formano l'esteso comune di Appiano nella parte nord del cosiddetto "Oltradige", un paesaggio collinare che spicca sopra il fondovalle. Nel 2005 a San Paolo gli archeologi hanno scoperto i resti di una villa romana con un pavimento a mosaico del IV secolo e una zona termale. Il comune venne citato per la prima volta già nel 590. Oggi la località principale, San Michele, così come quella originaria, San Paolo, con uno dei campanili più alti della provincia, dispongono di pittoreschi centri storici. Il paese vinicolo di Caldaro al lago con il suo pittoresco centro chiuso al traffico si trova ai piedi del massiccio della Mendola ed è separato dal fiume Adige dal Monte di Mezzo. A sud della località principale il paesaggio, segnato dalle colture vinicole, declina verso il lago di Caldaro, un gioiello naturale protetto, ritenuto il lago balneabile più caldo a sud delle Alpi.

- Una parte degli scavi della stazione di sosta romana di Endidae sono ancora visibili e visitabili.

- A Salorno la valle dell'Adige si restringe formando la chiusa di Salorno. Le località di Salorno e di Pochi risalgono a insediamenti di epoca romana, già nel 575 a.C. Il paese colpisce per il pittoresco centro antico, sopra cui troneggia castel Salorno/Haderburg.

- Termeno è famosa per il vitigno Gewürztraminer (Termeno aromatico) e ha un esteso centro antico. Cortaccia era abitata già nel Mesolitico, come testimoniano i ritrovamenti archeologici e a partire dal IV secolo abbracciò la fede cristiana grazie a san Vigilio, a cui è dedicato un santuario romanico del 1300.

Domande ed informazioni sulla sezione nell'appendice

■ Informazioni turistiche 39055 Laives (anche per Bronzolo e Vadena), via Kennedy 75/D, 0039/0471 950 420
■ Informazioni turistiche 39040 Ora (anche per Egna e Salorno), piazza Principale 4, 0039/0471 81 02 31
■ Informazioni turistiche 39052 Caldaro al lago, piazza del Mercato 8, 0039/0471 96 31 69
■ Informazioni turistiche 39040 Termeno sulla Strade del vino, via Mindelheimer 10A, 0039/0471 860 131
■ Informazioni turistiche 39040 Cortaccia (anche per Magré e Cortina), piazza Hauptmann Schweiggl 8, 0039/0471 880 100
■ Hotline Via Claudia Augusta C043(0)664 27 63 555

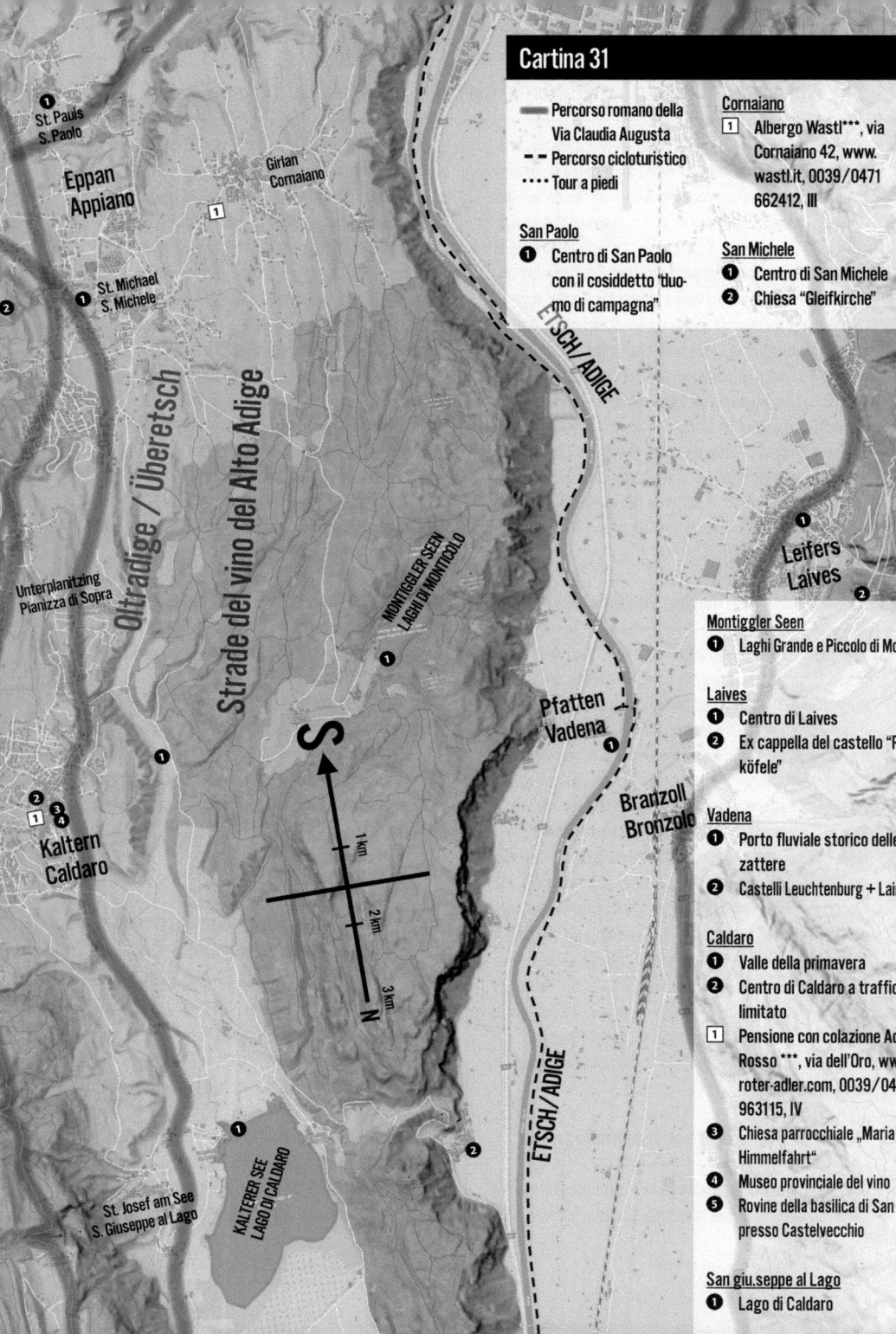

Cartina 31

- ▬▬▬ Percorso romano della Via Claudia Augusta
- ▬ ▬ Percorso cicloturistico
- ⋯⋯ Tour a piedi

San Paolo
- ❶ Centro di San Paolo con il cosiddetto 'duomo di campagna'

Cornaiano
- 1️⃣ Albergo Wastl***, via Cornaiano 42, www.wastl.it, 0039/0471 662412, III

San Michele
- ❶ Centro di San Michele
- ❷ Chiesa "Gleifkirche"

Montiggler Seen
- ❶ Laghi Grande e Piccolo di Mont

Laives
- ❶ Centro di Laives
- ❷ Ex cappella del castello "Pe▼ köfele"

Vadena
- ❶ Porto fluviale storico delle zattere
- ❷ Castelli Leuchtenburg + Laimb

Caldaro
- ❶ Valle della primavera
- ❷ Centro di Caldaro a traffico limitato
- 1️⃣ Pensione con colazione Aqui Rosso ***, via dell'Oro, www roter-adler.com, 0039/0471 963115, IV
- ❸ Chiesa parrocchiale „Maria Himmelfahrt"
- ❹ Museo provinciale del vino
- ❺ Rovine della basilica di San Pi▼ presso Castelvecchio

San giu.seppe al Lago
- ❶ Lago di Caldaro

Map labels:
- St. Pauls / S. Paolo
- Eppan / Appiano
- Girlan / Cornaiano
- St. Michael / S. Michele
- Oltradige / Überetsch
- Strade del vino del Alto Adige
- Unterplanitzing / Pianizza di Sopra
- MONTIGGLER SEEN / LAGHI DI MONTICOLO
- Kaltern / Caldaro
- St. Josef am See / S. Giuseppe al Lago
- KALTERER SEE / LAGO DI CALDARO
- ETSCH / ADIGE
- Pfatten / Vadena
- Branzoll / Bronzolo
- Leifers / Laives
- S / N
- 1 km / 2 km / 3 km

Vista da Castelfeder in direzione sud. Foto: Associazione turistica Castelfeder

Endidae. Foto: SMG

ENDIDAE

Lago di Caldaro. Foto: Associazione turistica Caldaro

Castel Haderburg sopra Salorno

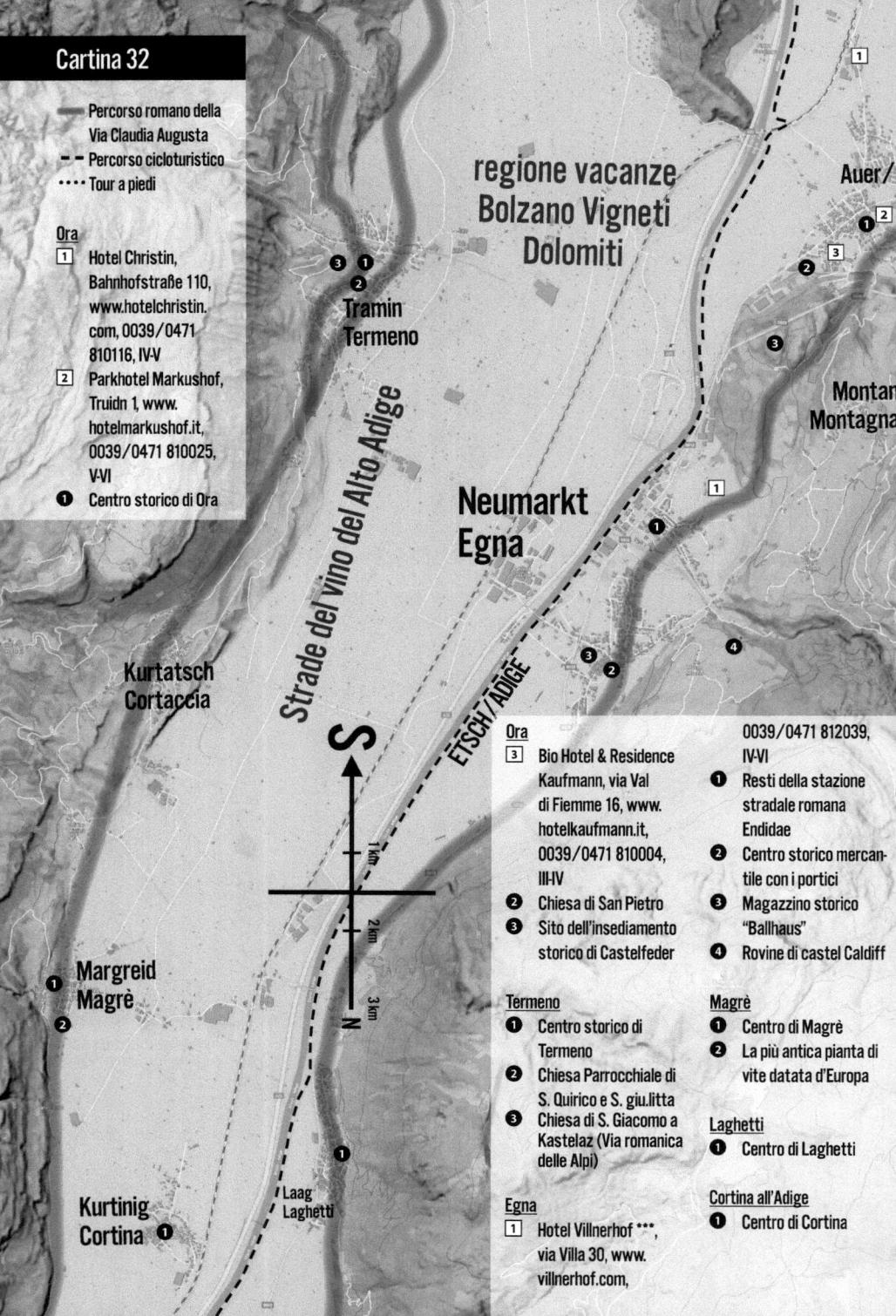

Cartina 32

- ━━━ Percorso romano della Via Claudia Augusta
- ╴╴╴ Percorso cicloturistico
- ···· Tour a piedi

Ora
- [1] Hotel Christin, Bahnhofstraße 110, www.hotelchristin.com, 0039/0471 810116, IV-V
- [2] Parkhotel Markushof, Truidn 1, www.hotelmarkushof.it, 0039/0471 810025, V-VI
- ❶ Centro storico di Ora

regione vacanze
**Bolzano Vigneti
Dolomiti**

Auer/O

Tramin
Termeno

Montan
Montagna

Kurtatsch
Cortaccia

**Neumarkt
Egna**

Strade del vino del Alto Adige

ETSCH/ADIGE

S

N

1 km

2 km

3 km

Margreid
Magrè

Ora
- [3] Bio Hotel & Residence Kaufmann, via Val di Fiemme 16, www.hotelkaufmann.it, 0039/0471 810004, III-IV
- ❷ Chiesa di San Pietro
- ❸ Sito dell'insediamento storico di Castelfeder

Termeno
- ❶ Centro storico di Termeno
- ❷ Chiesa Parrocchiale di S. Quirico e S. giu.litta
- ❸ Chiesa di S. Giacomo a Kastelaz (Via romanica delle Alpi)

Egna
- [1] Hotel Villnerhof ***, via Villa 30, www.villnerhof.com,

0039/0471 812039, IV-VI
- ❶ Resti della stazione stradale romana Endidae
- ❷ Centro storico mercantile con i portici
- ❸ Magazzino storico "Ballhaus"
- ❹ Rovine di castel Caldiff

Magrè
- ❶ Centro di Magrè
- ❷ La più antica pianta di vite datata d'Europa

Laghetti
- ❶ Centro di Laghetti

Cortina all'Adige
- ❶ Centro di Cortina

Kurtinig
Cortina

Laag
Laghetti

Il materiale detritico che il fiume Noce portava dalla val di Non creò un tempo uno sbarramento che bloccò le acque dell'Adige formando un vasto lago che riempì tutta la valle. Formava un confine naturale tra i Comuni della porzione meridionale dell'Alto Adige, della Val di Non e quelli a nord della città di Trento. Questo, assieme ad altre cause, spiega come essendo divenuto difficile il contatto tra le località, si sia formata qui la frontiera tra l'area linguistica tedesca e quella italiana. La popolazione della Piana Rotaliana parla oggi italiano senza eccezioni. L'acqua tracciò anche un confine attraverso la regione, infatti Mezzocorona (Kronmetz), il suo attuale centro agricolo, ha un'impronta piuttosto tedesca, mentre ad esempio i tradizionali centri commerciali di Mezzolombardo all'ingresso della Val di Non e Lavis all'imbocco della valle dell'Avisio con i loro notevoli palazzi hanno piuttosto un carattere italiano. Oggi il lago appartiene alla storia. La pianura sui terreni portati dal fiume Noce è particolarmente fertile. L'intera Piana Rotaliana e i suoi pendii sono coperti da vigneti, in cui maturano le famose uve Teroldego, una specialità del territorio. Lo sviluppo di questa area fu fortemente influenzato dall'antico monastero di San Michele all'Adige, che ancor oggi ospita presso l'Istituto Agrario il centro di competenza agricolo per l'intero Trentino e che nel Museo degli Usi e Costumi della Gente Trentina illustra la vita e gli usi di tutto il territorio. Di tutti i castelli e le fortificazioni presenti castel San Gottardo, annidato nella roccia dietro Mezzocorona, è certamente il più noto.

Percorso ciclabile attraverso la Piana Rotaliana

Se si rimane sulla ciclabile dell'Adige e non si segue il percorso ciclistico attraverso la Piana Rotaliana, si perdono alcune cose. Nella pianura dove il Noce sfocia nell'Adige quasi ogni metro viene utilizzato per la coltivazione dell'uva Teroldego, che ha qui la propria patria. Il percorso ciclabile porta dapprima a Roverè della Luna e quindi a Mezzocorona, il centro agricolo della piana, sopra cui troneggia castel San Gottardo, costruito nella roccia. Con una funivia si arriva all'altopiano "Monte" in alto sulla montagna, da cui si gode di una magnifica vista sulla pianura. Segue Mezzolombardo, il centro commerciale del territorio, mentre San Michele ne era tradizionalmente il centro culturale, a causa dell'antico convento, in cui ancor oggi ha sede il centro di competenza agricolo del Trentino, ma attira l'attenzione anche per un museo etnografico che merita di essere visto. Nel sud della Piana Rotaliana ci sono infine l'antico porto fluviale di Nave San Rocco, Zambana, celebre per gli asparagi e Lavis, che attrae per

il suo bel centro ed i giardini pensili dietro di esso.

Info aggiuntive su alcune attrazioni nelle cartine

- Nel pittoresco centro antico di Roverè della Luna, il primo comune di lingua italiana, c'è da vedere in particolare l'antica cappella cimiteriale di Sant'Anna del tardo XV secolo.
- Ritrovamenti preistorici indicano che Mezzocorona era abitata già prima dell'arrivo dei Romani. Come testimoniano gli scavi, era anche un punto importante sulla strada romana. Da vedere a Mezzocorona anche l'ampia piazza della chiesa.
- Sopra Mezzolombardo ci sono la chiesa di San Pietro ed il Castello della Torre.
- Museo degli Usi e Costumi della Gente Trentina ■ San Michele all'Adige, Via Mach 2, 0039/046 650 314, aperto tutti i giorni dalle 9 alle 12.30 nonché dalle 14.30 alle 18, chiuso solamente 1° nov., 25 dic. e 1° gen. www.museosanmichele.it.
- Il paese vinicolo di Faedo domina la valle come un nido d'aquila.
- Dell'antico centro rimane solamente la chiesa. Il resto venne completamente sepolto da una catastroca frana nel 1955.
- Lavis ha un pittoresco nucleo storico con numerosi edici da vedere. Merita in particolare di essere menzionato il misterioso giardino pensile dei "Ciucioi", che domina la valle sottostante con le sue romantiche rovine.

Cucina regionale come 2000 anni fa

■ Hotel Garnì B&B "La Vigna", Via Postal 49a, 38010 San Michele all'Adige, 0039/0461 650276

Alloggi e strutture per il campeggio nelle cartine e nell'appendice

---

Domande ed informazioni sulla sezione nell'appendice

■ Informazioni turistiche Consorzio Turistico Piana Rotaliana-Königsberg, 38017 Mezzolombardo, Corso del Popolo 35, 0039/0461 175 25 25 (italiano ed inglese)
■ Hotline Via Claudia Augusta, 0043(0)664 27 63 555

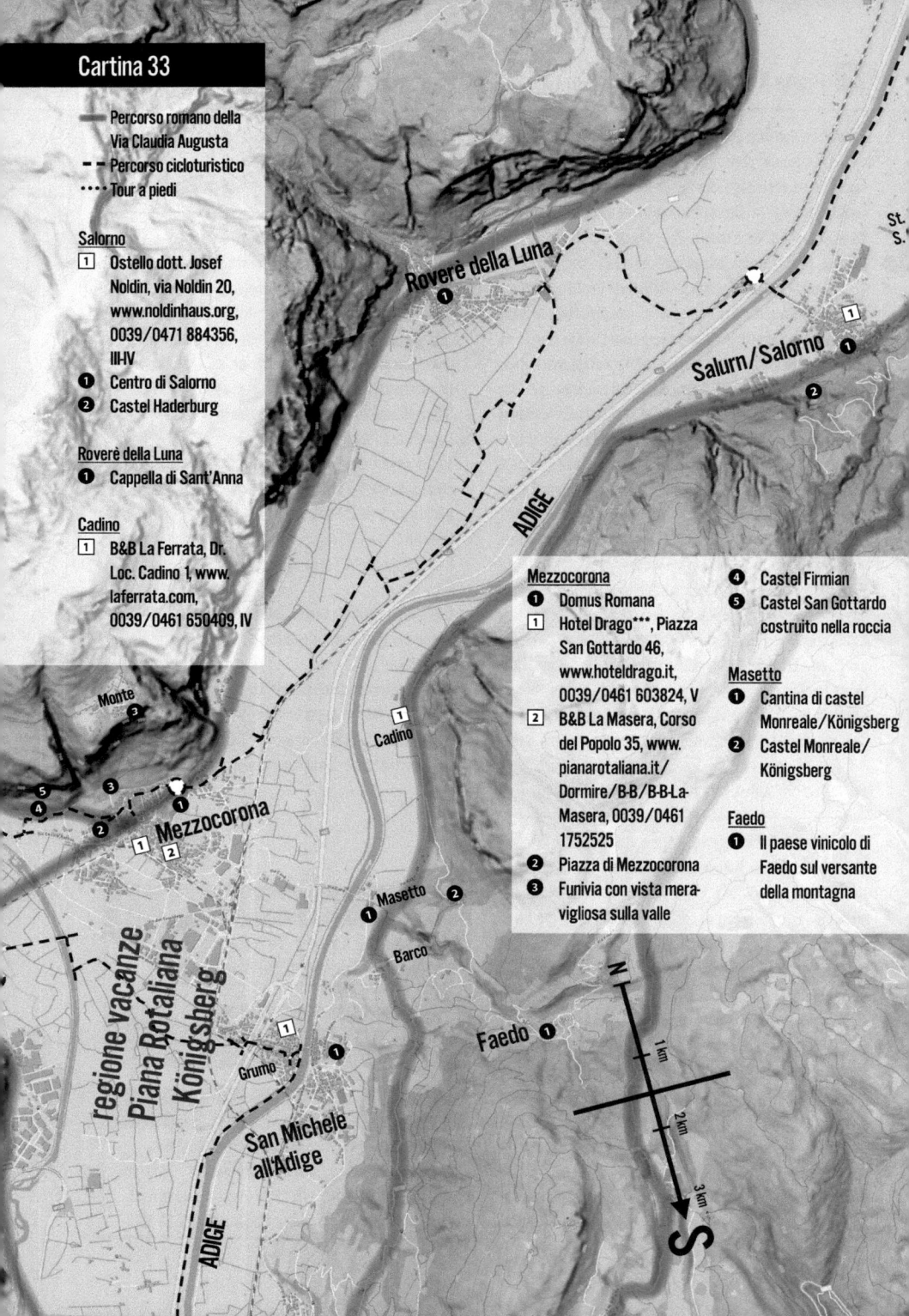

Cartina 33

Percorso romano della Via Claudia Augusta

- - - **Percorso cicloturistico**

····· **Tour a piedi**

Salorno

1️⃣ Ostello dott. Josef Noldin, via Noldin 20, www.noldinhaus.org, 0039/0471 884356, III-IV

1 Centro di Salorno

2 Castel Haderburg

Roverè della Luna

1 Cappella di Sant'Anna

Cadino

1️⃣ B&B La Ferrata, Dr. Loc. Cadino 1, www.laferrata.com, 0039/0461 650409, IV

Mezzocorona

1 Domus Romana

1️⃣ Hotel Drago***, Piazza San Gottardo 46, www.hoteldrago.it, 0039/0461 603824, V

2️⃣ B&B La Masera, Corso del Popolo 35, www.pianarotaliana.it/Dormire/B-B/B-B-La-Masera, 0039/0461 1752525

2 Piazza di Mezzocorona

3 Funivia con vista meravigliosa sulla valle

4 Castel Firmian

5 Castel San Gottardo costruito nella roccia

Masetto

1 Cantina di castel Monreale/Königsberg

2 Castel Monreale/Königsberg

Faedo

1 Il paese vinicolo di Faedo sul versante della montagna

Roverè della Luna

Salurn/Salorno

St. S.

ADIGE

Monte

Cadino

Mezzocorona

Masetto

Barco

regione vacanze Piana Rotaliana Königsberg

Grumo

San Michele all'Adige

Faedo

ADIGE

N

1 km

2 km

3 km

S

Piana Rotaliana

Castel San Gottardo nella grotta (Corona). Foto: Tschaikner

L'ex convento di San Michele all'Adige.

Giardino pensile dei "Ciucioli" sopra Lavis. Foto: A. Ceolan

Mezzolombardo

La Tridentum romana sotto il centro storico di Trento.

Il paesaggio rinascimentale di Trento. Foto (3): APT Trento

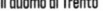
Il duomo di Trento

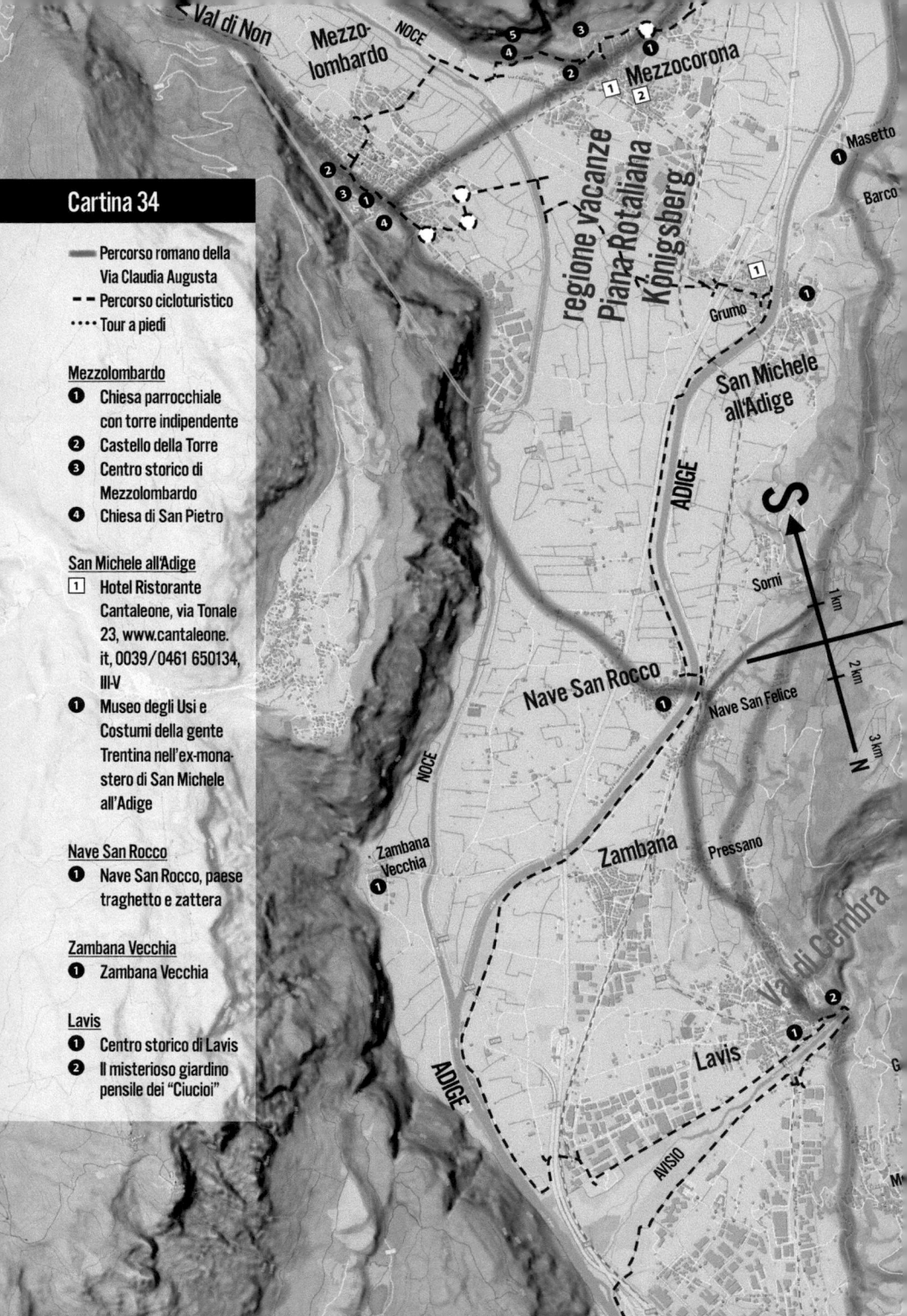

Cartina 34

- ▬▬▬ Percorso romano della Via Claudia Augusta
- - - - Percorso cicloturistico
- ••••• Tour a piedi

Mezzolombardo
❶ Chiesa parrocchiale con torre indipendente
❷ Castello della Torre
❸ Centro storico di Mezzolombardo
❹ Chiesa di San Pietro

San Michele all'Adige
① Hotel Ristorante Cantaleone, via Tonale 23, www.cantaleone.it, 0039/0461 650134, III-V
❶ Museo degli Usi e Costumi della gente Trentina nell'ex-monastero di San Michele all'Adige

Nave San Rocco
❶ Nave San Rocco, paese traghetto e zattera

Zambana Vecchia
❶ Zambana Vecchia

Lavis
❶ Centro storico di Lavis
❷ Il misterioso giardino pensile dei "Ciucioi"

Trento – come suggerisce il nome – risale ai Reti ed era già a quel tempo un importante nodo stradale. La Via Claudia Augusta si biforcava a Tridentum in Via Claudia Augusta Altinate in direzione del porto di Altino sull'Adriatico, presso l'attuale Venezia e la Via Claudia Augusta Padana verso il porto fluviale di Ostiglia sul Po. Da lì una strada proseguiva per Roma. La successiva importanza storica della città è legata soprattutto al Concilio di Trento (1545-1563), che diede l'impulso alla Controriforma e ne determinò la cornice spirituale. In quest'epoca venne anche disegnato sostanzialmente l'aspetto dell'attuale centro storico. Lo stile rinascimentale venne in seguito completato dal barocco. Fino all'ingresso delle truppe napoleoniche, dal possente castello del Buonconsiglio i principi vescovi di Trento governarono la città e il territorio circostante.

sotterranei della Tridentum romana. Passando per via Bellenzani, bordata da palazzi rinascimentali e con il municipio ospitato a palazzo Thun, il visitatore arriva alla piazza del Duomo. Le parallele via Cavour ad ovest e via Oss Mazzurana ad est gareggiano in bellezza con la piazza, sulla quale sorgono il Museo diocesano e la cattedrale di San Vigilio. Infine la passeggiata porta al castello del Buonconsiglio, che ospita il Museo storico di Trento.

Percorso attraverso Trento verso la Valsugana

Il percorso ciclabile in direzione di Altino riporta nuovamente per una tratta nella parte nord della città, dove si inerpica sull'altura tra Val d'Adige e Valsugana, che anche la strada romana doveva superare. Sul percorso si aprono alle spalle belle vedute sulla città. Si passa anche attraverso l'Ecomuseo Argentario, che documenta il passato di questo territorio, segnato dall'industria mineraria argentifera. Arrivati in Valsugana il percorso ciclabile passa attraverso un forte di sbarramento della Prima guerra mondiale, attraverso villaggi animati e un pittoresco paesaggio naturale. A Pergine si transita tra l'altro per la rinascimentale via Maier. Il percorso ciclabile conduce quindi ai piedi del castello di Pergine e al di sopra del lago di Levico, nell'omonima città di cura fondata dagli Asburgo e sede di guarnigione.

Info aggiuntive su alcune attrazioni nelle cartine

- Il territorio cittadino comincia presso il ponte sull'Avisio di Lavis. Già da lì la vecchia strada, risalendo il pendio verso la Valsugana, proseguiva in direzione di Altino, presso Venezia.
- Tour della città: a piedi all'ingresso nella parte storica della città ad attendere il visitatore ci sono l'ufficio Informazioni turistiche e la Galleria civica d'arte contemporanea. Non lontano da qui sotto piazza Battisti vi sono gli scavi

Cucina regionale come 2000 anni fa

Anche qui potreste trovare un ristorante che propone nel menù un piatto come si cucinava 2000 anni fa.

Alloggi e strutture per il campeggio nelle cartine e nell'appendice

Domande ed informazioni sulla sezione nell'appendice

■ Informazioni turistiche APT Trento, Monte Bodone, Valle dei Laghi, 38122 Trento, Via Manci 2, 0039/0461 216 000

■ Hotline Via Claudia Augusta, 0043(0)664 27 63 555

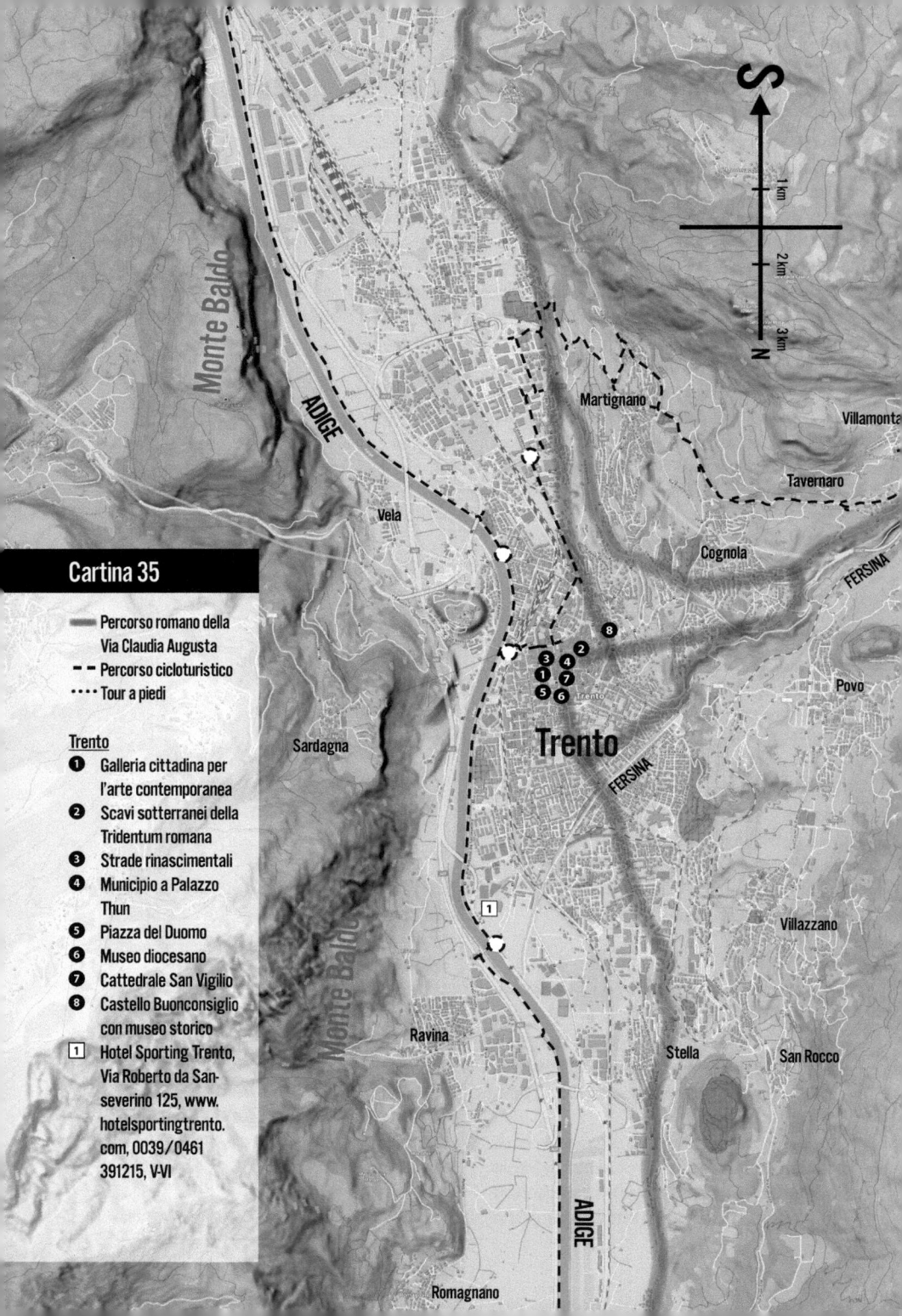

Cartina 35

Percorso romano della Via Claudia Augusta

-- -- -- **Percorso cicloturistico**

········ **Tour a piedi**

Trento

❶ Galleria cittadina per l'arte contemporanea

❷ Scavi sotterranei della Tridentum romana

❸ Strade rinascimentali

❹ Municipio a Palazzo Thun

❺ Piazza del Duomo

❻ Museo diocesano

❼ Cattedrale San Vigilio

❽ Castello Buonconsiglio con museo storico

1 Hotel Sporting Trento, Via Roberto da San-severino 125, www. hotelsportingtrento. com, 0039/0461 391215, V-VI

Gli scavi testimoniano del precoce popolamento della valle tra Trento ed il Veneto. Manieri come quello sopra Pergine servivano anche al controllo dell'importante strada. L'Alta Valsugana apparteneva da sempre all'area d'influenza di Trento. Durante la Prima guerra mondiale nella zona si combatté duramente, infatti il confine tra Austria-Ungheria e Italia passava negli immediati dintorni, a sud, al di là dell'altipiano di Lavarone. Di quest'epoca testimoniano numerosi impianti difensivi. Il territorio è caratterizzato dai due grandi laghi balneabili di Caldonazzo e di Levico. Oltretutto la Valsugana, fin dai tempi degli Asburgo, è un'apprezzata zona termale con le località di cura di Levico Terme e di Roncegno Terme.

Percorso Civezzano, Pergine V., Levico Terme

Il percorso ciclabile in direzione di Altino riporta nuovamente per una tratta nella parte nord della città, dove si inerpica sull'altura tra val d'Adige e Valsugana, che anche la strada romana doveva superare. Sul percorso si aprono alle spalle belle vedute sulla città. Si passa anche attraverso l'Ecomuseo Argentario, che documenta il passato di questo territorio, segnato dall'industria mineraria argentifera. Arrivati in Valsugana il percorso ciclabile passa attraverso un forte di sbarramento della Prima guerra mondiale, attraverso villaggi animati e un pittoresco paesaggio naturale. A Pergine si transita tra l'altro per la rinascimentale via Maier. Il percorso ciclabile conduce quindi ai piedi del castello di Pergine e al di sopra del lago di Levico, nell'omonima città di cura fondata dagli Asburgo e sede di guarnigione.

Info aggiuntive su alcune attrazioni nelle cartine

* Qui si viene accolti dalla prima delle numerose fortificazioni austroungariche della Prima guerra mondiale, posta direttamente sulla strada.
* Nella chiesa del pittoresco centro storico di Civezzano si può ammirare l'organo più antico del Trentino. La città è anche sede dell'Ecomuseo Argentario, che permette ai visitatori di vistare l'importante miniera d'argento medievale.
* La zona di Pergine Valsugana è stata abitata fin dalla preistoria e ha vissuto il suo periodo di massima fioritura grazie all'attività mineraria. L'attuale grande comune è nato tuttavia solamente nel 1928 con l'unificazione di 13

comuni. Il centro storico con il suo imponente municipio e la rinascimentale via Maier stanno a testimoniare di epoche di maggior fioritura.
* Sopra Pergine si erge l'omonimo castello, che si ritiene affondi le radici in epoca romana. Sopra Pergine si erge l'omonimo castello, che si ritiene affondi le radici in epoca romana.
* Si suppone che il tracciato storico della Via Claudia Augusta passasse a Tenna, sul crinale tra il lago di Caldonazzo e quello di Levico, luogo in cui è stata trovata una pietra miliare.
* Levico fu l'unica città dell'Alta Valsugana conquistata dagli Asburgo. Era sede di una guarnigione ed era una città di cura amata dagli Asburgo e dall'alta società austroungarica. In mezzo all'ampio centro storico con i suoi vicoli pittoreschi è situato il parco con il Grand Hotel delle Terme. A Levico si può ammirare anche un sarcofago romano.

Cucina regionale come 2000 anni fa
Anche qui potreste trovare un ristorante che propone nel menù un piatto come si cucinava 2000 anni fa.

Alloggi e strutture per il campeggio nelle cartine e nell'appendice

Domande ed informazioni sulla sezione nell'appendice
■ Hotline Azienda per la Promozione Turistica APT Valsugana 0039/0461 727760
■ Informazioni turistiche Pergine Valsugana 38057 Pergine Valsugana, Piazza Serra 10
■ Informazioni turistiche Levico Terme 38056 Levico Terme, Viale Vittorio Emanuele III 3
■ Hotline Via Claudia Augusta, 0043(0)664 27 63 555

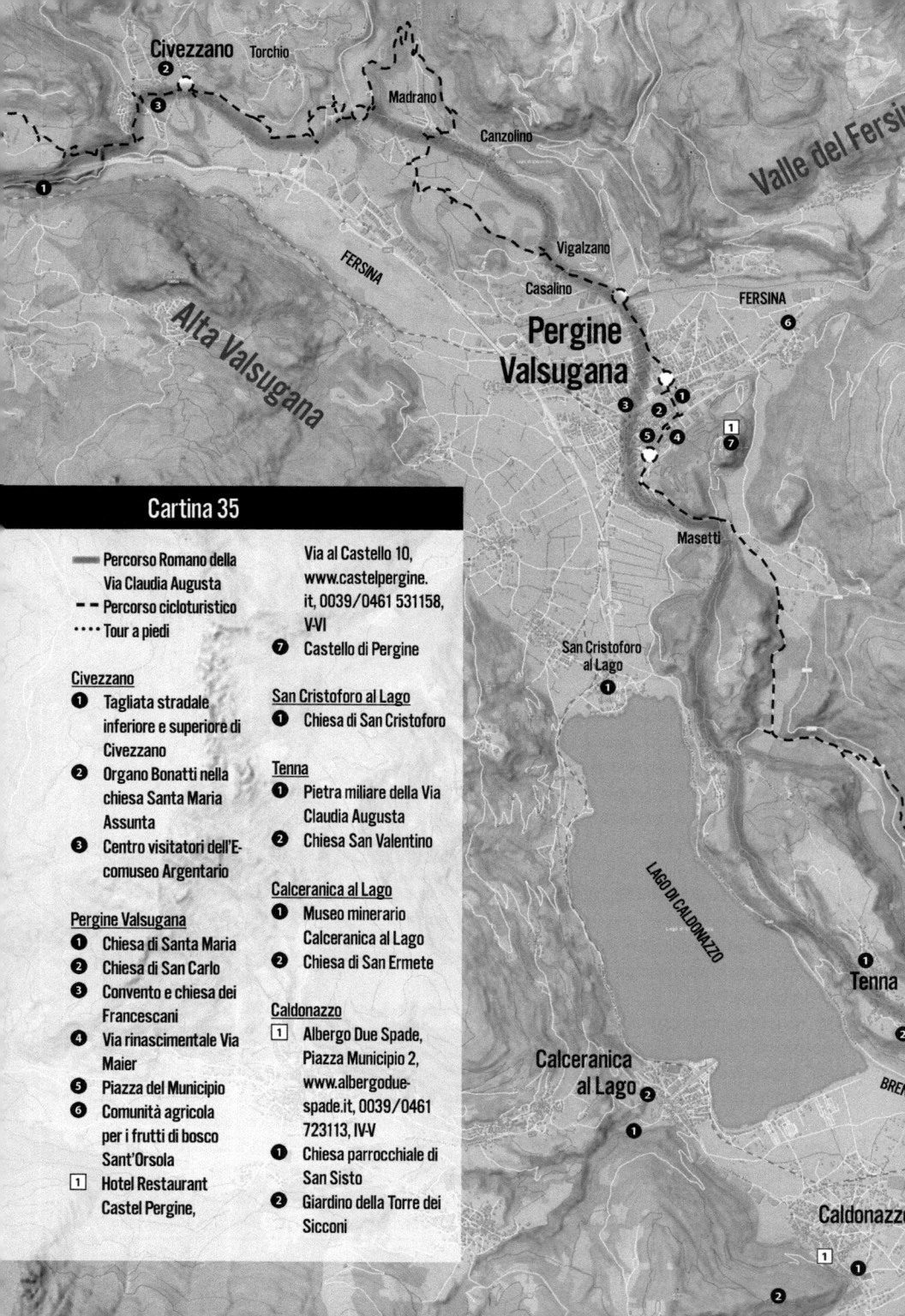

Cartina 35

— Percorso Romano della Via Claudia Augusta
– – Percorso cicloturistico
···· Tour a piedi

Civezzano
❶ Tagliata stradale inferiore e superiore di Civezzano
❷ Organo Bonatti nella chiesa Santa Maria Assunta
❸ Centro visitatori dell'Ecomuseo Argentario

Pergine Valsugana
❶ Chiesa di Santa Maria
❷ Chiesa di San Carlo
❸ Convento e chiesa dei Francescani
❹ Via rinascimentale Via Maier
❺ Piazza del Municipio
❻ Comunità agricola per i frutti di bosco Sant'Orsola
1 Hotel Restaurant Castel Pergine, Via al Castello 10, www.castelpergine.it, 0039/0461 531158, V-VI
❼ Castello di Pergine

San Cristoforo al Lago
❶ Chiesa di San Cristoforo

Tenna
❶ Pietra miliare della Via Claudia Augusta
❷ Chiesa San Valentino

Calceranica al Lago
❶ Museo minerario Calceranica al Lago
❷ Chiesa di San Ermete

Caldonazzo
1 Albergo Due Spade, Piazza Municipio 2, www.albergodue-spade.it, 0039/0461 723113, IV-V
❶ Chiesa parrocchiale di San Sisto
❷ Giardino della Torre dei Sicconi

Il laghi di Caldonazzo e di Levico. Foto: APT Valsugana

Il Grand Hotel Imperial nel parco delle Terme di Levico Terme. Foto: APT Valsugana

Castel Pergine domina l'Alta Valsugana

Parco d'arte "Arte Sella". Foto: Arte Sella / Giacomo Bianchi

Castel Telvana

Borgo Valsugana irradia già un pò di Facino veneziano

Cartina 36

━━ Percorso Romano della Via Claudia Augusta

- - - Percorso cicloturistico

· · · · Tour a piedi

Levico Terme
❶ Forte delle Benne
❷ Chiesetta di San Biaggio
❸ Torre Belvedere
❹ Chiesa parrocchiale di S. Redentore
☐1 Hotel Daniela***, Viale Venezia 3, www.hotel-daniela.it, 0039/0461 706213, V-VI
❺ Sarcofago romano nei giardini di via Marconi
❻ Parco delle Terme
❼ Il pittoresco paese di Selva

Novaledo
❶ Chiusa di Torre Quadra

Marter
❶ Torre, che probabilmente apparteneva alla diga di Tonda

Roncegno Terme
❶ Parco delle terme di Roncegno Terme
❷ Chiesa di San Pietro e Paolo
☐1 Coronata Haus, Loc. Maso Vazzena, www.coronatahaus.it, 0039/0461 1851508, IV-V

La Torre quadra nel prato accanto alla strada alle porte di Novaledo testimonia della chiusa che un tempo attraversava la valle. La si trovava il confine tra le zone di influenza di Trento e di Feltre. A Borgo Valsugana, che conserva l'impronta medievale, non è difficile riconoscere l'influsso veneziano. La strada romana si snodava presumibilmente anche nella Valsugana centrale sul pendio assolato e numerose fortificazioni orlavano il suo percorso. Nella conca valliva ad est di Borgo la Via Claudia Augusta si dirigeva infine verso la montagna, poiché il Brenta continuava ad allargarsi nella valle che quindi non sempre era percorribile.

Percorso ciclabile attraverso la media Valsugana

Da Levico il percorso ciclabile prosegue nel pittoresco quartiere di Selva, da dove si scende verso il fondovalle. Fino a Marter si segue la pista ciclabile del Brenta, prima di passare per la seconda località termale della Valsugana, Roncegno Terme. Di là – con castel Telvana in vista – si passa attraverso prati verdi e fioriti in direzione Borgo, il capoluogo della Media e Bassa Valsugana. La strada attraverso il centro storico corrisponde alla Via Claudia Augusta. Da Borgo il percorso ciclabile va a Castelnuovo, da dove si gode di una bella vista su castel Ivano. Dal fondovalle ora si sale un poco alla volta sull'altopiano del Tesino, con un susseguirsi di belle vedute sulla Valsugana che rimane alle spalle.

Info aggiuntive su alcune attrazioni nelle cartine

- Sulla strada per Borgo il percorso – come probabilmente anche la strada antica – passa lungo il pendio soleggiato per Selva, che fa parte di Levico.
- Accanto alla Torre Quadra anche a Marter, dopo Novaledo, ci sono da scoprire degli impianti difensivi che trovano la loro continuazione - riconoscibili in parte - sui pendii montani.
- Roncegno è una tradizionale città termale con un grazioso centro
- Sopra Borgo Valsugana si erge, visibile da lontano, castel Telvana, i cui interni non sono purtroppo visitabili
- Borgo è contrassegnata dal fiume Brenta e da una lunga via porticata che si affacciano sull'acqua. L'influsso veneziano di un tempo è inconfondibile. Merita una visita anche la vasta Piazza Degasperi con il Municipio e la Chiesa

di Sant'Anna, da dove, attraverso il Ponte di Venezia, si raggiunge Corso Ausugum, che era l'antica strada che attraversava la città. Così come Levico, ai tempi della monarchia austroungarica Borgo Valsugana era sede di una guarnigione.
- Il parco artistico Arte Sella in val di Sella, distante otto km, invita alla scoperta, a fare fotografie e alla sosta.
- Borgo si trova presso una strettoia della Valsugana. In seguito si riallarga, prima di diventare sempre più stretta: così angusta che in tempi passati era soggetta alle continue inondazioni del fiume Brenta. Per tale motivo la strada romana si dirigeva verso il Veneto attraverso due passi. Prima che il tracciato storico e il percorso salgano verso l'altopiano del Tesino, il percorso passa per le località di Castelnuovo, Scurelle e Strigno. Sul pendio illuminato dal sole, un poco più in alto, si trovano Spera e Samone. Sopra la conca si erge castel Ivano.

Cucina regionale come 2000 anni fa

Anche qui potreste trovare un ristorante che propone nel menù un piatto come si cucinava 2000 anni fa.

Alloggi e strutture per il campeggio nelle cartine e nell'appendice

---

Domande ed informazioni sulla sezione nell'appendice

- ■ Hotline Azienda per la Promozione Turistica APT Valsugana, 0039/0461 727760
- ■ Informazioni turistiche Pergine Valsugana, , 0039/0461 727760, 38057 Pergine Valsugana, Piazza Serra 10
- ■ Informazioni turistiche Levico Terme, , 0039/0461 727700, 38056 Levico Terme, Viale Vittorio Emanuele III 3
- ■ Hotline Via Claudia Augusta, 0043(0)664 27 63 555

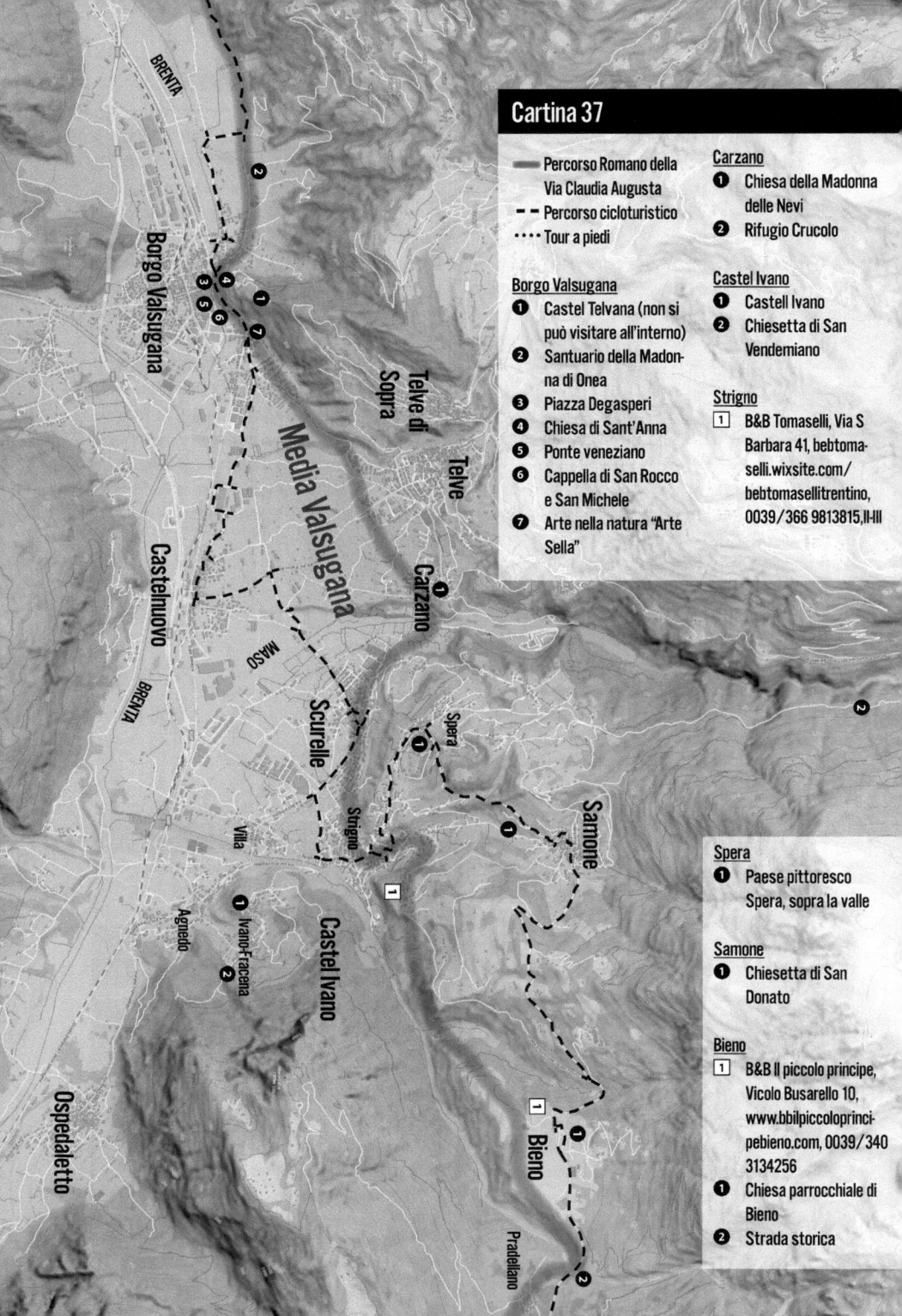

Cartina 37

━━━ Percorso Romano della
Via Claudia Augusta

--- Percorso cicloturistico

···· Tour a piedi

Borgo Valsugana
1. Castel Telvana (non si
può visitare all'interno)
2. Santuario della Madonna di Onea
3. Piazza Degasperi
4. Chiesa di Sant'Anna
5. Ponte veneziano
6. Cappella di San Rocco
e San Michele
7. Arte nella natura "Arte
Sella"

Carzano
1. Chiesa della Madonna
delle Nevi
2. Rifugio Crucolo

Castel Ivano
1. Castell Ivano
2. Chiesetta di San
Vendemiano

Strigno
1. B&B Tomaselli, Via S
Barbara 41, bebtoma-
selli.wixsite.com/
bebtomasellitrentino,
0039/366 9813815,II-III

Spera
1. Paese pittoresco
Spera, sopra la valle

Samone
1. Chiesetta di San
Donato

Bieno
1. B&B Il piccolo principe,
Vicolo Busarello 10,
www.bbilpiccoloprinci-
pebieno.com, 0039/340
3134256
1. Chiesa parrocchiale di
Bieno
2. Strada storica

Dalla Valsugana la strada romana saliva verso l'altopiano del Tesino, attraversava il profondo solco vallivo del torrente montano Senaiga nella regione di confine tra il Trentino e il Veneto e continuava poi attraverso il passo di Croce d'Aune verso Feltre. Seguendo le sue tracce il percorso di viaggio si snoda attraverso paesaggi multiformi e pittoreschi villaggi alle porte delle Dolomiti. L'importante antica strada ha lasciato numerose tracce lungo il percorso. Lamon è tra l'altro anche la patria degli omonimi fagioli apprezzati in tutto il mondo.

Percorso Tesino, Lamon, Sovramonte

Lasciata alle spalle la maggior parte delle salite, si arriva a Bieno, località che viene vissuta come facente già parte dell'Altopiano del Tesino. Attraverso un paesaggio idilliaco il percorso ciclistico prosegue oltre un torrente di montagna e lungo un lago fino alla pittoresca località di Pieve Tesino che attraversa in tutta la sua lunghezza. Sulla collina sopra Castello Tesino doveva trovarsi un tempo un castrum romano. Di qui il percorso si snoda su pittoresche stradine di montagna fino a Lamon. La strada romana passava sull'altro versante della valle oltre la gola del torrente montano Senaiga e attraverso il suggestivo San Donato, dove un cimitero romano testimonia la presenza di un insediamento. Chi non teme i sentieri acciottolati, può anche prendere questo percorso che regala a chi lo percorre una natura meravigliosa e splendidi scorci. Lamon e il successivo Sovramonte sorgono al margine del Parco nazionale delle Dolomiti Bellunesi. Prima di Sovramonte segue ancora un tratto di valle, poi si sale costantemente verso il passo di Croce D'Aune. Sia per salire all'Altopiano del Tesino che da Ponte Oltra al passo di Croce D'Aune c'è uno shuttle per le bici, prenotabile con un SMS.

Info aggiuntive su alcune attrazioni nelle cartine

- Le pareti rossastre e verdastre della catena del Lagorai sono di origine vulcanica.
- Tra Bieno e Pieve Tesino si può facilmente vedere la vecchia strada che attraversa il torrente.
- Lo testimoniano anche i lunghi e stretti vicoli che attraversano Pieve Tesino da est a ovest. Il luogo natale di Alcide Degasperi ha dedicato un museo allo statista austro-ungarico-italiano, padre fondatore delle Comunità

europee; ■ 38050 Pieve Tesino, 0039/345 848 99 99 75 oppure 0039/339 698 4804, aperto dal 1° giu. al 30 sett. mar - ven dalle 15 alle 18, sab dalle 10 alle 12 e dalle 15 alle 18 e dom dalle 15 alle 18; 1° ott. - 31 mag. ven dalle 15 alle 18, sab dalle 10 alle 12 e dalle 15 alle 18 e dom dalle 15 alle 18.

- Poco prima di Castello Tesino si può scoprire un ponte che si trova sul tracciato riconoscibile della strada romana, ma che fu probabilmente ricostruito nel Medioevo basandosi sul modello romano.
- Sopra il paese - dove oggi sorge la chiesetta di Sant'Ippolito - sorgeva un tempo un castrum romano.
- Proseguendo la strada verso Lamon, vi attendono viste mozzafiato sulle profonde gole scavate dai torrenti in questa pressoché disabitata terra di confine. ■ Al termine della profonda gola nella zona di confine si trova anche una grotta con stalattiti, visitabile solo su appuntamento, 0039/0461 593 322
- Sotto San Donato, sviluppatosi lungo la strada romana, gli archeologi hanno scoperto un antico cimitero. Nel piccolo Museo Archeologico di Lamon i ricchi corredi funerari raccontano la storia del popolamento locale. ■ Centro Lamon, 0039/328 311 83 36, in estate il museo apre ad orari fissi, il resto dell'anno su richiesta.
- Le piccole frazioni del comune di Sovramonte, come Lamon, si trova al margine meridionale del Parco Nazionale Dolomiti Bellunesi.

Cucina regionale come 2000 anni fa

Anche qui potreste trovare un ristorante che propone nel menù un piatto come si cucinava 2000 anni fa.

Alloggi e strutture per il campeggio nelle cartine e nell'appendice

Domande ed informazioni sulla sezione nell'appendice
- ■ Informazioni turistiche Castello Tesino - Visit Valsugana, Via Dante 10, 0039/0461 593 322
- ■ Hotline Ufficio Turistico di Feltre - Consorzio Dolomit Prealpi, 0039/0439 2540
- ■ Hotline Via Claudia Augusta, 0043(0)664 27 63 555

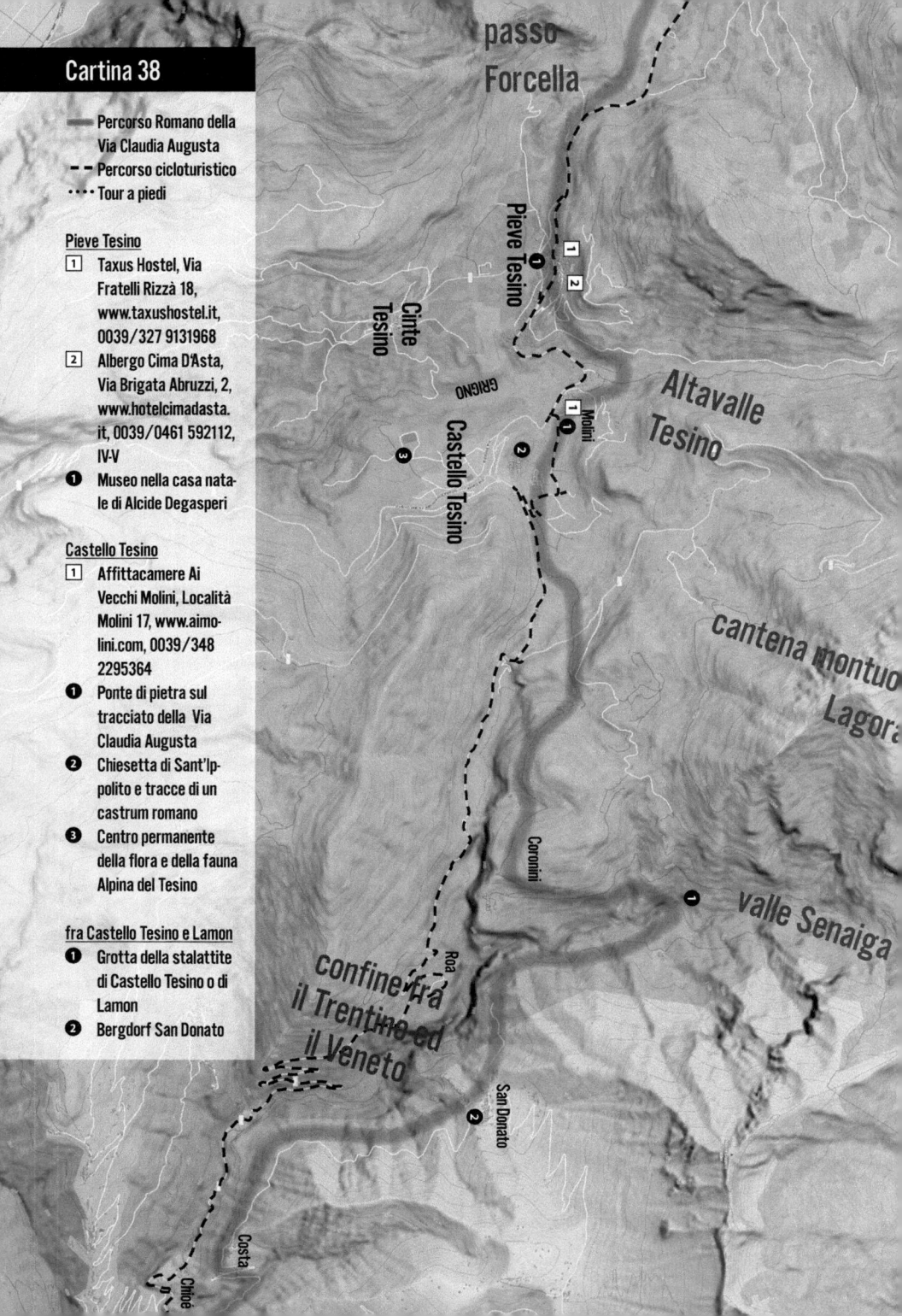

Cartina 38

— Percorso Romano della
 Via Claudia Augusta
– – Percorso cicloturistico
···· Tour a piedi

Pieve Tesino
1. Taxus Hostel, Via
   Fratelli Rizzà 18,
   www.taxushostel.it,
   0039/327 9131968
2. Albergo Cima D'Asta,
   Via Brigata Abruzzi, 2,
   www.hotelcimadasta.
   it, 0039/0461 592112,
   IV-V
❶ Museo nella casa nata-
   le di Alcide Degasperi

Castello Tesino
1. Affittacamere Ai
   Vecchi Molini, Località
   Molini 17, www.aimo-
   lini.com, 0039/348
   2295364
❶ Ponte di pietra sul
   tracciato della Via
   Claudia Augusta
❷ Chiesetta di Sant'Ip-
   polito e tracce di un
   castrum romano
❸ Centro permanente
   della flora e della fauna
   Alpina del Tesino

fra Castello Tesino e Lamon
❶ Grotta della stalattite
   di Castello Tesino o di
   Lamon
❷ Bergdorf San Donato

passo
Forcella

Pieve Tesino

Cinte
Tesino

Altavalle
Tesino

GRIGNO

Molini

Castello Tesino

cantena montuo

Lagora

Coronini

valle Senaiga

confine fra
il Trentino ed
il Veneto

Roa

San Donato

Costa

Chloè

Le Dolomiti belllunesi. Foto: Dolomiti Pre Alpi.

Il ponte romano prima di Lamon è stato addirittura riprodotto su un francobollo

Castello Tesino. Foto: Tschaikner

La pietra miliare nella Villa delle Centenere a Cesiomaggiore

Caldaie nella Fabbrica di birra Pedavena. Foto: Tschaikner

Feltre. Foto: Tschaikner

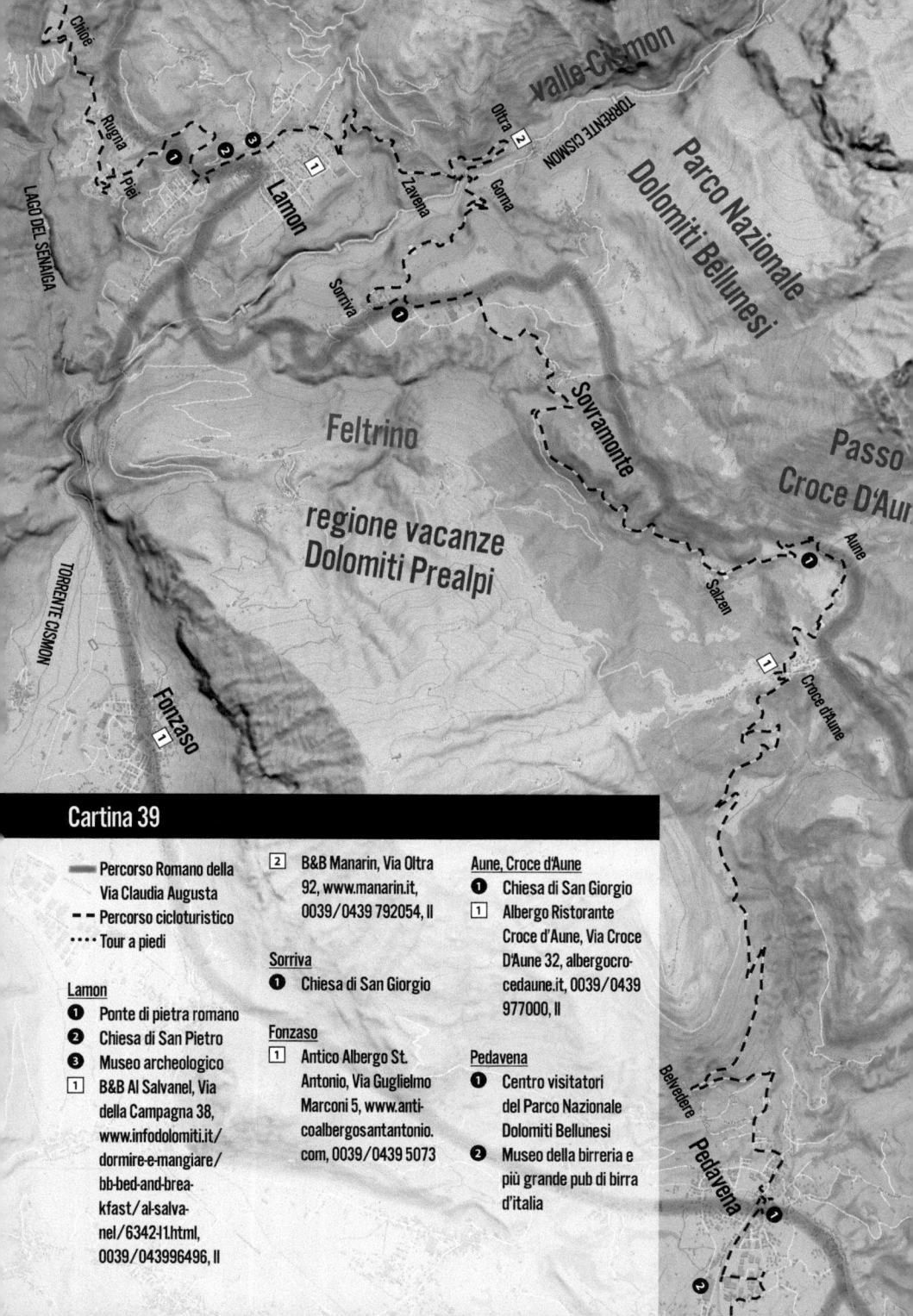

Chiloè

Rugna

Piei

LAGO DEL SENAIGA

Lamon

❶ ❷ ❸

☐ 1

Zavena

Sorriva

❶

Valle-Cismon

Oltra ☐ 2

Gorna

TORRENTE CISMON

Parco Nazionale
Dolomiti Bellunesi

Feltrino

regione vacanze
Dolomiti Prealpi

TORRENTE CISMON

Fonzaso

☐ 1

Sovramonte

Salzen

Aune

❶

Passo
Croce D'Aur

Croce d'Aune

☐ 1

Belvedere

Pedavena

❶

❷

Cartina 39

━━━━ Percorso Romano della
        Via Claudia Augusta
- - - Percorso cicloturistico
····· Tour a piedi

Lamon
❶ Ponte di pietra romano
❷ Chiesa di San Pietro
❸ Museo archeologico
☐1 B&B Al Salvanel, Via
     della Campagna 38,
     www.infodolomiti.it/
     dormire-e-mangiare/
     bb-bed-and-brea-
     kfast/al-salva-
     nel/6342-l1.html,
     0039/043996496, II

☐2 B&B Manarin, Via Oltra
     92, www.manarin.it,
     0039/0439 792054, II

Sorriva
❶ Chiesa di San Giorgio

Fonzaso
☐1 Antico Albergo St.
     Antonio, Via Guglielmo
     Marconi 5, www.anti-
     coalbergosantonio.
     com, 0039/0439 5073

Aune, Croce d'Aune
❶ Chiesa di San Giorgio
☐1 Albergo Ristorante
     Croce d'Aune, Via Croce
     D'Aune 32, albergocro-
     cedaune.it, 0039/0439
     977000, II

Pedavena
❶ Centro visitatori
     del Parco Nazionale
     Dolomiti Bellunesi
❷ Museo della birreria e
     più grande pub di birra
     d'italia

Feltre è un nodo stradale già dalla preistoria. La sottile dorsale montana su cui sorge il notevole centro storico e il circostante pendio assolato erano completamente popolati. Lo attestano il nome etrusco di Feltre e numerosi ritrovamenti archeologici. La strada romana Via Claudia Augusta non conduceva direttamente in città, bensì si snodava in linea retta dal passo Croce d'Aune lungo il pendio verso Cesiomaggiore. Feltria era però un'importante città romana. L'influsso dei dogi di Venezia sull'aspetto della città è inconfondibile. La zona di influenza di Feltre arrivò per un certo periodo fino alla Valsugana.

Percorso ciclabile Feltre e Feltrino

Dal passo di Croce D'Aune si scende con alcuni tornanti nella zona di Feltre. In questa città carica di storia ci si arriva passando da Pedavena, che invita a bere una rinfrescante birra nella birreria più grande d'Italia. Il percorso ciclabile passa attraverso la strada centrale a traffico limitato di Feltre e lungo la sua cinta muraria medievale. Al centro storico si sale con le scale o l'ascensore, che si trovano in una galleria sotto la rocca. Dopo Feltre si percorre un suggestivo viale con splendide vedute delle Prealpi, passando accanto alle signorili Ville Venete e attraverso pittoreschi villaggi fino a Cesiomaggiore, dove venne ritrovato uno dei due miliari che ci raccontano la storia della realizzazione della Via Claudia Augusta. La strada romana attraversava il fiume Piave tra Santa Giustina e Mel, il percorso ciclabile invece tra Busche e Cesana, un ulteriore attraversamento storico, là dove oggi il fiume montano è stato sbarrato formando un invaso. Al di sotto del lago artificiale si può godere un bel luogo balneabile con il Caffè della spiaggia.

Info aggiuntive su alcune attrazioni nelle cartine

- L'antico municipio è la sede del Parco Nazionale delle Dolomiti Bellunesi.
- Nella birreria Fabbrica di Pedavena ricca di tradizione si trova la mostra sulla fabbricazione della birra, sia quella di Pedavena che in generale. Al comparto della produzione è annessa la Birreria Pedavena, con il più grande locale d'Italia, in cui degustare le numerose birre, abbinate con le giuste pietanze.
- La maggior parte dell'ampio centro storico è situato su un

lungo crinale roccioso. Chi vuole farsi una rapida idea del posto, presso la porta a sud-ovest del centro storico deve smontare della bici per via del senso unico e spingerla, uscendo di nuovo attraverso la porta a est. Per effettuare una dettagliata visita turistica, si consiglia al visitatore di lasciare la bici a sud del centro storico. Attraverso una torre nella cinta muraria meridionale, il visitatore raggiunge la città salendo una pittoresca scalinata. Da qui si prosegue a destra verso il Museo Civico e verso la porta orientale della città. Piazza Maggiore ospita il Municipio e la Chiesa di San Rocco e San Sebastiano. Nel Municipio è da vedere il Teatro de La Sena, considerato il fratello minore del Teatro La Fenice di Venezia. Dalla piazza si sale alla fortezza, il castello di Alboino. Il Museo Diocesano e Galleria d'arte contemporanea Carlo Rizzarda si susseguono all'interno delle mura cittadine. Fuori dalle mura si trova il Duomo, sotto il cui sagrato si possono visitare gli scavi archeologici della Feltria romana. Attraverso un monastero il visitatore ritorna infine al punto iniziale a sud del centro storico.

- A Cesiomaggiore vi aspetta l'interessante Museo storico della Bicicletta
- Tra Feltre e Cesiomaggiore sorgono numerose antiche residenze di campagna dei ricchi cittadini della zona. In una di queste, la Villa delle Centenere, si trova uno dei due miliari della Via Claudia Augusta.
- La Chiesa di Santa Giustina è uno dei luoghi da visitare facendo una deviazione a Santa Giustina.

Cucina regionale come 2000 anni fa
Anche qui potreste trovare un ristorante che propone nel menù un piatto come si cucinava 2000 anni fa.

Alloggi e strutture per il campeggio nelle cartine e nell'appendice

Domande ed informazioni sulla sezione nell'appendice
Ufficio Turistico di Feltre - Consorzio Dolomiti Prealpi, Piazza Vittorio Emanuele II 21, 0039/0439 2540
■ Hotline Via Claudia Augusta, 0043(0)664 27 63 555

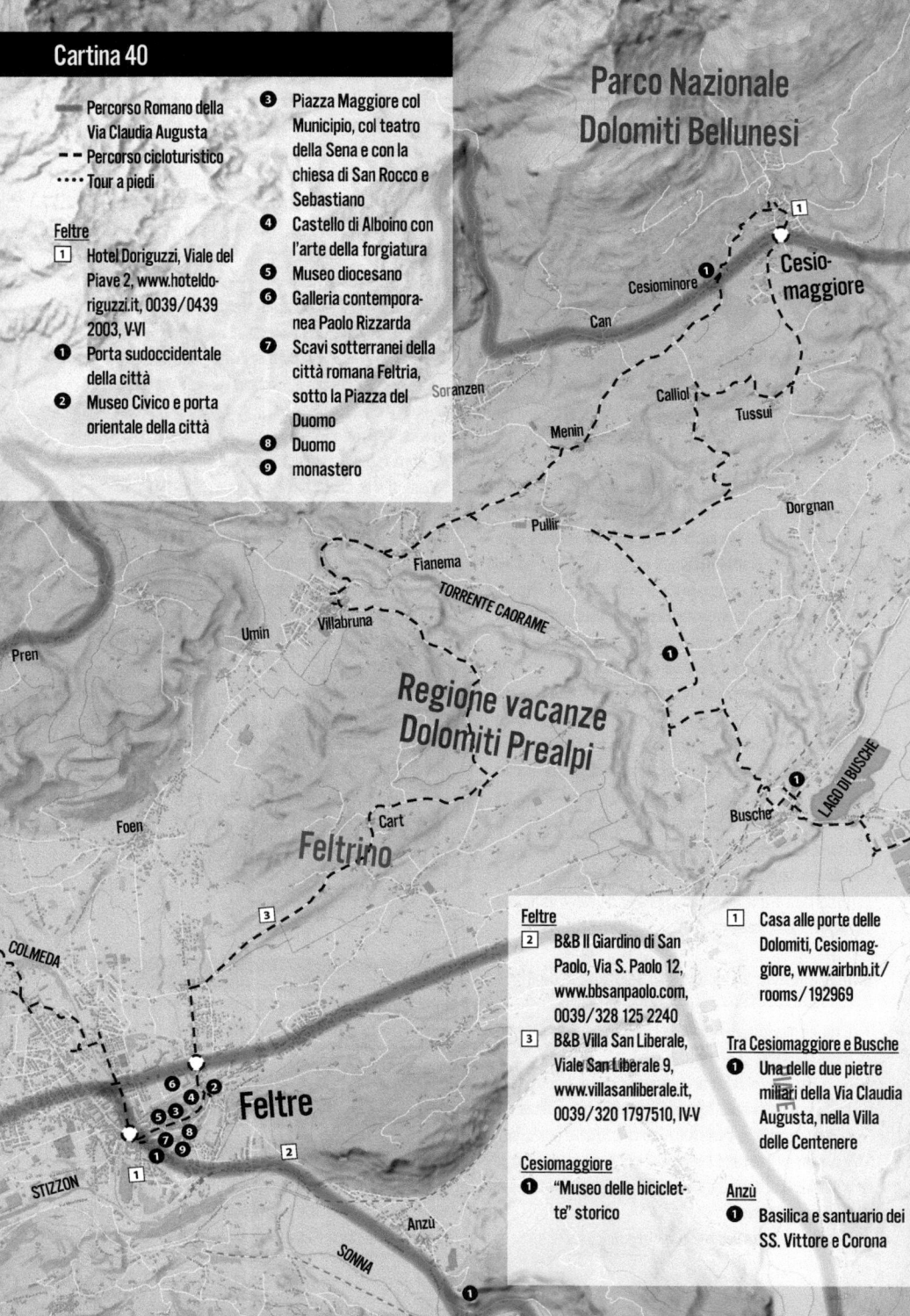

Cartina 40

— Percorso Romano della Via Claudia Augusta
- - Percorso cicloturistico
··· Tour a piedi

Feltre
1 Hotel Doriguzzi, Viale del Piave 2, www.hoteldo-riguzzi.it, 0039/0439 2003, V-VI
❶ Porta sudoccidentale della città
❷ Museo Civico e porta orientale della città
❸ Piazza Maggiore col Municipio, col teatro della Sena e con la chiesa di San Rocco e Sebastiano
❹ Castello di Alboino con l'arte della forgiatura
❺ Museo diocesano
❻ Galleria contemporanea Paolo Rizzarda
❼ Scavi sotterranei della città romana Feltria, sotto la Piazza del Duomo
❽ Duomo
❾ monastero

Parco Nazionale
Dolomiti Bellunesi

Cesio-maggiore

Cesiominore

Can

Soranzen

Calliol

Tussui

Menin

Dorgnan

Pullir

Fianema

TORRENTE CAORAME

Umin

Villabruna

Pren

Regione vacanze
Dolomiti Prealpi

LAGO DI BUSCHE

Busche

Foen

Cart

Feltrino

3

COLMEDA

Feltre
2 B&B Il Giardino di San Paolo, Via S. Paolo 12, www.bbsanpaolo.com, 0039/328 125 2240
3 B&B Villa San Liberale, Viale San Liberale 9, www.villasanliberale.it, 0039/320 1797510, IV-V

Cesiomaggiore
❶ "Museo delle biciclette" storico

1 Casa alle porte delle Dolomiti, Cesiomaggiore, www.airbnb.it/rooms/192969

Tra Cesiomaggiore e Busche
❶ Una delle due pietre miliari della Via Claudia Augusta, nella Villa delle Centenere

Anzù
❶ Basilica e santuario dei SS. Vittore e Corona

Feltre

STIZZON

Anzù

SONNA

La Valle del Piave meridionale, tra il capoluogo Belluno e il confine con la provincia di Treviso, a sud, si chiama Valbelluna. Nell'antichità si chiamava anche Val Serpentina. Questa pittoresca valle è incastonata tra i contrafforti delle Dolomiti e l'ultimo crinale prima della pianura veneta ed è dominata dall'ampio letto, in gran parte naturale, del fiume Piave. Come oggi, anche in epoca romana c'erano poche traversate fluviali. Una di queste si trovava tra Santa Giustina e il comune di Borgo Valbelluna, più precisamente il suo capoluogo Mel, pittorescamente situato su una collina. Il nome della frazione Nave è un ricordo della storica traversata del fiume. Il Castello di Zumelle tronaggia sul versante meridionale tra Mel e Lentiai. In questa zona, anche la strada romana saliva fino al suo passo più meridionale, il Praderadego. Tra Borgo Valbelluna e i comuni di Quero Vas e Alano di Piave, rispettivamente, la valle è molto stretta, veniva talvolta sommersa dalle acque del Piave ed era quindi inadatta a una strada come la Via Claudia Augusta, costruita per i rifornimenti militari.

Percorso ciclabile Cesana - Lentiai - Bardies - Mel

La strada romana attraversava un tempo il Piave con un guado posto tra Santa Giustina e la frazione Nave del Comune di Borgo Valbelluna, come testimonia il nome stesso, "Nave". Anche là dove oggi il percorso ciclabile passa il fiume, tra Busche e Cesana, potrebbe esserci già stato un attraversamento in epoca romana. Dopo aver attraversato il fiume il ciclista deve decidere se vuole superare il pittoresco passo di Praderadego con le sue forze, come facevano un tempo anche i romani, o con lo shuttle (da prenotare con un SMS, www.viaclaudia.org) o spostarsi lungo il Piave, su di una strada relativamente molto trafficata, verso Valdobbiadene e di là sulla parte meridionale del passo. La vista delle colline del Prosecco dal Praderadego ne vale comunque la pena. Con l'aria limpida si arriva addirittura a vedere la Laguna di Venezia. La strada attraverso la Valbelluna in direzione di Praderadego conduce a Lentiai attraverso varie piccole località. Da Bardies il percorso sale fino al passo. Da Corte una deviazione conduce al comune di Mel, dalla cui piazza parte anche lo shuttle per il passo (in alternativa si sale a Bardies).

Info aggiuntive su alcune attrazioni nelle cartine

- Busche ospita il produttore regionale di latte "Latte Busche", che gestisce un bar del latte "Bar bianca" con vendita diretta di prodotti caseari e gelateria.
- Dall'altra parte del Piave, il piccolo paese di Cesana, a cui un tempo il ponte conferiva molta più importanza, attende di essere visitato. Un palazzo e la chiesa di San Bernardo, restaurata con amore, ne sono la testimonianza.
- Sulla ampia piazza di Lentiai si trova il santuario dei SS. Vittore e Corona, fondato già all'inizio dell'XI secolo.
- Tra Lentiai e Mel, la strada romana risale l'ultimo passo. Il castello di Zumelle, ristrutturato in modo esemplare, è troneggia sull'antica strada del passo. Un ponte storico ad arco in pietra, che si può scoprire nella foresta di latifoglie sopra Bardies e che risale all'epoca bizantina, testimonia anche l'importante collegamento stradale.
- La pittoresca cittadina di Mel, situata su una collina, vale sicuramente una deviazione. Poco prima, sul fiume Piave, c'è il villaggio di Nave (= barca), che ricorda la storica traversata del fiume. Mel non solo ha un centro degno di nota, con un'ampia piazza, negozi e luoghi dove fermarsi per un rinfresco, ma ha anche un piccolo museo archeologico.

Cucina regionale come 2000 anni fa
Anche qui potreste trovare un ristorante che propone nel menù un piatto come si cucinava 2000 anni fa.

Alloggi e strutture per il campeggio nelle cartine e nell'appendice

Domande ed informazioni sulla sezione nell'appendice
Hotline Ufficio Turistico di Feltre - Consorzio Dolomiti Prealpi, 0039/0439 2540
■ Hotline Via Claudia Augusta, 0043(0)664 27 63 555

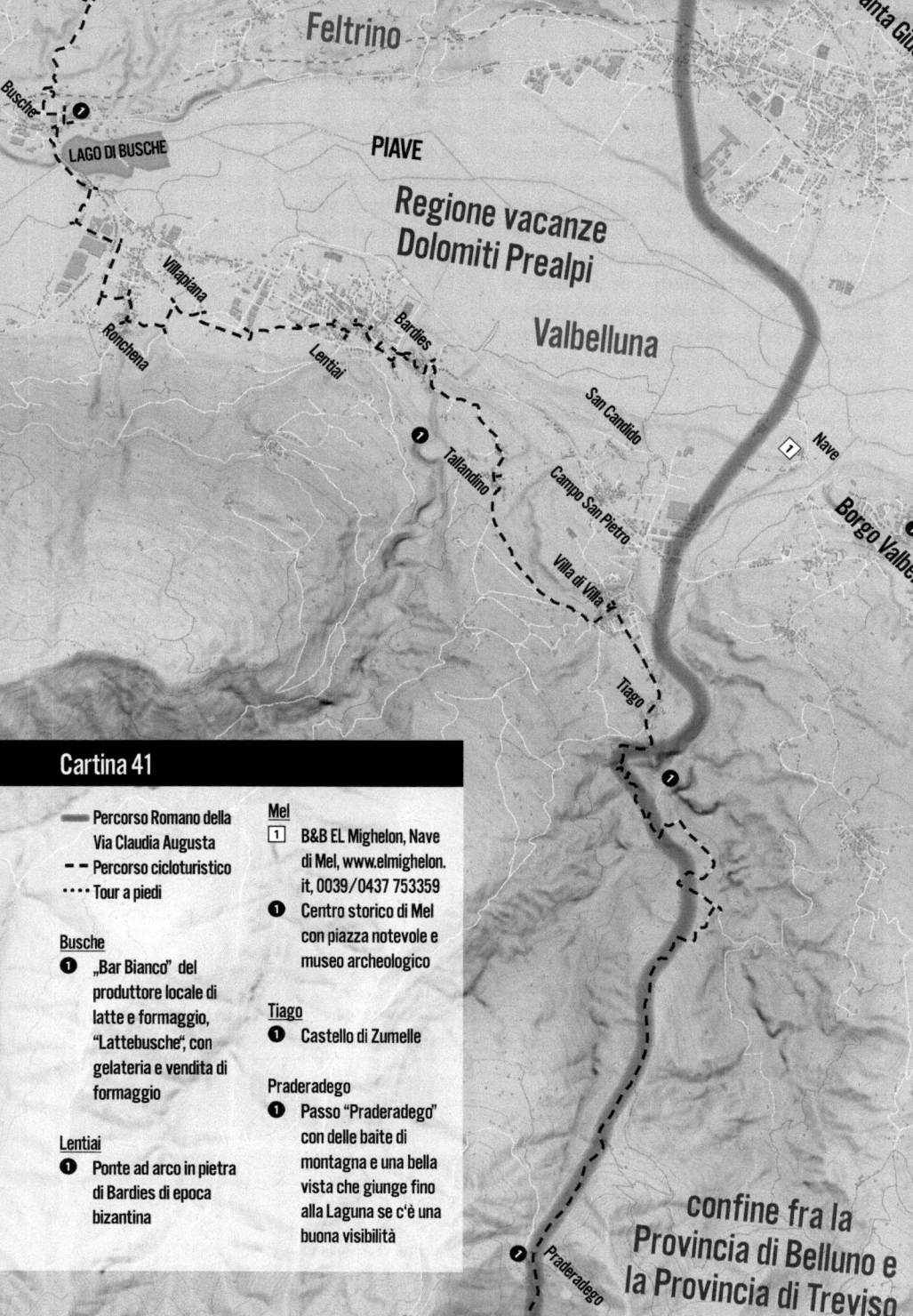

Feltrino

Busche

LAGO DI BUSCHE

Villapiana

Ronchena

Lentiai

Bardies

PIAVE

Regione vacanze
Dolomiti Prealpi

Valbelluna

San Candido

Nave

Campo San Pietro

Tallandino

Villa di Villa

Santa Gius

Borgo Valbellu

Me

Tiago

confine fra la
Provincia di Belluno e
la Provincia di Treviso

Praderadego

Cartina 41

━━ Percorso Romano della
Via Claudia Augusta
- - - Percorso cicloturistico
· · · Tour a piedi

Busche
❶ „Bar Bianco" del
produttore locale di
latte e formaggio,
"Lattebusche", con
gelateria e vendita di
formaggio

Lentiai
❶ Ponte ad arco in pietra
di Bardies di epoca
bizantina

Mel
[1] B&B EL Mighelon, Nave
di Mel, www.elmighelon.
it, 0039/0437 753359
❶ Centro storico di Mel
con piazza notevole e
museo archeologico

Tiago
❶ Castello di Zumelle

Praderadego
❶ Passo "Praderadego"
con delle baite di
montagna e una bella
vista che giunge fino
alla Laguna se c'è una
buona visibilità

Il fiume Piave, a malapena regolamentato, si impadronisce ancora oggi di gran parte della Valbelluna. Foto: Via Claudia Augusta / Tschaikner

esa di San Bernardo a Cesana.

Museo archeologico di Mel. Foto (2): Via Claudia Augusta / Tschaikner

Il castello rinascimentale di Castelbrando. Foto: Castelbrando

Le colline del Prosecco ad Altamarca, nel nord della pianura veneta. Foto: Altamarca

Le Alpi non terminano bruscamente nella pianura veneta. A sud dell'ultima dorsale e dell'ultimo passo della Via Claudia Augusta si trovano, quale giardino che precede le Alpi, le colline vinicole del Prosecco dell'Altamarca, la parte settentrionale della Provincia di Treviso. Due strade del vino attraversano la pittoresca zona vitivinicola e indicano il cammino verso le cose da vedere, graziosi borghi del vino e i vini migliori: la Strada del Prosecco e Vini dei Colli Conegliano Valdobbiadene e la Strada del Vino del Montello e dei Colli Asolani.

Il Praderago e l'Altamarca, patria del Prosecco

Da Bardies il percorso ciclabile sale verso Praderadego. Lungo la strada si trovano piccole località pittoresche e il castello di Zumelle. Al passo vi aspettano un rifugio e una semplice locanda di montagna. Poco più in là da una roccia si ha una splendida vista sulle colline del Prosecco e sulla pianura veneta, con buona visibilità addirittura fino a Venezia. Quindi con numerose serpentine si scende verso Valmareno. Di qui si apre una meravigliosa vista sul castello rinascimentale di Castelbrando, che invita a fare una visita al bel complesso. Il percorso ciclabile passa per la località di Follina con la sua abbazia che merita di essere vista e Pieve di Soligo. Poi il percorso ciclabile attraversa le colline vinicole del Prosecco passando accanto al castello di Collalto per arrivare a Susegana e a Santa Lucia di Piave. In località "Ponte della Priula", che fa parte di Susegana, si trova — come già dice il nome — uno dei pochi ponti sul fiume Piave, attraverso cui il percorso ciclabile si sposta sulla riva destra del fiume Piave, mostrandone in parte il lato sinistro e in parte quello destro, conformemente alle teorie degli esperti di storia: alcuni di loro ritengono che la Via Claudia fosse a sinistra, altri che fosse a destra.

Info aggiuntive su alcune attrazioni nelle cartine

- Da un punto panoramico a sud del passo Praderadego si può - nelle giornate limpide - guardare verso la laguna di Venezia.
- Il rinascimentale Castelbrando si erge al di sopra della strada storica. Il castello si può raggiungere da Cison di Valmarino con l'ascensore funicolare; oggi ospita un centro benessere e un hotel congressuale, nonché ristoranti e varie esposizioni.
- Nella località di Follina la strada storica, dopo aver supe-

rato l'ultimo passo, entrava nella vasta pianura veneta, inizialmente collinare. Direttamente nel centro del paese si trova il convento di Follina, un luogo da vedere.
- Più a ovest si trovano le località di Valdobbiadene, il comune più noto in cui viene prodotto il Prosecco, con la sua piazza che merita di essere vista.
- Pieve di Soligo, con il suo nucleo antico, attraversato dal torrente Soligo, merita una visita. Il paese vanta anche un'imponente piazza. Il grande palazzo che vi si affaccia è destinato a diventare sede del municipio.
- Poco prima di arrivare al castello di Collalto, sulla riva del Piave si possono scoprire resti della Via Claudia Augusta.
- Tra il castello e il comune di Susegana il percorso passa tra le pittoresche colline del Prosecco. Su una di queste si erge il castello di San Salvatore.
- Ai margini di Susegana si trovano la notevole chiesa del Carmine e la tenuta vinicola Collalto.
- Da Susegana gli interessati raggiungono Conegliano, il capoluogo della zona, che conta quasi 35.000 abitanti, noto per la sua tradizionale partita di dama con figure viventi in costumi storici e che dispone anche di un centro storico che va visitato.
- Nella località rurale di Santa Lucia di Piave tutti gli anni si tiene una fiera agricola.
- A Ponte della Priula, che fa parte di Susegana, un ponte attraversa l'ampio letto del fiume Piave, rimasto in gran parte nel suo stato naturale.

Cucina regionale come 2000 anni fa
Anche qui potreste trovare un ristorante che propone nel menù un piatto come si cucinava 2000 anni fa.

Alloggi e strutture per il campeggio nelle cartine e nell'appendice

---

Domande ed informazioni sulla sezione nell'appendice
Hotline Consorzio di Promozione Turistica Marca Treviso, 0039/0422 54 10 52
■ Hotline Via Claudia Augusta, 0043(0)664 27 63 555

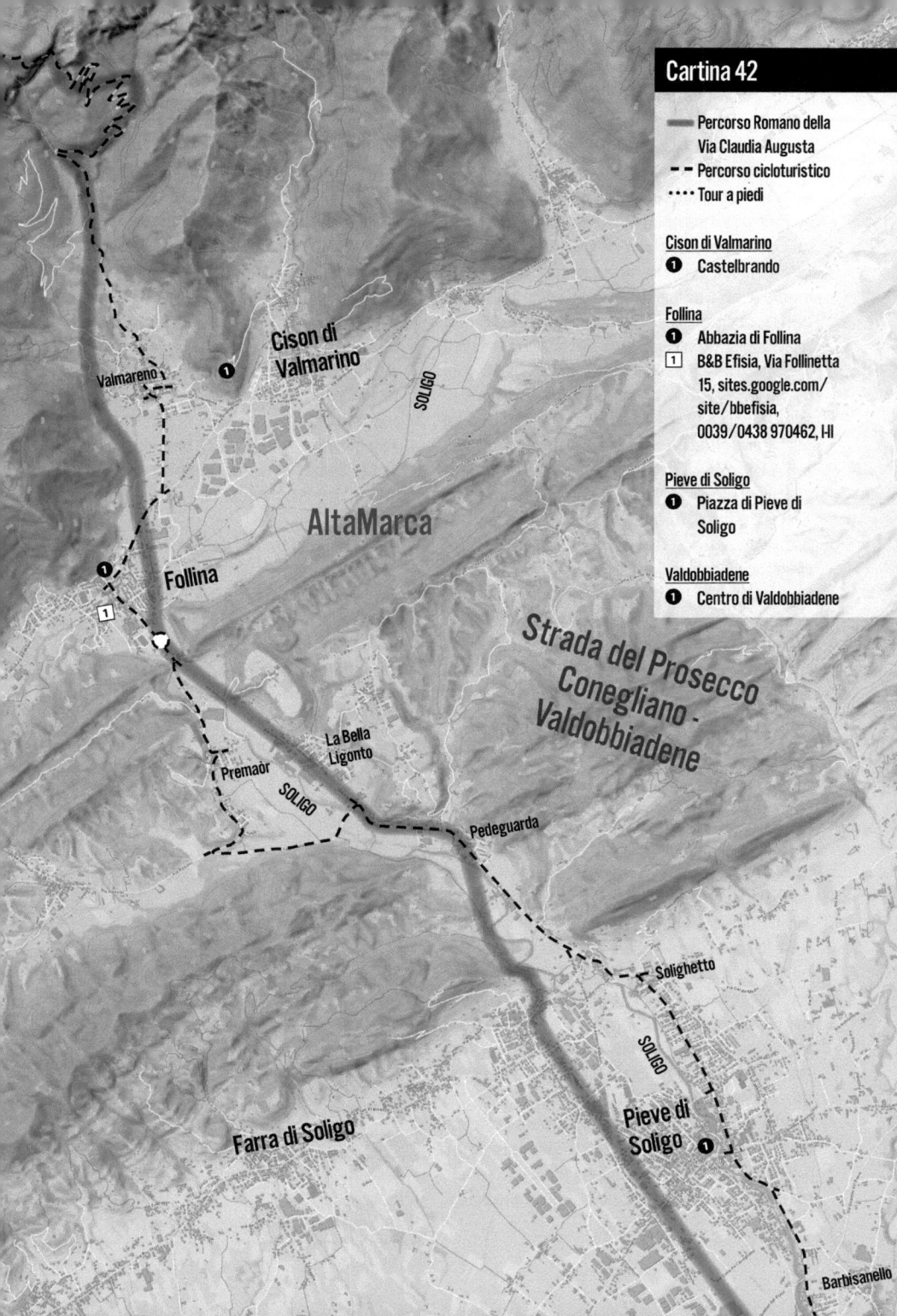

Cartina 42

Percorso Romano della Via Claudia Augusta
Percorso cicloturistico
Tour a piedi

Cison di Valmarino
❶ Castelbrando

Follina
❶ Abbazia di Follina
1 B&B Efisia, Via Follinetta 15, sites.google.com/site/bbefisia, 0039/0438 970462, HI

Pieve di Soligo
❶ Piazza di Pieve di Soligo

Valdobbiadene
❶ Centro di Valdobbiadene

Cison di Valmarino

Valmareno ❶

AltaMarca

❶ Follina
1

SOLIGO

La Bella Ligonto

Premaòr

SOLIGO

Strada del Prosecco Conegliano - Valdobbiadene

Pedeguarda

Solighetto

SOLIGO

Farra di Soligo

Pieve di Soligo ❶

Barbisanello

Gli archeologi italiani non hanno tuttora trovato un accordo su quale delle diverse teorie sul tracciato della Via Claudia Augusta sia quella giusta. Dopo le colline del Prosecco a sinistra del Piave (teoria sinistra Piave) il percorso segue quindi un po' anche la teoria destra Piave – attraverso il letto del fiume sulla sua destra orografica, ancor oggi poco regolamentato e perciò ampio. Il territorio alluvionale al centro della pianura trevigiana è sempre stato caratterizzato dal transito e dai confini tra influenze diverse e probabilmente già insediato in epoca romana. Pare che il nome Spresiano abbia addirittura radici romane. Nei documenti le località di Nervesa della Battaglia, Spresiano e Villorba compaiono nel X secolo. Il suolo non fruttava granché e solamente il guado sul Piave e l'attività degli zatterieri portavano lavoro ad alcuni abitanti. La popolazione era quindi povera. Solamente gli impianti di irrigazione realizzati dalla Repubblica di Venezia migliorarono la situazione e sono numerose le ville venete tipiche della regione che testimoniano questo periodo. Il territorio subì duri colpi a causa delle grandi battaglie del Piave della Prima guerra mondiale. Neversa della Battaglia, che perfino nel nome ricorda lo scontro, fu quasi completamente rasa al suolo, come ricorda ancor oggi la rovina dell'abbazia di Sant'Eustachio del XIV secolo. I comuni si ingrandirono solamente grazie allo sviluppo dell'industria tessile dopo la Seconda guerra mondiale.

Percorso ciclabile sulla destra Piave

Dopo aver superato l'ampio letto fluviale del Piave, il percorso ciclabile mostra le differenti sfaccettature che offre la pianura veneta: natura, vaste superfici agricole, piccoli insediamenti trasognati e animate località di maggiori dimensioni antistanti la città di Treviso. Prima di dirigersi verso sud, ci si può far tentare da una deviazione a Nervesa della Battaglia, il cui nome, come pure la rovina dell'abbazia di Sant'Eustachio, ricorda un campo di battaglia della Prima guerra mondiale su cui si combatté duramente. Nella parte nord del comune si trova la zona di coltivazione vinicola e di villeggiatura "Montello e Colli Asolani". Dopo Spresiano il percorso ciclabile conduce ancora una volta al Piave, dove a Palazzon si trovano i resti del porto medievale. Poi si arriva a Treviso passando per Lovandina e Villorba. A Villorba c'è da scoprire un numero particolarmente elevato di Ville Venete tipiche della regione. Una di queste viene utilizzata dal Comune a fini di rappresentanza.

Info aggiuntive su alcune attrazioni nelle cartine

- Nervesa subì pesanti distruzioni a causa delle disastrose battaglie della Prima guerra mondiale. Come un monito alla pace, sulle colline al nord del paese le ricordano l'Ossario del Montello e la rovina dell'abbazia di Sant'Eustachio (XIV secolo). Oggi qui si tengono anche dei concerti.

- Oltre alla parrocchiale con un monumento in ricordo dei caduti della Prima guerra mondiale, nella località principale del comune di Spresiano c'è da vedere la villa Giustiniani-Recanati.

- Nella frazione di Visnadello si possono scoprire la chiesa dei SS. Filippo e Giacomo Minore e la villa Gritti.

- Nella frazione di Lovadina si trova il Palazzo Bove del XV secolo.

- Villorba non si chiama così per caso. Possiede numerose delle famose e signorili Ville Venete, tipiche della regione. Una di esse, Villa Giovannina, costituisce oggi la sede di rappresentanza dell'amministrazione comunale e come tale è aperta in orario d'ufficio.

Cucina regionale come 2000 anni fa

Anche qui potreste trovare un ristorante che propone nel menù un piatto come si cucinava 2000 anni fa.

Alloggi e strutture per il campeggio nelle cartine e nell'appendice

---

Domande ed informazioni sulla sezione nell'appendice
Hotline Consorzio di Promozione Turistica Marca Treviso, 0039/0422 54 10 52
■ Hotline Via Claudia Augusta, 0043(0)664 27 63 555

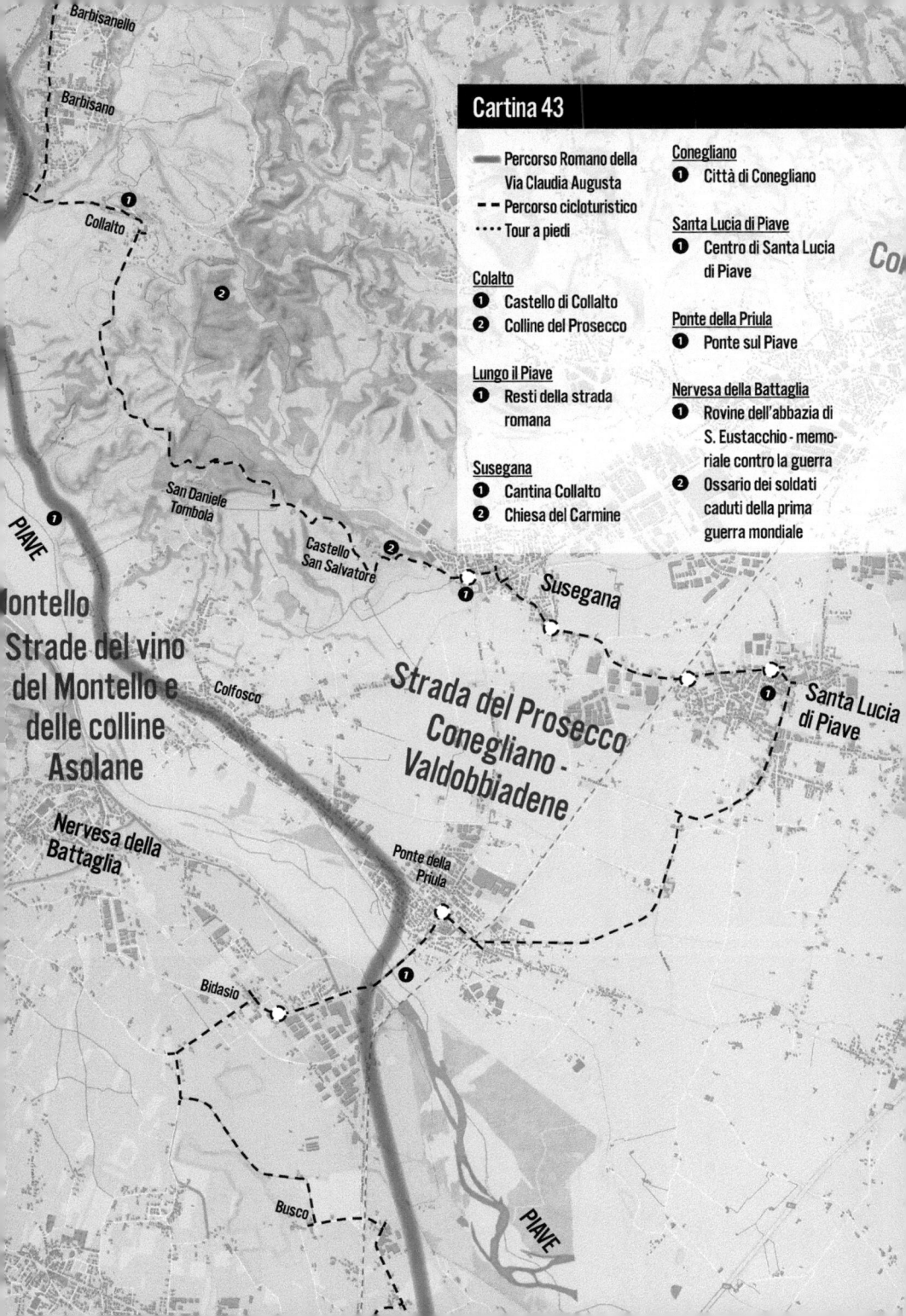

Barbisanello

Barbisano

Collalto ❶

❷

PIAVE ❶

San Daniele
Tombola

Castello
San Salvatore

❷ ❶ Susegana

ontello
Strade del vino
del Montello e
delle colline
Asolane

Colfosco

Strada del Prosecco
Conegliano -
Valdobbiadene

Nervesa della
Battaglia

Ponte della
Priula

❶

Bidasio ❶

Busco

PIAVE

Santa Lucia
di Piave ❶

Co

Cartina 43

━━ Percorso Romano della
Via Claudia Augusta
- - Percorso cicloturistico
· · · · Tour a piedi

Colalto
❶ Castello di Collalto
❷ Colline del Prosecco

Lungo il Piave
❶ Resti della strada
romana

Susegana
❶ Cantina Collalto
❷ Chiesa del Carmine

Conegliano
❶ Città di Conegliano

Santa Lucia di Piave
❶ Centro di Santa Lucia
di Piave

Ponte della Priula
❶ Ponte sul Piave

Nervesa della Battaglia
❶ Rovine dell'abbazia di
S. Eustacchio - memo-
riale contro la guerra
❷ Ossario dei soldati
caduti della prima
guerra mondiale

In memoria della pace, l'Abbazia di Sant'Eustachio è stata lasciata nello stato in cui si trovava dopo la prima guerra mondiale. Oggi è anche un sito culturale. Foto: Nervesa

La Villa Contarini degli Armeni a Asolo. Foto: wikimedia / Patrick Denker

Il corso del Piave è in gran parte naturale. Fotos: Spresiano

Treviso affascina come città d'arte e per i suoi canali. Foto(2): Treviso

La Villa Giovannina a Villorba. Foto: Villorba

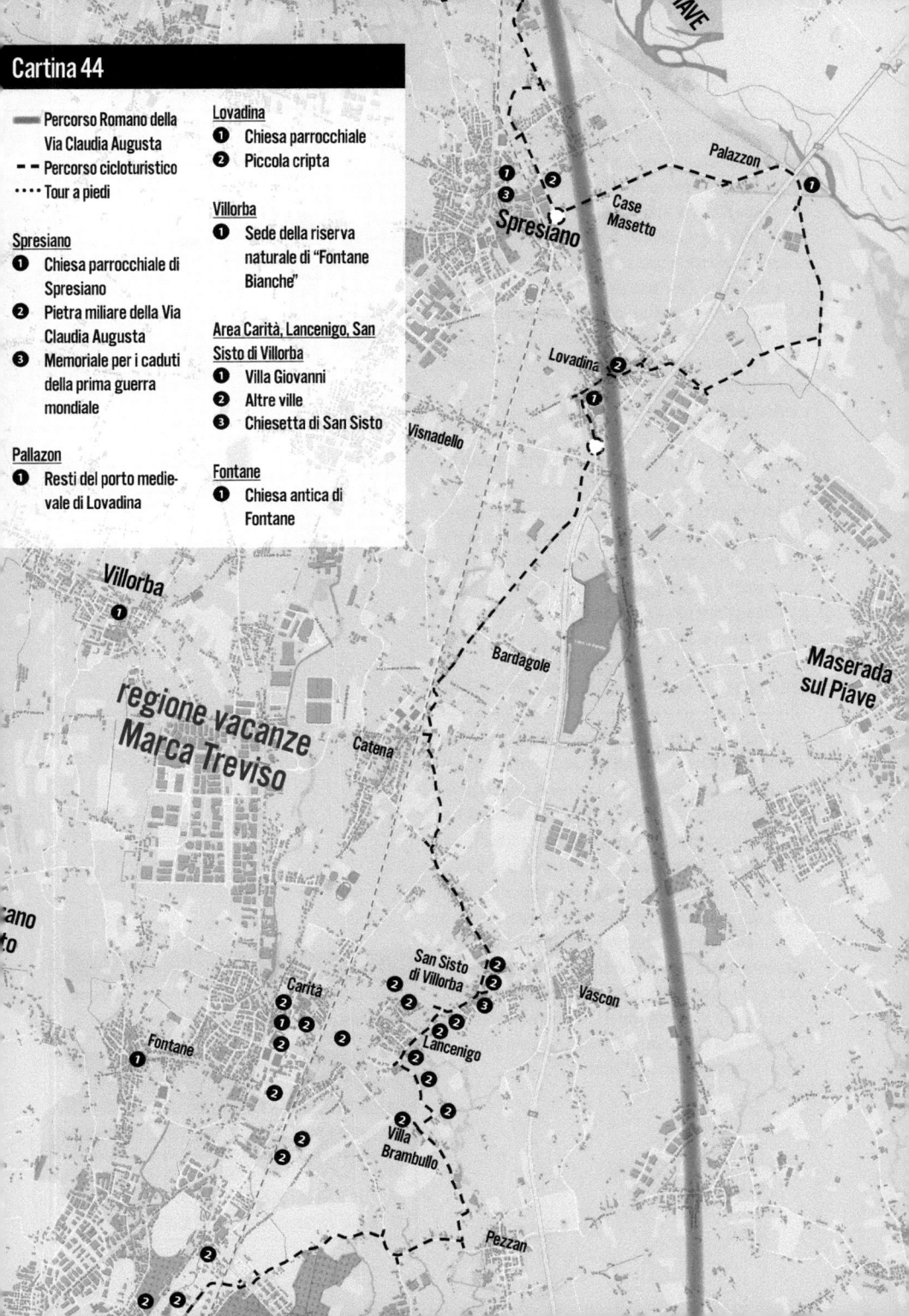

Cartina 44

Percorso Romano della Via Claudia Augusta

- - Percorso cicloturistico

···· Tour a piedi

Spresiano
1. Chiesa parrocchiale di Spresiano
2. Pietra miliare della Via Claudia Augusta
3. Memoriale per i caduti della prima guerra mondiale

Pallazon
1. Resti del porto medievale di Lovadina

Lovadina
1. Chiesa parrocchiale
2. Piccola cripta

Villorba
1. Sede della riserva naturale di "Fontane Bianche"

Area Carità, Lancenigo, San Sisto di Villorba
1. Villa Giovanni
2. Altre ville
3. Chiesetta di San Sisto

Fontane
1. Chiesa antica di Fontane

Treviso è situata al centro di un territorio ad intenso sfruttamento agricolo alla confluenza di Botteniga e Sile, che era già abitato nell'età del Bronzo. Nel 49 a.C. i Romani conferirono a Tarvisium lo status di città. Già nel 396 d.C. divenne sede vescovile. Dopo lunghi contrasti, in cui Venezia voleva imporre un libero commercio attraverso le province di Padova e Treviso, la città infine appartenne per vari secoli alla Repubblica di Venezia. L'esteso centro storico è quasi completamente circondato da mura e dal canale antistante. I numerosi canali – anche all'interno della città – sono valsi a Treviso il soprannome di "città delle acque".
È inoltre conosciuta come "città dell'arte".

Percorso ciclabile attraverso la città di Treviso

Da Villorba il percorso ciclabile punta direttamente su Porta San Tomaso, che è una delle numerose porte del centro storico, delimitato da mura massicce. Davanti si stendono aree verdi e scorre il canale. Il percorso ciclabile si snoda attorno al centro storico in senso orario, seguendo poi il fiume Sile nel Parco naturale del Sile.

Info aggiuntive su alcune attrazioni nelle cartine

- C'è molto da scoprire nel centro storico di Treviso. Sono in special modo i molti canali che percorrono la città e le case borghesi adornate con i tipici dipinti a conferirle un fascino particolare. Il carattere del tutto peculiare di Treviso cattura il visitatore soprattutto se gira in libertà per i suoi vicoli. La passeggiata che viene proposta va vista come un suggerimento per chi vuole conoscere la città e le sue particolarità percorrendola in fretta. Porta tra l'altro alla chiesa di San Nicolò del XIII e XIV secolo e all'imponente duomo della città vescovile. A nord la cinta muraria, che è percorribile. Inoltre la passeggiata conduce alla chiesa e al convento dei Francescani e al Palazzo dei Trecento del XIII secolo con i suoi interessanti affreschi, nella pittoresca piazza dei Signori.

Cucina regionale come 2000 anni fa
Anche qui potreste trovare un ristorante che propone nel menù un piatto come si cucinava 2000 anni fa.

Alloggi e strutture per il campeggio nelle cartine e nell'appendice

Domande ed informazioni sulla sezionenell'appendice
Ufficio Turistico Treviso - Consorzio Marca Treviso, Viale degli Eroi 2, 0039/0422 54 10 52
■ Hotline Via Claudia Augusta, 0043(0)664 27 63 555

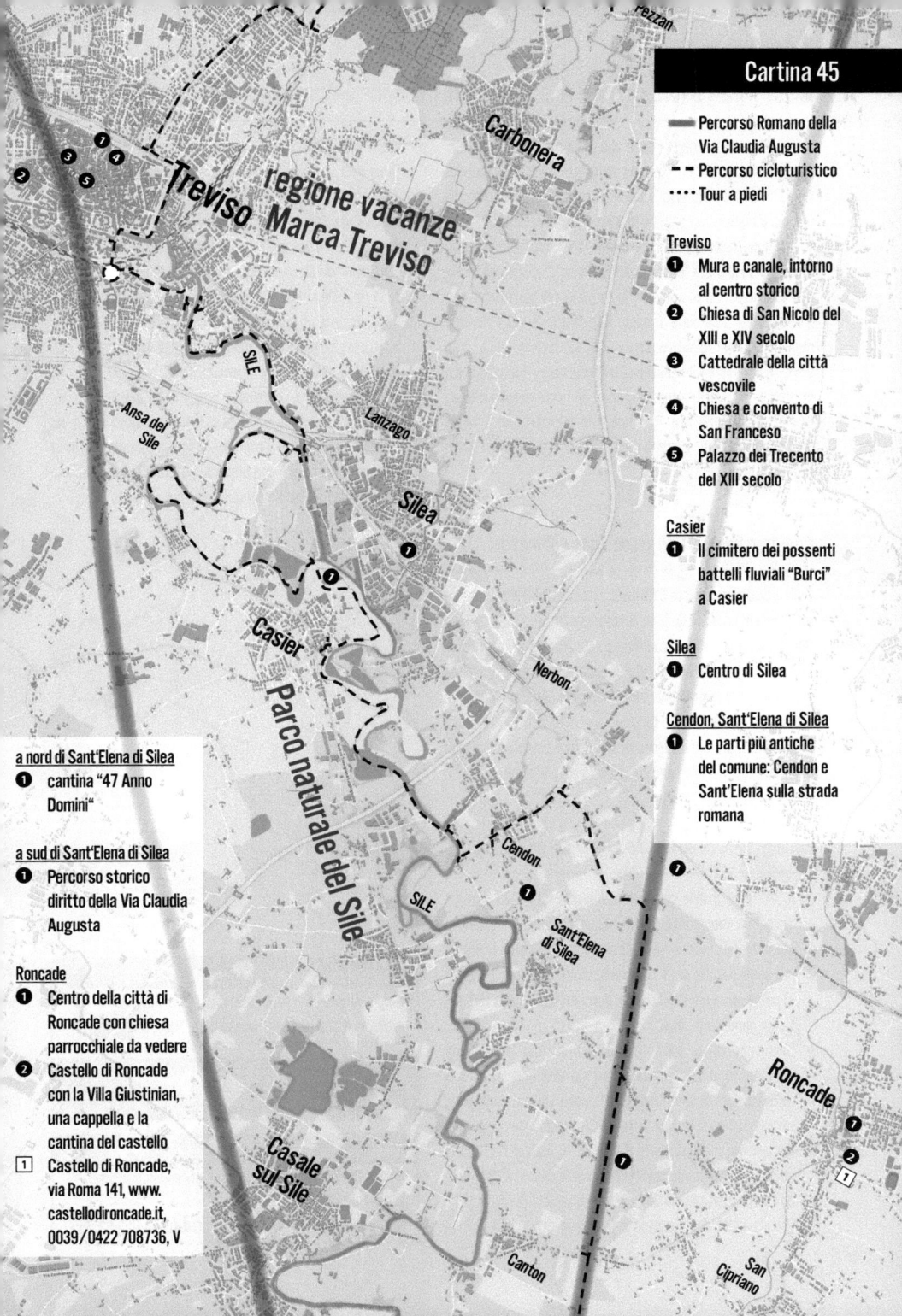

Carbonera

regione vacanze
Marca Treviso

Treviso

SILE

Ansa del Sile

Lanzago

Silea

Casier

Nerbon

Parco naturale del Sile

Cendon

SILE

Sant'Elena di Silea

Casale sul Sile

Canton

Roncade

San Cipriano

Cartina 45

— Percorso Romano della Via Claudia Augusta
- - Percorso cicloturistico
···· Tour a piedi

Treviso
❶ Mura e canale, intorno al centro storico
❷ Chiesa di San Nicolo del XIII e XIV secolo
❸ Cattedrale della città vescovile
❹ Chiesa e convento di San Franceso
❺ Palazzo dei Trecento del XIII secolo

Casier
❶ Il cimitero dei possenti battelli fluviali "Burci" a Casier

Silea
❶ Centro di Silea

Cendon, Sant'Elena di Silea
❶ Le parti più antiche del comune: Cendon e Sant'Elena sulla strada romana

a nord di Sant'Elena di Silea
❶ cantina "47 Anno Domini"

a sud di Sant'Elena di Silea
❶ Percorso storico diritto della Via Claudia Augusta

Roncade
❶ Centro della città di Roncade con chiesa parrocchiale da vedere
❷ Castello di Roncade con la Villa Giustinian, una cappella e la cantina del castello
☐1 Castello di Roncade, via Roma 141, www. castellodironcade.it, 0039/0422 708736, V

I comuni a sud di Treviso oltre che dalla strada antica sono collegati anche dal Parco naturale lungo il Sile. Il pittoresco fiume ha una particolarità, rimane calmo anche in caso di maltempo, conserva pressoché la stessa temperatura durante tutto l'anno, quasi non trasporta detriti e costituisce così un ambiente ideale per le piante acquatiche. Il gioiello naturale può essere percorso con barche e navi escursionistiche, che circolano tra Venezia e Treviso. Il territorio lungo il fiume è popolato fin dal Neolitico. Le località più antiche sono attestate già nell'XI e XII secolo e si trovano senza eccezione sul percorso della strada romana, che è in parte percorribile su una stradina asfaltata. Roncade attrae inoltre per l'omonimo castello, in cui vengono immagazzinati e venduti i vini lì prodotti.

cade, che conta 14.000 abitanti, era popolato; in epoca romana era abitata in particolare la frazione di Musestre, dove la Via Claudia Augusta attraversa il fiume. Come parte della Repubblica di Venezia, la città conobbe il suo maggiore impulso in termini di sviluppo dopo il 1500, come testimoniano alcune ville. La più importante è sicuramente la rinascimentale villa Giustinian, detta Castello di Roncade, che è anche una rinomata tenuta vinicola. Da vedere inoltre la chiesa parrocchiale e la cappella del castello con un significativo ciclo di dipinti barocchi.

- Direttamente sul tracciato storico della Via Claudia Augusta - tra Roncade e Silea - si trova la tenuta "47 Anno Domini" (il 47 d.C. è l'anno in cui la Via Claudia Augusta fu completata), che combina sapientemente la tradizione vitivinicola con tecniche moderne e nuovi trend.

Percorso lungo il Sile verso Silea e Roncade

Sulla strada per Quarto D'Altino il percorso ciclabile conduce dapprima al comune di Silea attraverso il Parco naturale del Sile. A Cendron attraversa il fiume e conduce al tracciato originale sempre dritto della Via Claudia Augusta, snodandosi attraverso il territorio del comune di Roncade. L'omonimo castello di Roncade invita a fare una visita nel centro cittadino, prima di dirigersi, attraverso la pittoresca piccola località di Musestre, oltre il Sile sulla piazza di Quarto D'Altino.

Info aggiuntive su alcune attrazioni nelle cartine

- Il Sile, percorribile con gite in barca, è stato da sempre anche un'importante via di comunicazione e di traffici commerciali. Fino al 1970 circolavano sul fiume i "burci", possenti barche per il trasporto di merci pesanti. Oggi li si può vedere nel cimitero dei burci a Casier, sulla riva del fiume opposta a Silea.
- Silea, che conta oltre 10.000 abitanti, era abitato già nel II secolo d.C. Gli insediamenti più antichi si trovavano nelle frazioni di Sant'Elena e di Cendon sul tracciato della strada romana. Le due località compaiono per prime nei documenti anche durante il Medioevo. Tra l'altro Silea si chiamava in precedenza Melma e solamente nel 1935 venne ribattezzata come Silea, nome preso dal fiume.
- Già a partire dal Neolitico il territorio della città di Ron-

Cucina regionale come 2000 anni fa
Anche qui potreste trovare un ristorante che propone nel menù un piatto come si cucinava 2000 anni fa.

Alloggi e strutture per il campeggio nelle cartine e nell'appendice

Domande ed informazioni sulla sezione nell'appendice
Hotline Consorzio di Promozione Turistica Marca Treviso, 0039/0422 54 10 52

■ Hotline Via Claudia Augusta, 0043(0)664 27 63 555

Il parco fluviale del Sile. Foto: Club Unesco Venezia

Il centro della città di Roncade Foto: Roncade

La Villa Giustinian nel castello di Roncade. Foto: Roncade

Nella laguna. Foto: Lammerhuber

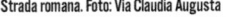
Strada romana. Foto: Via Claudia Augusta

Museo archeologico a Altino. Foto: Tschaikner

È difficile immaginarselo, ma in epoca romana Venezia non esisteva ancora. La città portuale antica era Altino, sull'estuario lagunare del fiume Sile. Là iniziavano o terminavano varie strade romane, il che sottolinea la sua importanza economica. Solamente dopo la caduta dell'impero romano gli insediamenti si trasferirono nella più sicura laguna. La strada romana continuò però ad essere utilizzata, come indicano le località fondate lungo il suo percorso. Oggi, nella frazione di Altino nel comune di Quarto D'Altino, un sito di scavo e un museo archeologico, nell'area portale tutelata, non più in acqua a causa della sedimentazione, si trovano un sito di scavo e un museo archeologico. Dal porto, sito a breve distanza, si possono effettuare gite a Venezia e a Treviso lungo il Sile.

Percorso per Altino (oppure per Venezia e Jesolo)

La strada romana e il percorso ciclabile Via Claudia Augusta da Quarto D'Altino continuano verso Altino, il luogo dell'antico porto sull'Adriatico al bordo della laguna. Qui si trova un museo archeologico che vale proprio la pena di visitare, con un modello della città portuale. Se si vogliono aggiungere al percorso ciclistico un paio di giorni di vacanza, la cosa migliore da fare è alloggiare nella più tranquilla e meno costosa Quarto D'Altino. Di qui si arriva a Venezia in treno o in barca, attraverso la laguna. È anche possibile pedalare in sella alla bici fino a Treviso o al Lido di Jesolo.

Info aggiuntive su alcune attrazioni nelle cartine

- Quarto d'Altino è il comune in cui si trovava un tempo il porto romano. Prima di arrivare in centro, il percorso passa per un ponte relativamente stretto sul Sile. Subito dopo si apre una splendida veduta sul fiume e su Musestre. Nel piccolo centro si trovano gli uffici comunali, la parrocchiale, alcuni locali e negozi.
- Dopo essere passati sotto il tracciato della ferrovia. con cui in pochi minuti si raggiunge comodamente Venezia, si può seguire ancora un pezzo del tracciato rettilineo della Via Claudia Augusta. L'ultimo tratto fino al museo, nell'area del porto antico, si può percorrere a piedi o in bicicletta direttamente su di una strada che passa attraverso la laguna.

- A causa del progressivo interramento, l'area dell'antica città portuale si trova oggi più all'interno. Esistono ancora solo alcuni edifici, tra cui una zona archeologica, che in uno spazio relativamente contenuto offre alcuni scorci della grande storia, il Museo archeologico già esistente e il nuovo Museo Archeologico Nazionale nonché una semplice trattoria ■ Museo, Via Sant'Eliodoro 56, 0039/0422 78 94 43, apr.-set. mar-dom dalle 8.30 alle 19.30; lun chiuso; ott.-mar. mer, ven, sab, dom dalle 8.30 alle 19.30; mar e gio dalle 9 alle 14.15; lun chiuso.
- Quarto d'Altino, dove gli alloggi sono più tranquilli e più a buon mercato, si trova quasi esattamente a metà tra la città d'arte di Treviso, la città lagunare di Venezia e le spiagge di Jesolo. A Venezia si arriva con la ferrovia o in barca, su cui si sale nelle vicinanze del Museo archeologico. In barca si arriva anche a Treviso percorrendo il Sile. Il modo migliore di raggiungere le numerose spiagge di Jesolo è in auto o in bicicletta.

Cucina regionale come 2000 anni fa
trovare un ristorante che propone nel menù un piatto come si cucinava 2000 anni fa.

Alloggi e strutture per il campeggio nelle cartine e nell'appendice

Domande ed informazioni sulla sezione nell'appendice
■ Hotline Consorzio di Promozione Turistica Marca Treviso, 0039/0422 54 10 52
■ Hotline Via Claudia Augusta, 0043(0)664 27 63 555

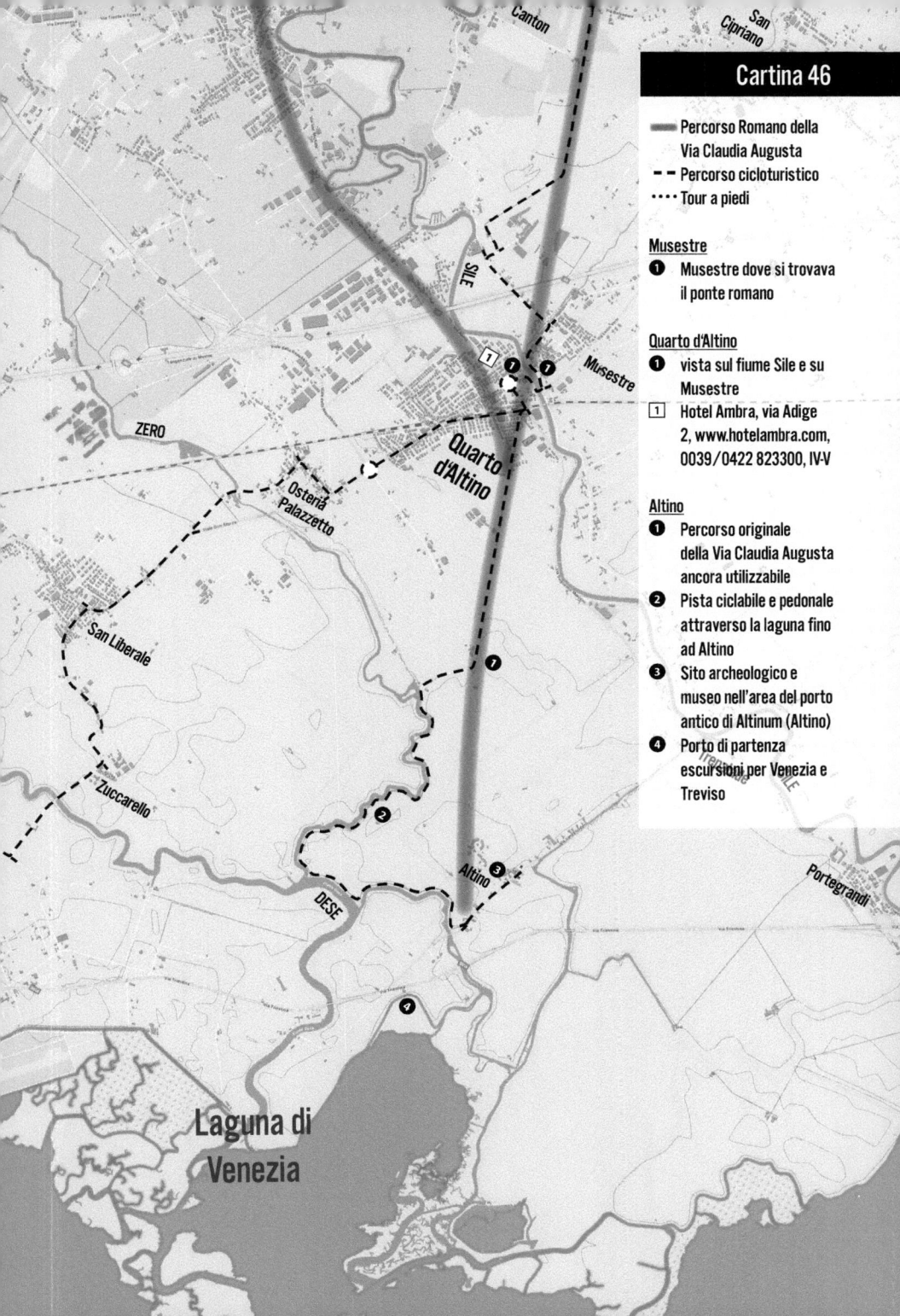

Cartina 46

▬▬▬ Percorso Romano della Via Claudia Augusta
▬ ▬ Percorso cicloturistico
• • • • Tour a piedi

Musestre

❶ Musestre dove si trovava il ponte romano

Quarto d'Altino

❶ vista sul fiume Sile e su Musestre

1 Hotel Ambra, via Adige 2, www.hotelambra.com, 0039/0422 823300, IV-V

Altino

❶ Percorso originale della Via Claudia Augusta ancora utilizzabile

❷ Pista ciclabile e pedonale attraverso la laguna fino ad Altino

❸ Sito archeologico e museo nell'area del porto antico di Altinum (Altino)

❹ Porto di partenza escursioni per Venezia e Treviso

Laguna di Venezia

Cartina 47/1

Mestre

Porto Marghera

MARZENGO

Campalto

Favaro Veneto

DESE

DESE

DESE

DESE

F. Zuccarello

Praidi

Tessera

LAGUNA VENETA

Venezia

Murano

Laguna di Venezia

Burano

Altino

Cavallino-Treporti

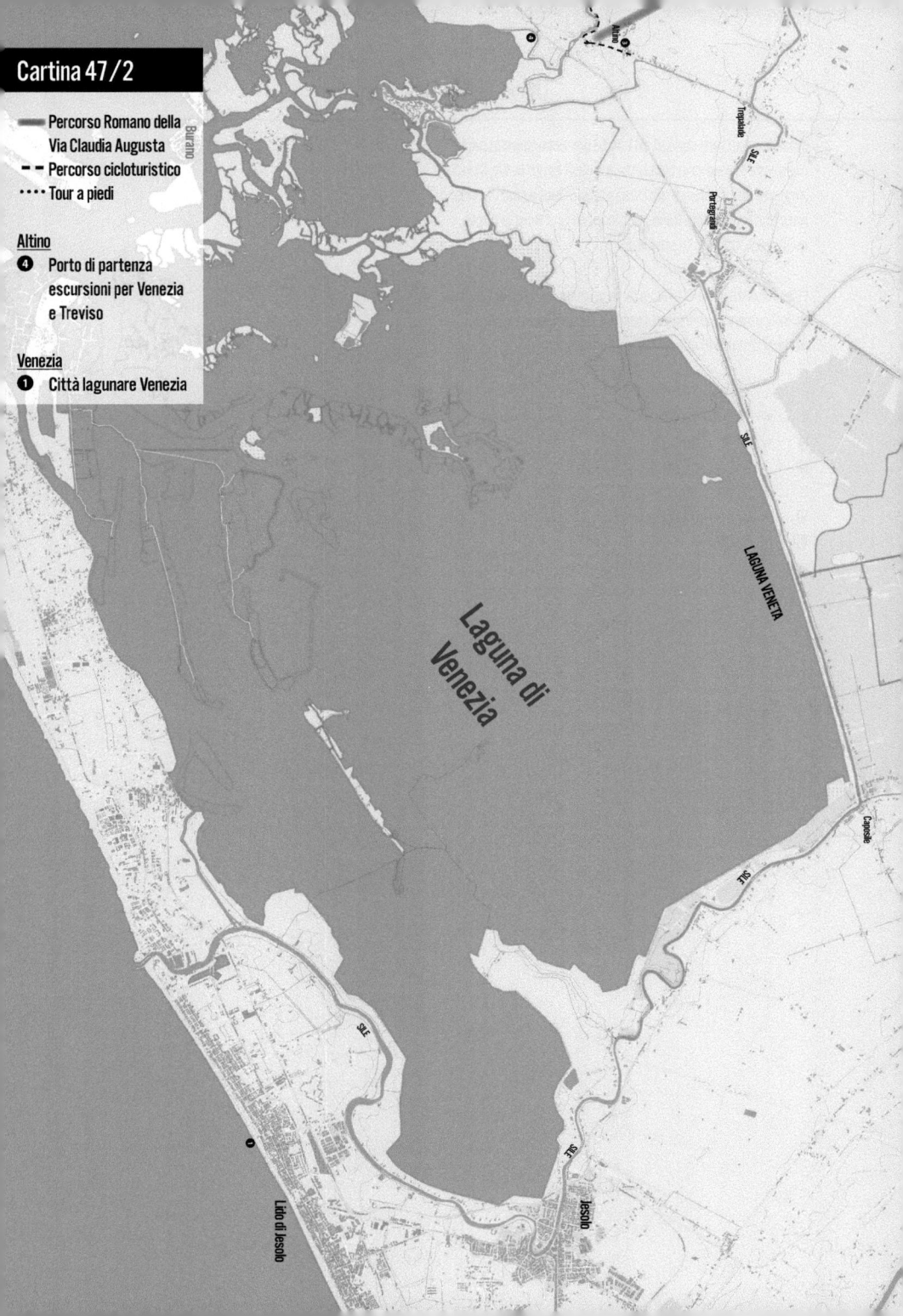

Cartina 47/2

▬▬▬ Percorso Romano della
Via Claudia Augusta

– – Percorso cicloturistico

•••• Tour a piedi

Altino

❹ Porto di partenza
escursioni per Venezia
e Treviso

Venezia

❶ Città lagunare Venezia

Laguna di
Venezia

LAGUNA VENETA

Burano

Trepalade

Portegrandi

Caposile

Lido di Jesolo

Jesolo

Übernachtung & Camping

Tutte le strutture sono strutturate per accogliere in particolare chi si muove in bicicletta o a piedi lungo la Via Claudia Augusta, ma anche gli altri viaggiatori. Quelle contrassegnate con una ciotola hanno per lo meno una ricetta come quelle di 2000 anni fa sul menù.

I-VII – le categorie di prezzo delle seguenti inserzioni danno un'indicazione generale dei costi e si riferiscono a un pernottamento in camera doppia a persona.

I   < 15,00 €
II   = 15,00 – 23,00 €
III   = 23,00 – 30,00 €
IV   = 30 00 – 35,00 €
V   = 35,00 – 50,00 €
VI   = 50,00 – 70,00 €
VII   > 70,00 €

de Donauwörth - Mertingen
- ristinfo Region Donau-Ries, 0049 906 74211
- ristinfo Donauwörth, 0049 906 789151
- Claudia Augusta Info, 0043 664 27 63 555

auwörth 01 Cartina

Hotel Goldener Greifen
86609 Donauwörth, Pflegstraße 15
T 0049 (0) 906 705 826 - 0
www.goldener-greifen.de
III

Hotel Donau — zentral, an der Donau
Donauwörth, Augsburger Straße 6
T 0049 (0) 906 700 60 42
www.hoteldonau.de
III-IV

Mertingen 01 Cartina

Landgasthof Wirtshaus "Alte Brauerei"
Mertingen, Hiliaria-Lechner-Straße 21
T 0049 9078 912 320
www.alte-brauerei-mertingen.de
III renovierte hist. Brauerei

Hotel Donau-Ries - Naturholz-Ausstattung
Mertingen, Gewerbepark Ost 15a
T +49 (0) 9078 / 912 51 51
www.donau-ries-hotel.de
IV-V Parkplatz während der Reise

de Allmannshofen - Obermeitingen
- ristinfo Regio Augsburg, 0049 821 502070
- Claudia Augusta, 0043 664 27 63 555

Augsburg 04 Cartina

t Hotel Riegele - Fam. Schmid - am hist. Stadtkern
0 Augsburg, Viktoriastr. 4, T 0049 (0) 821 50 90 00
hotel-riegele.de, auskunft@hotel-riegele.de, III-IV

enige Gehminuten vom historischen Stadtkern entfernt,
nüber dem Bahnhof. Genießen Sie im Restaurant Viktoria
auf der Gartenterrasse edle bayerische und mediterrane
nankerlküche oder zünftige Brotzeiten - Hotelgäste
ten 10 %.

Hotel am Rathaus - ruhig gelegen
Augsburg, Am Hinteren Perlachberg 1
T +49 (0) 821 34 649 0
www.hotel-am-rathaus-augsburg.de
V hauseigene Tiefgarage

Hotel Augusta*S im Zentrum**
Augsburg, Ludwigstraße 2
T +49 (0) 821 50140
www.hotelaugusta.de
V-VII Biofrühstücks-Ecke

Königsbrunn 05 Cartina

Best Hotel Zeller*Superior**
Königsbrunn, Bürgerm.-Wohlfahrth-Str. 78
T +49 (0) 8231 9960
www.hotelzeller.de
IV-VI

Domande Hurlach - Kinsau
- Touristinfo Ammersee-Lech, 0049 81918-246
- Touristinfo Landsberg am Lech, 0049 81918-246
- Via Claudia Augusta Info, 0043 664 27 63 555

Hurlach 07 Cartina

Rasthaus Hurlach
Hurlach, Kolonie 25 (alte B17)
T 0049 (0) 8248 352
www.rasthaus-an-der-b17.de
III

Landsberg am Lech 07 Cartina

Stadthotel garni „Augsburger Hof"
Landsberg am Lech, Schlossergasse 378
T 0049 (0) 8191 96 95 96
www.augsburger-hof.com
III-IV hist. Zentrum, Biergarten

Hotel Goggl * im historischen Stadtkern**
Landsbg., Hubert-von-Herkomer-Str. 19/20,
T 0049 8191 324-0
www.ana-hotels.com/goggl-landsberg
V

Landhotel Endhart* an der Radroute**
Erpftinger Straße 19
T 0049 8191 9293 0
www.landhotel-endhart.de
V Massageangebote

Fuchstal 08+09 Cartina

Landgasthof Hohenwart
Fuchstal, Hohenwart 1
T 0049 8243 2231
www.hohenwart-hotel.de
III-VI an der historischen Straße

Landhaus Restaurant Blätz
Fuchstal, Am Bahnhof 1
T +49 (0) 8243 2323
www.zum-blaetz.de
III-V

Epfach / Denklingen 09 Cartina

Wirtshaus „zur Sonne"
Epfach, Sonnenbichl 1
T +49 (0) 8869 911666
www.zursonne.info
III

Domande Hohenfurch - Bernbeuren am Auerberg
- Touristinfo Pfaffenwinkel, +49 (0)8861 211 3200
- Touristinfo Schongau, 0049 8861 21 41 81
- Touristinfo Peiting, 0049 8861 59 9 61
- Touristinfo Bernbeuren a. A., 0049 8860 92 70
- Via Claudia Augusta Info, 0043 664 27 63 555

Schwabniederhofen / Altenstadt 10 Cartina

Gasthof Janser
86982 Altenstadt, Burgstraße 2
T +49 (0)8861 22 17 26
www.gasthof-janser.com
IV

Schongau 10 Cartina

Hotel Rössle Garni
Schongau, Christophstrasse 49
T +49 (0)8861 23050
www.hotel-roessle-schongau.de
V in der Altstadt

Peiting 10 Cartina

Gasthaus „Zechenschenke"
86971 Peiting, Zechenstraße 2
T 0049 (0) 8861 68 164
www.zechenschenke.de
III-IV

Bernbeuren am Auerberg
Cartina 11

Panorama-Gasth. a. d. Auerberg***
Bernbeuren, Auerberg 2
T +49 8860 235
www.auerberghotel.de
V-VI hauseigene Konditorei

- Domande Bernbeuren - Füssen/Schwangau
  Lechbruck a. S., +49 (0)8862 987 830
- Rosshaupten, +49 (0)8367-364
- Rieden a. F., +49 (0)8362 37025
- Füssen, +49 (0)8362 93 850
- Schwangau, +49 (0)8362 81 980
- Via Claudia, +43 (0)664 27 63 555

Lechbruck am See
Cartina 11

Hotel****Landhaus Auf der Gsteig
Lechbruck am See, Gsteig 1
T +49 (0)8862 98 770
www.landhaus-gsteig.de
V-VI

Gasthof Holler
Lechbruck am See, Bahnhofstr. 10
T +49 8862 85 57
www.gasthof-holler.de
III

Via Claudia Camping und mietbare
Ferienwohnungen der besonderen
Art: Blockhütten, Zirkus-Wagen,
Schlaffässer, ...
Lechbruck, Via Claudia 6
T 0049 (0) 8862 8426
www.via-claudia-camping.de
ab I

Naturnah und komfortabel übernachten im südlichen Bayern. Der ideale Standort für Urlaubswege zwischen Seen, Bergen und Kultur. Direkt am smaragdgrünen Lechsee und an der Via Claudia Augusta gelegen.

- * Wohnmobilabstellplatz
- * Komfort-Camping
- * Mietunterkünfte
- * Restaurant und Biergarten

Rosshaupten im Allgäu
Cartina 12

Landgasthof Schwägele - Dorfzentrum
Rosshaupten, Hauptstr. 15
T +49 (0)8367 305
www.landgasthof-schwaegele.de
III-IV

Haus am Wettebad
Rosshaupten, Wettenweg 4+6
T +49 (0) 8367 631
www.hartmannfm.de
III

Füssen
Cartina 13

Wellnesshotel Sommer****
Füssen, Weidachstraße 74
T 0049 (0) 8362 914 70
www.hotel-sommer.de
III-IV Königscard: Bergbahnen inklusive

Hotel Luitpoldpark **** im Zentrum
Füssen, Bahnhofstraße 1 - 3
T 0049 8362 90 40
www.luitpoldpark-hotel.de
III-IV Wellness, Fitness & Beauty

Sightsleeping-Hotel Hirsch, im Stadtzentrum
Füssen, Kaiser Maximilian Platz 7, T 0049 8362 93980
www.hotelfuessen.de, III-IV

Seit 4 Generationen ist das Hotel in der Stadtmitte liebevoll geführt. Die Designerzimmer erzählen Geschichten aus dem Füssener Land und auch von der Via Claudia Augusta. Saisonale Küche aus regionalen Produkten, Kastanienbiergarten, Panoramadachterrasse.

Hotel Ruchti*** zentral & ruhig, im Grünen
Füssen, Alatseestraße 38
T 0049 (0) 8362 910 10
www.hotel-ruchti.de
III-IV

Parkhotel Bad Faulenbach ***S
87629 Füssen, Fischhausweg 5
T +49 (0) 8362 91 9 80
www.parkhotel-fuessen.de
V-VI

Schwangau
Cartina 13

Feriengasthof Restaurant Helmer***+
Schwangau, Mitteldorf 10
T 0049 (0) 8362 9800
www.hotel-helmer.de
III-IV

Neuschwanstein Hotels
Hohenschwangau, Alpseestr. 12
T +49 8362 88 7600
www.neuschwanstein-hotels.de
III-VII

de Pinswang - Ehrenberg
urparkregion Reutte, +43 (0)5672 62 336
Claudia Augusta Info, 0043 664 27 63 555

Pinswang 13

hof Zum Schluxen*** Kultur- und Ausflugs-Gasthof
vang, Unterpinswang 24, T 0043 5677 53217
.schluxen.com, V

er Ausflugs-Gasthof direkt an der Römerstraße bietet köst-
Tiroler Wirtshauskultur, römische Küche, einen lauschigen
arten und gemütl. Zimmer. Zwischen Füssen und Reutte
gen ist der Gutshof in ländlicher Idylle beliebte Labe- und
nachtungsstation für Radfahrer

ängle 14

Gästehaus Pension Talblick
Wängle/Reutte, Holz 8
T +43 (0) 5672 62280-0
www.talhof.com
ab III

eutte 14

hof Hotel Zum Mohren**** Komfort – Tradition – zentral
rmarkt 26, T 0043 (0) 5672 62 345
.hotel-mohren.at, III-IV

e finden unser Hotel im historischen Untermarkt von
te, umrahmt von ortstypisch mit „Lüftlmalerei" verzierten
ern. Genießen Sie in unseren Stuben die vielen Gaumen-
den aus unserer Küche und lassen Sie sich in unserem
ern gestalteten Vitalbereich verwöhnen.

Camping Reutte sonnig und ruhig
Reutte, Ehrenbergstrasse 53
T +43 (0) 5672 62 809
www.camping-reutte.com
I   Unterstand fuer Zelter

Lechaschau 14

Cartina

Wandergasthof Romantik Krone
Lechaschau, Wänglestraße 6
T 0043 5672 62354
www.romantik-krone.at
III-IV, mit Wellness

Ehenbichl 14

Cartina

Pension Waldrast
Ehenbichl, Krankenhausstr. 16
T +43 (0) 5672 62443
www.waldrasttirol.com
IV

Wander-Hotel Maximilian
Reutte-Ehenbichl, Reuttenerstr. 1
T 0043 5672 62 585
www.hotelmaximilian.at
III-IV

Ehrenber 14

Cartina

Zimmer und Appartements in der Burgenwelt Ehrenberg
Ehrenberg/Reutte, Klause 1, T +43 (0) 5672 62007
www.ehrenberg.at, II-V

Übernachten im Burgen-Ensemble: Appartements in der
Kaserne aus dem 17. Jh. oder Zimmer im Landgasthof Klause.
Alle Zimmer mit Dusche/Bad und Sat-TV. Der Gasthof bietet
traditionelle Gerichte, aber auch römische und mittelalterliche
Bankette.

Domande Heiterwang - Biberwier
• Tiroler Zugspitz Arena, +43 (0)5673000
• Via Claudia Augusta Info, 0043 664 27 63 555

**Heiterwang
am See** 15

Cartina

****Hotel Fischer am See / Camp Heiterwangersee
6611 Heiterwang am See, 0043 5674 51 16
www.fischeramsee.at, III-IV

Geheimtipp: Neu umgebautes, familiengeführtes Hotel direkt am
See, den schon Maximilian I schätzte. Exklusiv für übernachtende
Via-Claudia-Reisende: 16:00 kostenlose Schiffsrundfahrt (110 min).
Kreative Köche & aufmerksame Kellner & Wellness & Massage.
Kommen - Bleiben - Genießen!

Bichlbach 15

Cartina

Gasthof Sonne & Pension Tyrol
Bichlbach, Gipfl 13+64
T +43 (0) 5674 5282
www.feineler.com
II

Lermoos 16

Cartina

Hotel Garni Lärchenhof**** + Camping
6631 Lermoos, Gries 16
T 0043 (0) 5673 2197
www.laerchenhof-lermoos.at
III-IV, Wellnessanlage

Haus Olympia & Restaurant Bauernstube
Lermoos, Innsbrucker Straße 4
T +43 (0) 5673 3131
www.zollerreisen.com
III

Hotel Hubertushof
Lermoos, Kirchplatz 7
T +43 (0) 5673 2161
www.hotel-hubertushof.com
ab V

Pension Garni „Bartlhof"
Lermoos, Schladgasse 1
T 0043 (0) 5673 2894
www.bartlhof.at
III

Ehrwald 16

Cartina

Gasthof Panorama
Ehrwald, Ebne 52
T +43 (0) 5673 3393
www.gasthaus-panorama.at
III-IV

Verwöhn-Hotel Stern
Ehrwald, Innsbrucker Straße 8
T 0043 (0) 5673 2287
www.hotel-stern.info
III-IV, Sauna, Dampfbad, Infrarot

Biberwier

16 Cartina

Camping + Appartements Biberhof
6633 Biberwier, Schmitte 8
T 0043 5673 29 50
www.biberhof.at
I-III

Hotel Gasthof Zum Goldenen Löwen – Tradition & Wellness
Biberwier, Kirchplatz 1, T 0043 (0) 5673 2293
www.hotel-loewe.at, III-IV

Gemütlicher, neu renovierter und erweiterter Traditions-Gasthof, ruhig im Ortskern gelegen. Fam. Seeber und ihre Vorgänger bürgen schon 300 Jahre für Gastlichkeit. Der Hausherr bereitet Tiroler, internat. und auch römische Spezialitäten. Reichhaltiges Frühstücksbuffet.

Domande zu Fernpass - Schönwies
- Ferienregion Imst, +43 (0)5412 6910-0
- Via Claudia Augusta Info, 0043 664 27 63 555

Fernpass, Fernstein

17 Cartina

Hotel Schloss Fernsteinsee **
Fernstein / Nassereith
T +43 (0) 5265 5210
www.fernsteinsee.at
V-VII

Yoga-Resort AlpenRetreat
Fernpass 483 (Gemeinde Nassereith)
T +43 (0)680 55 44 324
www.alpenretreat.at
IV-V vegetarische Vitalkost

Nassereith

17 Cartina

Pension Melmer
Nassereith, Fernpass-Straße 10
T 0043 (0) 5265 54 18
www.imst.at/haus-melmer
II

Gasthof Rest. „Gurgltalblick" *
Nassereith, Ing.-Kastnerstr. 181
T +43 (0) 5265 5282
www.gurgltalblick.at
IV-V tiroler u. internat. Küche

Familienfreundl. Gästehaus Maria - gleich am Ortseingang
Nassereith, Fernpass Str. 1c, T +43 (0) 650 59 05 801
www.gästehaus-maria-nassereith.at, II

Herzlich willkommen im idealen Quartier für Radler, Wanderer und Kletterer! Lassen Sie den Tag auf der Terrasse oder am Balkon ausklingen. Ruhen Sie wohl in unseren großzügigen Komfortzimmern. Starten Sie mit unserem reichhaltiges Frühstücksbuffet in einen neuen Tag.

Strad & Tarrenz

18 Cartina

Gasthof Seewald - direkt an der Via Claudia Augusta
Fam. Donnemiller
A-6464 Strad / Tarrenz, Strad 12
T +43 (0) 5412 66 0 24, F +43 (0) 5412 66 02 44
gasthof-seewald@aon.at
www.gasthof-seewald.at, III

Familienbetrieb mit 30 Betten - direkt an der Via Claudia Augusta im Erholungsdorf Strad. Wir bieten unseren Gästen Einbettzimmer, Doppelzimmer und Familienzimmer, Speisesaal, gemütliche Stube, Schankgarten, Gästeparkplatz, Tischtennis, Tischfußball, naheliegender Kinderspielplatz und hauseigenen privaten Badesee, Unterstellplätze für Fahrräder. Alle Zimmer sind mit Dusche, WC, Kabel-TV, Safe und mit Balkon oder Terrasse ausgestattet.

Wir würden uns freuen, Sie bei uns im Haus begrüßen zu dürfen. Familie Donnemiller

Zimmer mit Frühstück Euro 27,-
Zimmer mit Bikermenü Euro 35,-
Kinderermäßigung bis 6 Jahre 60 %
7 bis 14 Jahre 30 %

Panoramahotel Gurgltalerhof
Tarrenz, Rotanger 1
T +43 (0) 5412 66 0 48
www.gurgitaler-hof.com
III-IV, Dampfbad, Sauna

Gästehaus Anni Kiechl
Tarrenz, Griesegg 32
T 0043 (0) 650 69 64 111
www.imst.at/haus-anni
II-III

Frühstückspension Haus Selma
Tarrenz, Griesegg 8a
T 0043 (0) 5412 66 0 66
www.imst.at/hausselma
selmalung@tele2.at, II-III

Imst

Hotel Gasthof Hirschen – im historischen Stadtzentrum
Imst, Thomas-Walch-Straße 3, T 0043 (0) 5412 6901
www.hirschen-imst.com, III-IV

Direkt neben der Kirche und dem Haus der Fasnacht liegt de traditionsreiche Hotel Gasthof Hirschen. Wellness, Schwimmt gemütliche Stuben, Wintergarten. Mitglied der Initiative zur Pflege der Tiroler Küche und Gastlichkeit. Dass sich der Gast wohlfühlt, ist das oberste Ziel des Teams rund um den Wirt.

Hotel Gasthof Neuner, Restaurant Pizze
Imst, Brennbichl 81
T 0043 (0) 5412 63 332
www.hotel-neuner.com
III-IV

Mils bei Imst

Trofana Tyrol Erlebnisdorf, an der Au 1, an den geschützt. Inna
Mils bei Imst, T 0043 5418 601, infopoint@trofanatyrol.at
www.trofanatyrol.at, III-IV

Zwischen Imst und Landeck im Tiroler Oberland liegt an der A12 das „Trofana Tyrol". Die großzügige Verbindung von Tradi und Moderne hat es zu einem Wahrzeichen in Tirol werden lass Es ist eine vielfältige und romantische Welt für sich und ideal Durchreisende!

Schönwies

Pension Silberspitze
6491 Schönwies, Öde 60
T 0043 5418 52 12 = Fax
www.schoenwies.at
II-III

nde Zams - Fließ
ienregion TirolWest,+43 (0)5442 65 600
Claudia Augusta Info, 0043 664 27 63 555

ms

Cartina 19

Bergpension Gasthof Kreuz
6511 Zams, Rifenal 15
T 0043 (0)5442 61 2 40
www.gasthofkreuz.at
III-IV

Landhaus Tschuggmall, Ferienwohnungen
Zams, Bruckfeldweg 18
T 0043 (0) 5442 64 5 44
www.ferienwohung-zams.at
II

Hotel Restaurant Thurner ***
Zams, Magdalenaweg 6
T 0043 (0) 5442 61245
www.hotel-thurner.info
III-IV

el Jägerhof **** direkt an Innradweg und Via Claudia Augusta
Zams, Hauptstraße 52, an der Talstation der Venetbahn
043 (0) 5442 62 64 20, F +43 (0) 5442 62 6 42 - 199
w.jaegerhof-zams.at
@jaegerhof-zams.at, V

lerzlich willkommen im 4-Sterne-Hotel Jägerhof in Zams
kt an Innradweg und Via Claudia Augusta. Liebevoll
gerichtete Zimmer mit Bad/DU/WC, TV. Durchgehend
me Küche, schattige Gartenterrasse, gemütliches Re-
urant, Erlebnisbad mit Wasserfall, Wellnesslandschaft,
rradgarage, Trockenraum, Wäscheservice, kostenl.
gzeitparkplatz am Haus.

Pens. Haueis & Post-Gasthof Gemse
Zams, Tramsweg 4
T 0043 (0) 5442 63001
www.postgasthof-gemse.at
III-IV, zentral gelegen

Landeck

Cartina 19

Hotel Rest. Bruggner Stubn ***
Landeck, Flirstrasse 30
T +43 (0) 5442 63 356
www.bruggnerstun.at
IV-V ausgez. Restaurant

Pension Thialblick
Landeck, Burschlweg 7
T 0043 (0)5442 62 2 61
www.thialblick.at
II-III

Bike-Hotel Enzian**** direkt am Radweg, zentral und doch ruhig
6500 Landeck, Adamhofgasse 6, T 0043 (0) 5442 62066
www.hotel-enzian.com, III-V, absperrbare Radgarage

Das familiengeführte Haus mit gemütlichem, gutem Restaurant mit Gastgarten und komfortablen Zimmern liegt direkt an der
Radroute, im Zentrum des ruhigeren Stadtteils Perjen. Im Garten
gibt es einen malerischen Schwimmteich. Das kostenlos zugäng-
liche Frei-Schwimmbad liegt direkt ums Eck. An kühleren Tagen

Hotel Schrofenstein**** im verkehrsberuhigten Zentrum
6500 Landeck, Malserstraße 31, T 0043 (0) 5442 62 395
www.schrofenstein.at, III-IV

- absperrbarer Fahrradraum, Trockenraum
- schattiger Gastgarten mit Kastanienbäumen
- leichte Gerichte, Nudeln und Salate
- akzeptable Zimmerpreise
- direkt an der Via Claudia Augusta gelegen

Domande Prutz - Nauders

- Tiroler Oberland, Nauders, Kaunertal +43 (0) 505 100
- Via Claudia Augusta Info, 0043 664 27 63 555

Prutz

Cartina 20

Aktiv-Camping Prutz, am Sauerbrunn
Prutz, Pontlatzstraße 22
T 0043 (0) 5472 26 48
www.aktiv-camping.at
I-II

Traditions-Hotel Post ****
direkt an der Via Claudia
Augusta, im Dorf-Zentrum
Prutz, Dorfstraße 1
T 0043 (0) 5472 62 17
www.postprutz.at
IV

Nach einem anstrengenden, erlebnisreichen Tag verwöhnen
wir Sie - direkt an der Via Claudia - in großzügigen Nichtrau-
cher-Zimmern, im täglich geöffneten Wellness-Bereich mit
Sauna, Dampfbad, Duftsauna, Infrarotsauna, Kneippbecken, ...,
im lauschigen Erlebnis-Garten, im eigenen Restaurant mit
regionalen und internationalen Spezialitäten und am leicht bis
deftigen Frühstücksbuffet. Unseren Gästen steht eine kostenlose Fahrradgarage und ein Trockenraum zur Verfügung.

Ried im Oberinntal

Cartina 20

Active Apart Central
6531 Ried, Nr. 9, T 0043 (0)5472 2567 /
0043 (0)664 73 601 509
www.apartcentral.com
III

Camping und Blockhütten Dreiländereck
6531 Ried No. 37 Gartenland, T 0043 (0) 5472 60 25
www.tirolcamping.at, I-II

Camping und Blockhäuser für 2 - 6 Personen liegen direkt
am Radweg Via Claudia, mitten im Dorf, nahe dem Badesee.
Vorteile: reichhaltiges Frühstück, freier Eintritt zum Badesee,
top Wellnessbereich, Biker-Service-Garage, Trockenraum. Der
Bikerstop mit besonderer Note.

Aktiv-Hotel Trujenhof****
6531 Ried, Trujen Nr. 168
T +43(0)5472 6513
www.truyenhof.at
V-VI

Apart am Brunnen - Fam. Schranz
Ried im Oberinntal, Hausnummer 40
T 0043(0)664 19 87 961
www.apart-am-brunnen.at
III

Kräuterbauernhof Sagenschneider's
6531 Ried, St. Christina 96
T +43(0)5472 28077
www.tiscover.at/sagenschneiders
II-III

Tösens

Cartina 21

Gasthof Pension Wilder Mann
Tösens, Alte Bundesstrasse 60
T +43 (0) 5477 203
www.toesens.at
IV-V hist. Haus im rätorom. Stil

Bike-Wander-Gasthof Inntalerhof
Tösens, Obertösens 70
T +43 (0) 5477 240
www.inntalerhof-tirol.at
IV-V

Gasthof Tschuppbach
Tösens, Tschuppbach 1
T 0043 (0) 5447 443
www.gasthof-tschuppbach.at
II-III

Pfunds

Cartina 21

Ferienhof Schöne Aussicht
6542 Pfunds, Gatter 354
T +43 5474 5238
www.schoene-aussicht-pfunds.at
III-IV

Vital Hotel Lafairser Hof **** Ihr idyllisches Wellnesshotel
Pfunds, Lafairs 373, T +43 (0)5474 57 57
www.lafairserhof.at, VI

📶 Wir bieten Urlaubserlebnis auf höchstem Niveau.
Eintreten und sich wohlfühlen - so ist das im Lafairser Hof. Wir
verwöhnen mit kulinarische Highlights aus regionalen Produkten
der Umgebung, breitem Wellness-Angebot und selbstverständlicher
familiärer Gastlichkeit.

Alpenhostel Austria
Pfunds, Dorf 92 und Stuben 293, T 0043 676 848 26 7600
www.alpenhostel.at, IV

📶 Unsere Sportler- und Jugend-Gästehäuser verfügen über
Mehr-Bettzimmer mit Dusche, WC am Gang, gemütliche
Speise- und Aufenthaltsräume mit Sat-TV. Selbstbedienung bei
Frühstück und Abendessen sowie Selbstaufbettung ermöglichen
günstige Preise.

Hotel Gasthof Kreuz **** hist. Zollstation
Pfunds, Stuben Nr. 43
T 0043 (0) 5474 52 18
www.hotelkreuz.at
III-IV Cafè im Haus

Pension St. Lukas ***
Pfunds Dorf, St. Lukas 47
T 0043 (0) 5474 54 76
www.pensionstlukas.com
II-III

Pension St. Antonius, Fam. Kleinhans
Pfunds-Stuben, Reschenstraße 289
T +43(0)5474 5291 (0)676 55620 58
www.pension-antonius.at
III W-Lan im ganzen Haus

Hotel-Gasthof Traube
6542 Pfunds, Stubenerstr. 10
T +43 (0) 5474 5210
www.traube-pfunds.at
IV

Hotel Tyrol**** Komfort im modernen Stil
Pfunds, Stubenerstraße 296, T 0043 (0) 5474 52 47
www.hoteltyrol-austria.at, III-IV

📶 Neu renoviertes und modern sowie mit allem Komfort
ausgestattetes Vier-Sterne-Hotel im Dreiländereck; mit Hal-
lenschwimmbad (9 x 12 Meter) und gratis Tiefgarage. Ein
Restaurant, eine Hausbar und eine große Sonnenterrasse
laden zum gemütlichen Verweilen.

Posthotel Pfunds
6542 Pfunds, Stuben 32, T +43 (0) 5474 5606
www.post-pfunds.at, IV-V

📶 Seit Jahrhunderten machen Reisende entlang der Via Claudia
Augusta Station „in der Post". Neu rennoviert, heißt sie das Hotel
herzlich willkommen. Zimmer im modernen Tiroler Stil, gemütliche
Stuben, Hallenbad, Sauna, Radlkeller, kostenloser Wäscheservice
für Radfahrer!

Hotel Kajetansbrücke ***
Pfunds, Rauth Nr. 391
T +43 (0) 5474 5831
www.hotel-kajetansbruecke.at
IV-V

Nauders am Reschenpass

Haus Dreiländereck
6543 Nauders, Martinsbruck 199
T +41 79 321 88 66
www.dreilaendereck-tirol.at
II-III

Gästeheim Sigrid
Nauders, Reschenbundesstr. 373
T +43(0)5473 87 429
www.resch-reschenpass.at
II-III

Bio-Bauernhof Haus Sonneck
Nauders, Hinderdorf 267
T 0043 (0) 5473 87 5 41
www.haus-sonneck.at
II

Ferienhaus Auer
Nauders, Dr. Tschiggfreystraße 446
T 0043 (0) 5473 86 1 58
www.ferienhaus-auer.at
III-IV

Apart Bauernhof Rosenhof
Nauders, Kleinhansgasse 93
T 0043 (0) 5473 86 16 50
www.rosenhof-nauders.at
II

Gästehaus Amontanara – ruhige, sonnige, freie Lage
Nauders, Spitzwiesenweg 243, T 0043 (0) 5473 87 3 23
www.amontanara.at, III-IV

📶 Fahrradfr., familiär geführtes Gästehaus mit Komfortzi, Fer
enwo, DU & WC, SAT-TV, Sauna, Dampfbad, Infrarot, Frühstücks
buffet, Fahrradgarage, Reparatur- und Reinigungsmöglichkeit,
Trockenraum, Infotipps. Bei Bedarf Abholung & Gepäckservice
mit www.bikeshuttle.at.

Gästehaus Vergissmeinnicht
6543 Nauders, Hausnummer 357
T 0043 (0) 5473 87426 o. 86280
www.zimmer-ferienwohnungen.at
III

Haus Jung
Nauders, Kleinhansgasse 78
T 0043 (0) 5473 87 3 60
www.haus-jung.at
II

Apartpension Anni Winkler
6543 Nauders, Mittergasse 61
T +43 5473 87238 +43 664 2600615
www.anniwinkler.com
II-III

Gasthof Zum Goldenen Löwen ***
Nauders, Postplatz 36
T 0043 (0) 5473 87 2 08
www.loewen-nauders.com
III-IV

...Post**** Hist. Post-Gasthof mit Hallenbad im alten Gewölbe
...ers, Nr. 37, T 0043 (0) 5473 87 20 20
...post-nauders.com, III-IV

...as Hotel für Leib und Seele. Familiär, sportlich, aktiv -
...eimeliger Atmosphäre und Tiroler Herzlichkeit!
...m² Freizeitanlage mit Hallenbad im alten Gewölbe
...em 16. Jh., Sauna, Dampfbad, Infrarot, Tischtennis
...illiard.

Appartement Pension Haus Arina
Nauders, Nr. 392
T 0043 (0) 5473 877650
www.arina.at
III

Aktivhotel Schwarzer Adler ****
Nauders, Nr. 33
T 0043 (0) 5473 87254-0
www.adlerhotel.at
III-IV, im Zentrum, Wellness

Apart-Haus Bergkastelblick
Nauders, Reschenbundesstraße 287
T 0043(0)676 936 98 73
www.bergkastelblick.at
III

Alpenhotel Central **** Rad- und Bike-Hotel
Nauders, Nr. 196
T 0043 (0) 5473 87 22 10
www.hotel-central.at
III-IV Chef ist Mountainbikeguide

Alois´ Ferienglück
Nauders, Sandbichl 455
T 0043 (0) 650 65 434 55
www.haus-ferienglueck.at
II-III

...l Mein Almhof ****S mit Schwimmbad am Dach
...ers, Nr. 214, T 0043 (0) 5473 87 3 13
...v.meinalmhof.at, IV, Wellness, gemütl. Stuben, ...

...as Tophotel am Rand des Dorfzentrums bietet alles, was man
...nur wünschen kann. Kästen in denen die Wäsche getrocken-
...d desinfiziert wird, eigenes Sport-Shop, ... Highlight sind das
...wimmbad und die Terrassen am Dach, hoch über dem Ort, mit
...auf das Schloss Naudersberg.

Bike- u. Wander-Garni Alpenhof***
6543 Nauders, Hausnummer 229
T 0043 (0) 5473 87 2 63
www.alpenhof-nauders.at
III-IV der Bike- u. Wanderprofi

Alberts Heimatglück
Nauders, Alte Straße 272
T +43(0)5473 87794
www.naudersurlaub.com
ab II

Hotel Neue Burg****
6543 Nauders, Alte Straße 37 c
T 0043(0)5473 87 700
www.neue-burg.at
V direkt neben dem Schloss

Land-Gasthof Martha ***
Nauders, Nr. 296
T 0043 (0) 5473 87 33 80
www.gasthofmartha.at
III-IV

Alpencamping Nauders
Nauders, Bundesstraße 279
T 0043 5473 87 2 17
www.nauders-camping.com
I am Dach der Tour

Belegungen für Reschenblock - Mals / Schlanders

- Vinschgau, +39 0473 620480
- Schlanders-Laas, +39 0473 620480
- Via Claudia Augusta Info, 0043 664Karte 63 555

Reschen / Resia

Seehotel*** am Reschensee mit herrlichem Panorama
Reschen, Hauptstraße 19, T 0039 0473 63 31 18
www.seehotel.it, III-IV

Il nostro hotel, nelle dirette vicinanze del percorso per escursionisti e ciclisti e con vista diretta sul lago, offre una soluzione ideale a chi vuole prendersi una pausa e godersi la vita: squisite specialità, bibite rinfrescanti, camere accoglienti, piscina al coperto, benessere, massaggi e molto altro.

Graun / Curon Venosta

Pension Cafe Bar Theiner – direkt am berühmten Kirchturm
Graun, Langtauferer Str. 47, T 0039 0473 63 32 31
www.theiner.it, III-IV

Nuove camere in colori caldi. Colazione vital a buffet. Alla sera prelibatezze di stagione preparate al momento. Il café è famoso per i suoi cappuccini e le sue torte. I proprietari fanno gite in bici e a piedi con i loro ospiti. A 50 m dalla piscina pubblica.

St. Valentin auf der Haide / San Valentino alla Muta

Vital-Hotel Ortlerspitz***S
St. Valentin a. d. Haide, Hauptstraße 15
T 0039 (0) 473 63 46 31
www.hotel-ortlerspitz.it
V-VI

Hotel Restaurant Pizzeria Lamm*** am Haidersee
St. Valentin auf der Haide, Landstr. 67, T 0039 / 0473 63 46 41
www.hotel-lamm.it, III-V

Il nostro incantevole albergo si trova in una posizione privilegiata, tra i laghi S.Valentino alla Muta e Resia. Godetevi delle belle serate rilassanti nel nostro centro saune, gustate le specialità della casa e cominciate bene la giornata con il ricco buffet della colazione.

Mals / Malles

Vital- u. Genuss-Hotel Greif *** Traditionshaus im Ortskern
Mals, Gen.-Verdroßstraße 40 /A, T +39 0473 831 189
www.hotel-greif.it, III-IV

Benvenuti in un'azienda familiare con una lunga storia nel pittoresco centro del capoluogo dell'Alta Venosta. Una tradizione di ospitalità, una posizione meravigliosa e una moderna cucina vital si fondono qui in un tutto d'alta qualità, che vi permetterà di rilassarvi e fare il pieno di forza.

Glurns / Glorenza

Historische Gasthöfe Grüner Baum*** und Hotel Krone
Glurns, Stadtplatz 7, T +39 0473 83 12 06
www.gasthofgruenerbaum.it, IV-VI

Direttamente sulla piazza principale di Glorenza, città storica fortificata. Il Grüner Baum, completamente rinnovato, ha fatto molto parlare di sé grazie al sapiente connubio di elementi medievali e arredamento moderno.

Schluderns / Sluderno

Hotel Gufler**** Wellness
Schluderns, Konfall 9
T +39 0473 614127
www.hotel-gufler.com
V-VI

Garni am Bauernhof „Hausergut"
39020 Schluderns, Auenweg 3
T 0039 0473 61 53 26
www.hausergut.it
III

Prad am Stilfserjoch / Prato allo Stelvio

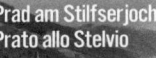

Garni Wiesenheim
Prad a. Stilfserjoch, Hauptstr. 4A
T +39 0473 616 189
www.garni-wiesenheim.com
III

Pension Astoria - einst Kornmühle
Prad a. Stilfserjoch, Schmiedg. 1
T +39 0473 616 338
www.pension-astoria.it
III Reg. Frühstücksbuffet

Laas / Lasa

„Obstbauernhof" Fohlenhof
Laas, Bahnhofstraße 2
T 0039 335 693 2000
www.gartner.it
IV

Historischer Gasthof Schwarzer Adler
Laas, Vinschgaustraße 53
T 0039 0473 62 61 40
www.schwarzer-adler-laas.com
III

Schlanders + Vetzan / Silandro + Vezzano

Pension Schweitzer im Zentrum
Schlanders, Dantestr. 1
T +39 0473 730174
www.hotel-vinschgau.org
IV-V

Hotel Restaurant Goldener Löwe
Dantestraße 6
T +39 0473 730188
www.goldener-loewe.it
IV-V im hist. Zentrum

Bio-Landhotel und -Reiterhof Anna
Schlanders, Hauptstraße 27
T +39 0473 730 314
www.vill.it
III-IV

Wanderhotel Rest. Vinschgerhof
Vetzan, Alte Vinschger Str. 1
T +39 0473 742113
www.vinschgerhof.com
V-VI Sauna & Hallendbad

26 Raptina

sch+Goldrain/Laces+Coldrano

Pension Obergrundhof (Pool)
390120 Goldrain, Auergasse 11
T +39 0473 74 00 44
www.obergrundgut.com
III am Rand des Dorfkernes

Aktiv-&Wellnesshotel Matillhof**S**
39021 Latsch, H.-Peggerstr. 6a
T +39 0473 623 444
www.hotelmatillhof.com
V-VII leichte, mediterrane Küche

Pension Tannenhof
39021 Latsch, Montaniweg 8
T 0039 0473 623 373
www.pension-tannenhof.eu
III

stelbell-Tschars/Castelbello-Ciardes

27 Raptina

Törggelelokal Pens. Gstirnerhof *
Kastelbell, Spineidweg 5
T +39 0473 624032
www.gstirnerhof.eu
IV-V Schwimmbad im Garten

Bike-, Wander-Landhotel Sand **
Kastelbell/Tschars, Mühlweg 2
T +39 0473 624 130
www.hotel-sand.com
VI Wellness, Frei- und Hallenbad

tschins+Rabland
cines+Rablà

28 Raptina

l Restaurant Edelweiss 6 km vor Meran
schins, Vinschgauerstr. 105, T +39 0473 967 128
.edelweissferien.com, V-VI

ach der Radtour so richtig entspannen und regenerieren:
ler herrlichen Terrasse in der Abendsonne, in der finnischen
a und im Dampfbad oder im Schwimmbad, bei Massagen
genießen Sie ausgezeichnete Abendmenüs und stärken Sie
am vitalen Power-Frühstück.

Vitalpina Hotel Waldhof **
Partschins, Hans-Guet-Straße 42
T 0039 0473 96 80 88
www.hotelwaldhof.com
III-IV Wellness, Frei- und Hallenbad

28 Raptina

Algund
Lagundo

Hotel An der Linde * gute Küche**
Algund, Mittelplars 15
T +39 0473 200 920
www.anderlinde.com
V-VI Hallenbad, Infrarot, Sauna

Garni Franz Leiter · ganz nah an Radweg und Dorfzentrum
Algund, Steinachstr. 8, T +39 0473 44 83 69
www.garnifranzleiter.it, III

Zimmer mit DU/WC, Safe, TV, teils Balkon. Lift, schöne
Frühstücks-Aufenthaltsräume, Frühstück mit Teilbuffet,
TV-Raum mit Sat-TV, Frei-Schwimmbad, Liegewiese, Sonnenterrasse, Kinderspielplatz, Tischtennis, Garage für Fahr-
räder, geschlossener Parkplatz. 80m zum Radweg. 5 Min. ins Dorf

28 Raptina

Tscherms / Cermes

Hotel Paulus* in den Weinbergen, großer Garten, Hallenbad**
Tscherms, Raffeinweg 18, T +39 0473 562 400
www.hotel-paulus.com, V

Wo die südländische Wein- und Kulturlandschaft weit ins
Bergmassiv reicht, liegt das Meraner Land mit seinem milden
Klima und der faszinierenden Natur. Von unserer Terrasse und
von jedem Zimmer aus genießt man einen wunderbaren Blick
auf dieses Land.

Gargazon / Gargazzone

29 Raptina

Pension Sonnheim zum Wohlfühlen
39010 Gargazon, Vöranerweg 11
T +39 0473 29 23 47
www.sonnheim.com
IV-V inmitten von Obstgärten

Lana

29 Raptin Map

Aktivhotel Pöder **
Lana, Gilmannweg 1
T +39 0473 561 258
www.hotel-poeder.com
V-VI Rundum-Wohlfühloase

Garni Hotel Petra
Lana, Gartenstraße 5
T +39 0473 561568
www.garni-petra.it
IV-V

Nals / Nalles

29 Raptina

Boutique Hotel Zum Rosenbaum**
39010 Nals, Goldgasse 3
T +39 0471 67 86 36
www.rosenbaum.it
III-IV im Zentrum, mit Freibad

Garni Rebhof — im Grünen, am Ortsrand
Nals, Vilpianer Straße 19
T +39 0471 67 89 24
www.garni-rebhof.eu
III Sonnenwiese und Balkon

Andrian / Andriano

30 Raptina

Albergo Rist. Schwarzer Adler *
Andrian, St. Urbanplatz 4
T +39 0471 510288
www.schwarzeradler-andrian.net
IV-V

Eppan
Appiano

31

Gasthof WASTL Speckstube
Girlan/Eppan, Girlanerstrasse 42
T +39 0471 66 24 12
www.wastl.it
III lauschiger Gastgarten

Kaltern
Caldaro

31

Hist. Hotel Goldener Stern **
Kaltern, Andreas-Hofer-Straße 28
T +39 0471 963153
www.goldener-stern.it
VI-VII

Frühstücks-Pension Roter Adler*
Kaltern, Goldgasse 4, T 0039 0471 96 31 15
www.roter-adler.com, III

Il nostro accogliente albergo, situato nella zona pedonale di Caldaro, è l'ideale per riposarsi dopo le fatiche della giornata, facendo una sosta al lago di Caldaro o una passeggiata nel romantico centro del paese. Al mattino vi attende una colazione abbondante ed energetica!

Auer
Ora

32

Hotel Christin — Villa Vera
Auer, Bahnhofstraße 110
T 0039 0471 810 116
www.hotelchristin.com
III-IV

Parkhotel Camping Residence Markushof
Auer, Truidn Nr. 1
T 0039 0471 81 00 25
www.hotelmarkushof.com
I, III Freibad, malerischer Gastgarten

Bio-Hotel & Residence Kaufmann
39040 Auer, Fleimstalstraße 16
T +39 0471 81 000 4
www.hotelkaufmann.it
III-IV mediterrane u. südtiroler Biokost

Neumarkt
Egna

Hotel Villnerhof — in den Apfelgärten
Neumarkt/Egna, Via Villa 30
T 0039 0471 81 20 39
www.villnerhof.com
III-IV

Salurn / Salorno

33

Hostel & Jugendhaus Dr. Josef Noldin
Salurn, Via Dr. J. Noldin Straße 20
T 0039 0471 88 43 56
www.noldinhaus.org
III im historischen Dorfkern

Bergsteigen Rotaliana/Lavis
- Piana Rotaliana-Königsberg, +39 0461 175 Karte (ital. und engl.)
- Via Claudia Augusta Info, 0043 664Karte 63 555

Cadino di Faedo

33

Affittacamere „La Ferrata"
Località Cadino 1 (Comune di Faedo)
T +39 0461 65 04 09
www.laferrata.com
III vis-à-vis Ristorante Cadino

Mezzocorona

33

Albergo Caffè Centrale*
Mezzocorona, Pzza San Gottardo 2
T 0039 0461 60 29 41
www.hotelcaffecentrale.com
V Wellness

Hotel Drago Ristorante specialità trentine
Mezzocorona, P.zza S. Gottardo 46
T +39 0461 60 38 24
www.hoteldrago.it
III Sauna - Bar

B&B LA MASERA di Caliari Isabella
Mezzocorona, Corso IV Novembre 71
T 0039 347 747 86 34
isabella.caliari@gmail.com
II-III

San Micchele all'Adige

33

Hotel Ristorante Bar Cantaleone
San Michele all' Adige, V. Tonale 23
T 0039 0461 650 134
www.cantaleone.it
III

Hotel Garni „La Vigna" * Wellness**
San Michele all' Adige, V. Postal, 49
T +39 0461 650 276
www.garnilavigna.it
V

Bed & Breakfast di Melchiori
San Michele all'Adige, Via Tonale 24
T 0039 0461 650 654, www.visittrentino.it
de/san-michele-all-adige/bed-breakfast/
melchiori-michele_dr331837, III-IV

Lavis

Sartoris Hotel** Rist. Pizzeria Bar**
Lavis, Via Nazionale 33
T +39 0461 246563
www.sartorishotel.com
V-VI Hallenbad - Wellness

Bergsteigen Trento
- Trento, Monte Bondone, Valle dei Laghi, +39 0461 21
- Via Claudia Augusta Info, 0043 664Karte 63 555

Trento

Centrohotel Albergo Accademia**
Trento centro, Vicolo Colico 4/6
T +39 0461 233600
www.accademiahotel.it
V-VI malerische Terasse

Hotel Sporting Trento* Ristorante B**
Trento, Via Roberto da Sanseverino 12
T 0039 0461 39 12 15
www.hotelsportingtrento.com
III-IV

nde Pergine Valsugana - Castello Tesino
sugana – Lagorai, +39 0461 727760
Claudia Augusta Info, 0043 664 27 63 555

rgine
sugana
Cartina 35

Hotel Ristorante Castel Pergine
Pergine, Via al Castello 10
T 0039 0461 53 11 58
www.castelpergine.it
III-IV   Trentiner Küche

Albergo Ristorante La Rotonda*
Pergine, Viale Venezia 37
T +39 0461 531128
www.albergolarotonda.it
IV-V typische trentiner Küche

donazzo
Cartina 35

Albergo Due Spade
Caldonazzo, Piazza Municipio 2
T 0039 0461 72 31 13
www.albergoduespade.it
IV-V   Garten, Pool

vico Terme
Cartina 36

Albergo Rist. Vecchia Fattoria
Levico, Via Per Caldonazzo 27
T +39 0461 700242
www.albergovecchiafattoria.it
IV-V

Rad & Wellness Hotel Cristallo ***S
Levico, Via G. De Vettorazzi 2
T +39 0461 706427
www.hotelcristallotrentino.it
V   100 Meter ins Zentrum

Hotel Albergo Acler *
Levico, Via Monsignor Caproni, 36
T 0039 335 597 71 53
www.acler.it
IV-V

Bike-Hotel Daniela*
Levico Terme, Viale Venezia 3
T +39 0461 70 62 13
www.hoteldaniela.it
III-IV

ncegno Terme
Cartina 36

Agritur Montibeller Valsugana
Roncegno, Via Prose 1
T +0461 764355
www.agrimontibeller.it
III-IV

Albergo Ristorante Vittoria
Roncegno, Via S. Giuseppe 1
T 0039 0461 773026, www.visittrentino.info/
de/roncegno-terme/hotel/
vittoria_dr248976, IV-V

Eco-Garni Coronata Haus *
Roncegno Terme, Loc. Maso Vazzena, 0039 0461 185 1508
www.coronatahaus.it, III-IV

Das Herrenhaus eines Chardonay-Weingutes wurde kürzlich zum komfortablen Eco-Garni mit gemütlichen Zimmern, Suiten und Stuben ausgebaut. Terrasse mit herrlichem Blick auf das Valsugana Tal. Auto- und Motorrad-Garage, versperrbarer Fahrrad-Raum, schwedische Sauna, Weinkeller, ...

Strigno di Castel Ivano
Cartina 37

Centro Paese Hotel Nazionale
Via XXIV Maggio 4
T +39 0461 762060
I38059 Strigno
III

Solar-B&B Tomaselli — Agriturismo
Strigno, via Santa Barbara 41, T 0039 366 981 38 15
bebtomaselli.wixsite.com/bebtomasellitrentino   II - III

B&B Tomaselli, direkt an der Via Claudia Augusta, bietet in Zimmern und Appartements für 1 bis 4 insges. 30 Personen Platz. Freies W-Lan, versperrbarer Raum für Motor- und Fahr-Räder, kl. Rad-Reparatur-Shop, Garten, Obstgarten und Heidelbeeren zum Selberpflücken.

Bieno
Cartina 37

B&B Il piccolo principe
38050 Bieno, Vicolo Busarello 10
0039 340 313 42 56, 0039 0461 16 31 113
www.bbilpiccoloprincipebieno.com
III

Pieve Tesino
Cartina 38

Panoramahotel Albergo Cima D'Asta
Pieve Tesino, Via Brigata Abruzzi 2
T 0039 0461 59 21 12
www.hotelcimadasta.it
III-IV

Taxus Hostel
Pieve Tesino, Via Fratelli Rizza 18
T 0039 327 913 19 68
www.taxushostel.it
III

Castello Tesino
Cartina/Karte 38

L'affittacamere "AI VECCHI MOLINI", Castello Tesino
Loc. Molini 17, 0039 348 22 95 364, 0039 0461 75 90 93
www.aimolini.it, III

Das nagelneu errichtete Haus liegt in einer ruhigen kl. Siedlung, nahe dem Wildflusspark, 100 Meter von der Route und 700 Meter vom Dorfzentrum. Zwei Restaurants im näheren Umkreis. Die Zimmer sind hell, gemütlich und komplett ausgestattet. Europäisches Früstücksbuffet .

Domande Lamon - Mel
• Ferienregion Dolomiti Prealpi, +39 329 2729005
• Via Claudia Augusta Info, 0043 664 27 63 555

Lamon
Cartina 39

B&B Manarin qualitätsgeprüft
32033 Lamon, Via Oltra 92
0039 0439 79 20 54, 0039 328 142 54 03
www.manarin.it
III am Eingang zum Nationalpark

B&B Al Salvanel qualitätsgeprüft
32033 Lamon, Via della Campagna
0039 043996496 +39 3388147698
www.infodolomiti.it/dolomiti.run?24f47b79
III am Eingang zum Nationalpark

Ristorante Albergo Stella D'Oro
32033 Lamon, Via Roma 7
T 0039.0439.709939, 0039.346.3025425
www.stelladorolamon.com
II-III direkt im Zentrum/ nel centro

B&B Oltra qualitätsgeprüft
32033 Lamon, Via Oltra 46
+39 0439792045 +39 3395935105
www.bnb-oltra.it
III am Eingang zum Nationalp.

Fonzaso

Cartina 39

Antico Albergo Ristorante St. Antonio
Fonzaso, Via G. Marconi, 5
T 0039 0439 50 73
www.anticoalbergosantantonio.com
III hist. Gasthof im Ortszentrum

Cartina 39

Croce D'Aune di Pedavena

Cartina

Albergo Ristorante Bar Croce D'Aune
Pedavena, Passo Croce d'Aune 32
T 0039 0439 977 000
www.crocedaune.it
III direkt auf der hist. Passhöhe

Feltre

Cartina 40

B&B Casa Ester
Feltre, Via Fosse 10
T +39 339 5729863
www.casaester.it
IV

B&B Villa Norma
Feltre, Viale Dante Aligheri 6
T +39.0439 880140, .347 2883108
www.hotels.com/ho572782/
b-b-villa-norma-feltre-italien/, IV-V

Hotel Casagrande * Rist. Palio**
Feltre, Via Belluno 47
T +39 0439 840025
www.hotelcasagrande.it
V-VII

Ferienh./casa di vacanze „Oasi della Pace"
32032 Feltre, Via Gal 13
0039 340 412 3069
https://www.facebook.com/kralicamira
II-III für/per 2 - 8 persone

B&B Il Giardino di S. Paolo
Feltre, Via San Paolo 10
0039 328 125 22 40 / 0039 328 125 22 52
www.giardinodisanpaolo.altervista.org
III malerisch, außerhalb der Stadt

Hotel Doriguzzi - on the edge of the historic town centre
32032 Feltre, Viale del Piave 2, T +39 0439 2003
www.hoteldoriguzzi.it, III-IV Radgarage und Verleih

Das Doriguzzi ist ein Hotel mit Tradition am Rand des hist. Zentrums. Die neuen Eigentümer haben alle Zimmer komplett neu eingerichtet. Die Apartements haben Dachfenster mit Blick auf die Stadt. Schattige Terrasse und reiches Frühstücksbuffet.

B&B Villa Veneta storica "San Liberale"
Cart di Feltre, Vle San Liberale 9, 0039.347.967.68.50
www.villasanliberale.it, III-IV

Die Villa aus dem 17. Jh. liegt auf den sonnigen Hügeln von Cart, nahe Feltre, auf denen die Adeligen einst den Sommer verbrachten. Sie ist von einem fast 9 ha großen Park umgeben und bietet 2 stilvoll und hochwertig ausgestattete DoppelZi und 2 Unterkünfte für 4 Personen.

Cesiomaggiore

Cartina 40

Casa alle porte delle Dolomiti
Cesiomaggiore, via Masi 8
0039 347 22 820 044
www.airbnb.it/rooms/192969
III

„Campo di Cielo" Bio Agroturismo Vegan
32030 Cesiomaggiore, via Centenere 5
T 0039.0439.390.206/0039.348.49.35.9
www.campodicielo.it
III 500 m vom Meilenstein

Bardies + Mel

Hotel Rist. Pizzeria Al Cavallino Rosso
32026 Bardies/Mel, Via Bardies, 65
T +39 0437 55 20 92
www.hotelcavallinorosso.it
III

B&B El Mighelon & Bruschetteria
32026 Mel, Via Nave 31
0039 437 75 33 59
www.elmighelon.it
III am historischen Fähr-Übergang

Antica Locanda Cappello - in the main-place of Mel
Piazza Papa Luciani, 32026 Mel (BL), T +39 0437 753651
www.anticalocandacappello.it, V

Der komplett renovierte Palazzo aus dem 16. Jh. bietet Gastlichkeit und ganzheitliches Wohlgefühl auf höchstem Niveau: 8 antik ausgestattete Zimmer, traditionelle Kostbarkeiten in besonderem Ambiente, großer Weinkeller, lauschiger Innenhof.

de Follina - Pieve di Soligo
enregion Altamarca, +39 0423 972372
Claudia Augusta Info, 0043 664 27 63 555

Hotel Ristorante Dotto***
Varago di Maserada, Piazza Croce 9
T 0039 0422 87 70 73
www.hoteldotto.it
V

Cartina 42

ina

Silea

Cartina 45

Bed & Breakfast Efisia
Follina, Via Follinetta 15
0039 0438 970 462 0039 333 210 92 15
https://sites.google.com/site/bbefisia
II-III

Residenza Belvedere im Grünen
S.Elena di Silea, Via Belvedere 77
T +39 340 258 5070
www.bebbelvedere.it
V direkt an der Via Claudia

Albergo B&B Ristorante Da Gildo
Follina, Via Sottoriva 3
T +39 0438 970306
www.albergodagildo.com
III-IV Rest. mit offenem Kamin

Roncade

Cartina 45

on di Valmarino

Cartina 42

Castello Roncade, im Turm des Schlosses
Roncade, Via Roma 141
T 0039 0422 70 87 36
www.castellodironcade.com
V herrl. Schloßgarten, Weinkellerei

sshotel und Kongresszentrum CastelBrando
di Valmarino, Via Brandolini 29, T +39 0438 9761
.castelbrando.it, VI

s Schloss hoch oben, auf einem Felsrücken, über den
ecco-Weinbergen wurzelt in 2000 Jahren bewegter Ge-
hte. Heute beherbergt es ein Hotel mit Wellness-Anlage,
aurants und Bar, ein Kongress-Zentrum, diverse Museen
ine Boutique.

Relais Ca' Maffio Nobles Landhaus mit Pool am Sile-Ufer Roncade
(TV), Via Principe 70, T +39 0422 780 774
www.camaffio.com, VI

Nehmen Sie sich Zeit, auszurasten und dolce vita zu inhalie-
ren. Entdecken Sie den Parco del Sile, Venedig, Treviso, Jesolo, ...
Das Stil und moderner Technik ausgestattete Landhaus mit
4 indiv. eingerichteten Zimmern verfügt über 50.000 m² Garten
mit Pool am Sile-Ufer.

ve di Soligo

Cartina 42

Quarto D'Altino

Cartina 46

Hotel Contà**** - Frühstück ab 5:30
Pieve di Soligo, Borgo Stolfi, 25
T +39 0438 98 04 35
www.hotelconta.it
V-VI

Hotel Ambra*** im Ortszentrum
30020 Quarto D'Altino, Via Adige 3
T 0039 0422 82 33 00
www.hotelambra.com
III-IV reiches ital. Fr1stücksbuffet

de Varago - Venezia
enregion Altamarca, +39 0423 972372
Claudia Augusta Info, 0043 664 27 63 555

Marcon

Cartina 47/1

ago di
serada sul Piave

Cartina 44

Agriturismo Ristorante Praetto
Marcon (VE), Via Praello, 125
+39 0414568051 +39 3494596380
www.agriturismopraetto.it
IV-V - ruhig, nahe Venedig